物流实务法律指南

A Practical Legal Guide to Logistics

周杰　李强◎主编
黄雨曦◎副主编

经济管理出版社
ECONOMY & MANAGEMENT PUBLISHING HOUSE

图书在版编目（CIP）数据

物流实务法律指南 / 周杰，李强主编 ；黄雨曦副主编. -- 北京 ：经济管理出版社，2025. 5. -- ISBN 978-7-5243-0306-0

Ⅰ. D922.294.4

中国国家版本馆 CIP 数据核字第 20255PM500 号

组稿编辑：高 娅
责任编辑：高 娅
责任印制：许 艳

出版发行：经济管理出版社
（北京市海淀区北蜂窝 8 号中雅大厦 A 座 11 层 100038）
网 址：www. E-mp. com. cn
电 话：（010）51915602
印 刷：北京飞帆印刷有限公司
经 销：新华书店
开 本：720mm×1000mm/16
印 张：22. 25
字 数：365 千字
版 次：2025 年 6 月第 1 版 2025 年 6 月第 1 次印刷
书 号：ISBN 978-7-5243-0306-0
定 价：61. 80 元

序　一

物流是现代经济的大动脉，承载着商品流通与资源配置的双重使命。特别是近年来，随着线上交易的蓬勃发展和供应链体系的规模化整合，物流行业已从传统的运输、仓储服务，演变为高度专业化、技术化的复合型产业。物流行业的快速发展也伴随着法律风险的多维挑战——从物流企业的设立与股权架构，到各式物流合同的签订与纠纷，再到货物减损与保险理赔，以及新技术、新业态引发的新型物流法律问题，已经成为物流经营者、从业者避不开也绕不过的现实问题。

本书两位作者周杰与李强，横跨物流+法律两个领域，兼具经营实务和法律实务。周杰先生深耕物流行业十余年，先后就职于德邦、顺丰、京东等头部企业，从基层运营到高管决策，直面行业痛点，洞察企业需求，积累了丰富的实战经验。李强先生则是执业十多年的资深律师，兼具扎实理论功底与法律服务实务经验，作为地市律师协会副会长、最高人民法院志愿服务专家，他在企业合规、争议解决等领域建树颇丰。两位作者合璧编写的《物流实务法律指南》，兼具理论探索与实践经验，更展现出了其独特价值，可谓为物流行业从业者提供了一部清晰的行动指南。

略读全书，可以管窥出该书的特点：以全生命周期为编写主线，既覆盖物流企业从设立到运营的全流程，又突出企业经营核心和风险合规等各环节；既有对当下行业发展痛点的关照，又有对新技术变革背景下行业发展展望。开篇聚焦企业设立，对比分析了不同企业组织形式的利弊，为创业者提供了路径指引。在风险防控章节，作者强调动态合规理念，结合企业不同发展阶段设计内控策略，并针对合同管理、行政合规等高频风险点提出可操作性建议。作者还以案例为引，对于物流保险从险种选择到理赔流程、从重复投保到代位追偿，将晦涩的保险条款转化为企业可落地的风险对冲方案。在争议解决部分，作者系统梳理了协商、调解、仲裁等多元化解决机制，并结合财产保全、强制执行等救济措施，为企业构建了一套“预防—应对—止损”的全流程方案。更难能可贵的是，作者前瞻性地探讨了技术变革对物流的影响，如区块链在供应链追溯中的法律效力、无人配送中的责任划分等议题，以及相应的法律应对。

当前，我国正加速推进《“十四五”现代物流发展规划》，行业规范化、标准化进程不断深化，对现代物流企业管理提出了许多新要求。与新形势、新任务相比，一些物流企业尤其是中小型企业，仍面临诸如合规意识不足、解纷成本高昂等诸多困境。基于此，本书的出版恰逢其时、正当其用。本书的价值远超工具书的范畴，它既是物流从业者的法务智库，也是法学研究者洞察行业实践的机会窗口，更是促进现代物流法治化进程的重要推手。期待这部著作能激发更多跨界合作，助力中国物流行业在合规中创新，在规范中超越，为构建高效、安全、可持续的现代物流体系贡献智慧与力量。

是为序。

北京理工大学法学院教授、博士生导师，

律师学院院长

2025 年 4 月 13 日

序　二

现代物流一端连着生产，一端连着消费，是延伸产业链、提升价值链、打造供应链的重要支撑，在构建现代流通体系、促进形成强大国内市场、推动高质量发展、建设现代化经济体系中发挥着先导性、基础性、战略性作用。随着无人配送、网络货运、平台经济等不断涌现的商业模式重塑行业图景，也使法律问题的复杂性与日俱增。

当物流业的“硬件”革新速度远超法律“软件”的适配能力时，一本既根植于行业实践、又贯通法律逻辑的著作便显得尤为迫切。《物流实务法律指南》的诞生，恰如其分地填补了这一空白。它并非简单的法规汇编，亦非浮于表面的经验总结，而是两位作者——物流行业资深管理者周杰与法律实务专家李强——以十余年一线积淀为基石，为行业量身定制的“法律导航仪”。

中国物流业的崛起堪称经济奇迹：物流市场规模连续九年稳居全球首位，智慧物流技术应用领跑世界，跨境物流、冷链配送等细分领域更是爆发式增长。然而，行业狂飙突进的背后，法律风险如影随形。许多企业因误读注册资本认缴制而陷入股东连带责任泥潭，智能设备的普及则让数据主权与隐私保护成为新的争议焦点。这些问题暴露出一个残酷现实：行业的“野蛮生长”模式已难以为继，法治化转型迫在眉睫。

本书的独特价值在于它成功打破了“行业”与“法律”的学科壁垒。周杰先生历任德邦、顺丰速运、京东、顺心捷达等头部物流企业中/高管，深谙业务场景的痛点；李强律师作为全国青年律师领军人才，兼具行政法与商事法的复合视野。二者的跨界协作，使得本书既能精准切中物流企业的合规刚需，又能确保法律分析的严谨性与前瞻性。

全书以“问题导向”为内核，将复杂的法律逻辑嵌入物流业务的全生命周期。从企业设立时的类型选择、税务登记陷阱，到运营中的合同管理漏洞、保险理赔争议，再到争议解决的最优路径与法律救济措施，构建了一套覆盖事前、事中、事后的风险防控体系。

当前，中国物流业正经历从“量变”到“质变”的关键跃迁。本书的出版，恰为行业转型提供了亟须的智力支持。它不仅是企业家的合规指南、法律人的行业词典，更是一份推动制度完善的倡议书。书中对“绿色物流与ESG”的探讨，既呼应“双碳”目标，也为企业抢占未来赛道提供了法律路线图。当法律与商业实现共融共生时，物流业的高质量发展便成为可触可感的现实。

作为深耕物流领域的研究者，笔者始终坚信：物流业的升级不仅需要技术创新与管理优化，更离不开法律规则的保驾护航。《物流实务法律指南》正是这一理念的生动诠释。它摒弃了空洞的理论堆砌，以解决行业痛点为使命。期待本书能成为物流从业者的案头必备、法律工作者的实务宝典。更希望它的出版，能激励更多学者走出书斋、深入产业，让研究真正扎根中国大地，助力经济腾飞。

西安邮电大学物流学院副院长、教授

陕西省物流学会副会长

中国物流学会理事

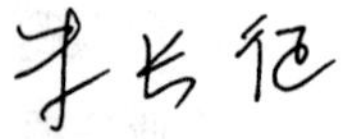

2025年4月9日

目　录

第一章　物流公司设立与合规运营基础

第一节　公司设立准备与登记流程

公司类型的选择不仅关乎企业的法律地位、组织架构、运营模式，更影响着其市场竞争力、融资能力、税务筹划及风险防控。特别是在《中华人民共和国公司法》（2023 年 12 月 29 日修订，2024 年 7 月 1 日施行。以下简称新《公司法》）进行了全面修订后，不同类型的法人及非法人组织在权责界定、资本制度、治理结构等方面变得更加多样化，在为创业者提供更为丰富的选择空间的同时，也带来了更为复杂的挑战。

《公司法》的修订，旨在促进市场主体的多元化发展，鼓励创新创业，提升市场活力。在此背景下，有限责任公司、股份有限公司等传统法人组织形式继续发挥着各自的优势，有限责任公司的股东责任有限、管理灵活，适合中小规模物流企业的初创期；股份有限公司则因股东人数较多、股份可自由转让，更适合规模较大、有上市意向的物流企业。同时，新法进一步放宽了对一人有限责任公司、外商投资企业等特殊形式公司的限制，为物流行业的外资引入、个人创业提供了更多便利。

然而，在追求灵活性、效率的同时，各类法人及非法人组织也承载着不同的法律责任与风险。合伙企业虽在税务上享有相对优惠，但合伙人需承担无限连带责任，增加了个人财务风险；个人独资企业因其简便易行的特点虽受到小微物流企业的青睐，但同样面临所有者个人资产与企业资产界限不清、风险隔离不足的问题。因此，在选择企业类型时，物流企业的创始人须综合考虑行业特点、经营规模、风险承受能力、资本需求、战略规划等多重因素，确保所选类型既能满足当前运营需求，又能为长远发展预留空间。

在此基础上，本节将为读者提供从初步决策到正式注册登记全过程的法律指南，分析各类组织形式的利弊及在注册登记过程中的注意事项，帮助创业者有效规避法律风险，保障企业设立过程的合法、高效。

一、企业类型选择

新《公司法》所规定的法人与非法人组织类型构成了企业设立的法律基础，其中有限责任公司、股份有限公司、合伙企业、个人独资企业和个体工商户各具特色，在不同的商业环境中发挥着不同的优势。有限责任公司以其股东责任有限、管理灵活的特点，成为众多创业者尤其是中小物流企业的首选；合伙企业则凭借其在税务优惠、决策效率方面的优势，在特定项目合作、专业服务领域展现出独特的优势；个体工商户作为最简便易行的组织形式，以其设立成本低、运营灵活的特点，成为小微物流企业及个体经营者的理想选择。以下，我们将对这三种组织形式进行深入解读，为中小物流企业的创业者提供更为实用的指南。

（一）有限责任公司

1. 有限责任公司的定义与性质

有限责任公司，简称有限公司（Company Limited，Co.，Ltd.），是指根据新《公司法》及相关法律法规的规定，由 50 个以下股东共同出资设立，股东以其所认缴的出资额为限对公司承担有限责任，公司以其全部资产对其债务承担责任的企业法人。

有限责任公司的核心特征在于股东责任的有限性。公司作为一个独立的法人实体，拥有独立的财产权和经营权，可以独立地参与民事活动并承担民事责任。公司以其全部资产对公司的债务承担责任，这意味着公司的债务与股东的个人债务是分离的。股东仅以其认缴的出资额为限对公司承担责任，即在公司经营过程中，如果公司发生债务或亏损，股东的个人财产不会受到追索，除非股东存在滥用公司法人独立地位和股东有限责任等严重违法行为。这一核心特征使有限责任公司成为中小企业和初创企业等类型组织的重要选择之一。

2. 有限责任公司的法律特征

（1）人资两合性。有限责任公司既注重资金的联合，也强调股东之间的信任与合作关系。人资两合性是其独特的法律特征之一。

在资合性层面，有限责任公司通过股东的具体出资行为构建起坚实的资本基础，这也是公司运营的基石。股东出资的多少不仅直接映射出其在公司股权结构中的占比，更深刻地影响着其对公司治理的参与深度与广度，包括在股东大会上的投票权，对公司重大事项的决策影响力，以及依据股权比例享有的利润分配权。这种资本与权益的直接挂钩机制，能有效激励股东积极投入并关注公司的长期发展。

在人合性层面，有限责任公司超越了单纯资本聚合的范畴，强调了股东之间基于相互信任与共同目标而建立的紧密合作关系。这种非财务性的联结是公司文化、治理效率及市场竞争力的关键所在。股东间的良好沟通机制促进了信息的透明流通，使决策过程更加民主、科学，能够更准确地反映市场趋势与公司实际需求。同时，面对市场波动、经营挑战或战略转型等关键时刻，股东间的紧密合作与相互支持成为公司稳健前行的强大后盾，有助于公司快速响应、有效应对，确保公司战略目标的顺利实现。

人资两合性的独特优势，使有限责任公司能够在激烈的市场竞争中脱颖而出。它不仅能够高效汇聚并合理配置股东的资金资源，为公司的快速发展提供强有力的资金支持；更能够依托股东间的信任与合作，构建出和谐稳定的内部环境，激发团队凝聚力与创造力，为公司的持续创新与长远发展奠定坚实的基础。

（2）封闭性。有限责任公司的封闭性特质，作为其法律地位与市场定位的独特标识，对公司的运营管理与外部交互的各个方面都有重大影响。这一特性在股权流通与信息透明度上尤为显著。

有限责任公司的股权结构展现出高度的内部性与限制性。与股份公司股权在公开市场的自由流通截然不同，有限责任公司的股权转让不仅须严格遵循法律法规的框架，还需兼顾公司章程的具体规定，确保转让行为的合法合规。并且股权转让常伴随着其他股东优先购买权的行使，以维护公司内部股东结构的稳定与和谐，防止了因外部资本无序涌入而可能导致的控制权变更或经营策略波动，从而保障了公司的长期战略稳定性和股东间的相互信任。

有限责任公司在信息披露层面享受着更高程度的信息保护机制。上市公司作为公众公司，其信息披露义务广泛而严格，旨在维护市场公平、透明与投资者利益。而有限责任公司则因其封闭性，得以在遵循基本法律要求的前提下，对财务状况、经营成果及重大事项等敏感信息进行更为审慎的管理与披露。然而，这也对有限责任公司的内部治理提出了更高的要求，即必须建立健全内部监管机制，确保公司治理的透明度与规范性，以平衡信息披露的封闭性与股东及利益相关者权益保护的需求，促进公司的健康可持续发展。

（3）灵活性。有限责任公司的灵活性是其适应不同市场需求和企业发展阶段的重要优势。

在公司规模上，有限责任公司可以根据自身的业务需求和发展规划灵活调整股东人数和注册资本。与股份有限公司相比，有限责任公司的股东人数上限较低，使公司更容易形成紧密的股东合作关系和高效的决策机制。

在设立程序上，有限责任公司的设立程序相对简单快捷。公司只需按照新《公司法》及相关法律法规的规定提交必要的文件和资料并完成注册登记即可成立。同时，有限责任公司的注册资本可以分期缴纳，从而减轻了初创企业的资金压力。

（二）合伙企业

1. 合伙企业的定义与分类

合伙企业是由各合伙人订立合伙协议，共同出资、共同经营、共享收益、共担风险，并对企业债务承担相应责任的营利性组织。根据《中华人民共和国合伙企业法》及相关法律规定，合伙企业主要分为以下几类：

（1）普通合伙企业。所有合伙人均为普通合伙人，对合伙企业的债务承担无限连带责任，即任何一个合伙人都有义务以其全部个人财产来清偿合伙企业的债务。

（2）有限合伙企业。由普通合伙人和有限合伙人组成。普通合伙人对合伙企业债务承担无限连带责任，而有限合伙人则以其认缴的出资额为限对合伙企业债务承担责任。这种组织形式结合了普通合伙和有限责任的优点，既保持了普通合伙的灵活性和高效性，又通过有限合伙人的设置吸引了更多投资者。

（3）特殊的普通合伙企业（或称为有限责任合伙）。这是一种特殊的普通合伙形式，主要适用于以专业知识和专门技能为客户提供有偿服务的专业机构。在这种企业中，一个或数个合伙人在执业中因故意或重大过失造成合伙企业债务的，应当承担无限责任或无限连带责任，而其他合伙人则以其在合伙企业的财产份额为限承担责任。

2. 合伙企业的特点

（1）生命有限。相较于其他企业形式，如公司制企业，合伙企业的设立和解散流程相对简便快捷。合伙人之间通过签订合伙协议即可宣告合伙企业的成立，无须经历烦琐的注册登记程序。然而，这种便捷性也带来了合伙企业相对短暂的生命周期。合伙人的变动，如新合伙人的加入，旧合伙人的退伙、死亡，或是合伙企业的自愿清算、破产清算等情况，都可能直接导致合伙企业的解散或需要进行重组。这种生命有限性使合伙企业在面对市场变化或经营困境时，能够更快地做出调整或退出市场。

（2）责任形式多样。在普通合伙企业中，所有合伙人均为普通合伙人，对合伙企业的债务承担无限连带责任，即任何一个合伙人的个人财产都可能被用来清偿合伙企业的债务。而在有限合伙企业中，则引入了有限合伙人的概念，他们仅以其认缴的出资额为限对合伙企业债务承担责任，从而实现了风险与责任的相对分离。这种责任形式的多样性为不同需求的投资者提供了灵活的选择空间，同时也促进了合伙企业制度的创新与发展。

（3）相互代理、共同决策。在合伙企业中，合伙人的地位是平等的，他们共同决定合伙企业的经营活动，享有执行和监督的权利。每个合伙人在执行合伙事务时，其行为对其他合伙人均具有约束力，即相互代理权。这种相互代理与共同决策的机制有助于确保合伙企业经营决策的民主性和科学性，同时也增强了合伙人之间的信任与合作。然而，也需要注意到，在实际操作中，这种机制也可能导致决策效率的降低和内部矛盾的产生，因此需要在合伙协议中明确约定相关事项以规避风险。

（4）财产共有。合伙企业的财产共有是其组织形态的核心特征之一。合伙人投入合伙企业的财产，无论是资金、实物，还是其他形式的财产权利，均归全体合伙人共有，由合伙人统一管理和使用。这种财产共有制度有利于实现资源的优化配置和高效利用，也增强了合伙企业的经济实力和市场竞争力。然而，财产共有也带来了管理上的挑战。未经其他合伙人同意，任何一位合伙人都不得擅自处分合伙财产，这要求合伙人之间必须建立起有效的沟通机制和监督机制，以确保合伙财产的安全和完整。

（5）利益共享、风险共担。合伙企业在生产经营活动中取得的财产归合伙人共有，同时如有亏损亦由合伙人共同承担。这种利益共享与风险共担的机制是合伙企业得以持续发展的重要基石。它激励合伙人共同努力、积极投入，共同追求合伙企业的成功和繁荣。同时，当合伙企业面临困难和挑战时，这种机制也促使合伙人团结一致、共同应对风险和挑战。虽然如此，在利益分配和风险承担方面也可能存在不公平或不合理的情况，因此需要在合伙协议中明确约定相关事项以保障合伙人的合法权益。

（三）个体工商户

1. 个体工商户的定义与性质

根据《中华人民共和国民法典》及相关法律法规的规定，个体工商户是指自然人或家庭在法律允许的范围内，依法经核准登记，从事工商业经营活动的单位。个体工商户作为市场经济中不可或缺的一环，其独特本质在于其非法人特性，即个体工商户并非独立的法律实体，其经营行为及法律后果直接归属经营者个人或家庭。因此，个体工商户在经营过程中需具备高度的自主性和灵活性，以适应市场变化。

2. 个体工商户的特点

（1）经营规模较小。个体工商户作为市场经济中的微观主体，其经营规模通常较为有限，主要体现在资金投入、员工数量及业务范围上。它往往以个人或家庭为单位进行经营，凭借有限的资源在特定领域或区域内开展业务。这种小规模经营的特点，一方面，使个体工商户在市场竞争中可能显得较为脆弱，难以与大型企业或连锁机构相抗衡；另一方面，也赋予了它独特的灵活性和适应性，能够迅速响应市场变化，满足消费者多样化的需求。尽管经营规模较小，但个体工商户在促进就业、增加居民收入、丰富市场供给等方面发挥着重要作用。

（2）经营成本较低。相较于其他企业类型，个体工商户在设立和经营过程中往往能够享受较低的成本优势。这主要体现在税收、保险、注册费用等方面。个体工商户通常只需缴纳个人所得税或按小规模纳税人的标准缴纳增值税，避免了企业所得税的负担，从而减少了税费支出。同时，它可能不需要像大型企业那样购买昂贵的商业保险，从而降低了保险费用。此外，个体工商户的注册流程相对简便，注册费用也相对较低，进一步降低了设立成本。这些成本优势使个体工商户在经营初期就能够更快地实现盈利，为后续的发展奠定基础。

（3）责任承担明确。个体工商户的债务责任承担方式是其区别于其他组织形式的特点。根据法律规定，个体工商户的债务由经营者个人或家庭财产承担，这种明确的责任承担机制有助于维护市场秩序和交易安全。它确保了交易双方在与个体工商户进行交易时，能够清晰地了解债务风险的承担主体，从而增强了交易的稳定性和可预测性。同时，这种责任承担方式也要求经营者具备高度的风险意识和责任意识，在经营过程中谨慎决策，避免盲目扩张或高风险投资。

（四）其他组织类型

1. 股份有限公司

股份有限公司，简称股份公司，是指由一定数量股东发起或募集设立，公司资本划分为等额股份，股东以其认购的股份为限对公司承担责任，公司以其全部资产对公司债务承担责任的企业法人。根据新《公司法》第九十二条规定，设立股份有限公司，应当有 1 人以上 200 人以下为发起人，其中须有半数以上的发起人在中国境内有住所。发起人数量的跨度之大也体现了股份有限公司较大的规模与发展空间。

股份有限公司特点鲜明，主要表现在以下几个方面：第一，股份有限公司具有独立的经济法人地位，拥有独立的法人财产，享有法人财产权，公司以其全部财产对公司的债务承担责任。第二，股份有限公司的股东对公司债务负有限责任，其限度是股东应交付的股金额，即股东以其认购的股份为限对公司承担责任，这一规定有效降低了股东的投资风险，增强了投资的吸引力。第三，《公司法》修订后，股份有限公司全面转变为实缴制，意味着公司发起人应当在公司成立前就按照其认购的股份全额缴纳股款。第四，股份有限公司的资本被划分为等额的股份，股份是公司资本的基本单位，代表着股东在公司中的权益，股份的自由转让性使股东可以灵活调整其投资组合，增强了资本的流动性。第五，股份有限公司必须定期公布其财务状况和经营成果，以保障股东的知情权，提高公司的透明度和公信力，为公司的长远发展奠定坚实的基础。第六，股份有限公司的设立和解散必须遵循严格的法律程序，包括制定公司章程、召开创立大会、申请公司登记等，这也意味着其发起与解散都需要耗费较大的时间成本。

股份有限公司强大的融资能力使其成为中大型企业最为青睐的组织形式。得益于股份的自由发行与转让机制，公司能够迅速汇聚大量资金用于扩大生产规模或是技术创新，为公司的快速成长和市场竞争力的提升提供了强有力的支撑。同时，股东责任的有限性如同一道屏障，有效降低了投资者的风险感知，使更多资本愿意流入这一领域，进一步增强了公司的融资活力。

正如一枚硬币的两面，股份有限公司也存在不容忽视的劣势。股份有限公司实缴制的确立，大大增加了发起人的资金压力，其设立与解散程序的复杂性，更增加了公司的运营成本和时间成本。此外，股东之间的权益保护问题，尤其是小股东权益的保障，是一个亟待解决的难题。在公司决策过程中，如何确保每位股东的声音都能被听见，如何平衡大股东与小股东之间的利益，是股份有限公司必须面对的挑战。同时，定期公布财务状况和经营成果的要求，虽然提高了公司的透明度，但也可能带来泄露商业秘密的风险，对公司的经营安全构成威胁。

股份有限公司以其融资能力强、管理体系完善等优势，在现代企业制度中占据了重要地位。与此同时，其设立与解散程序的复杂性、股东权益保护问题，以及信息披露风险等劣势，也提醒我们在选择企业组织形式时，须全面考虑，审慎决策，以找到最适合自身发展的路径。

2. 个人独资企业

个人独资企业，是指由一个自然人投资设立，财产为投资人个人所有，投资人以其个人财产对企业债务承担无限责任的经营实体。这种企业形式在《中华人民共和国个人独资企业法》（以下简称《个人独资企业法》）中正式确立，为创业者提供了一种简单、灵活且成本较低的企业组织形式。

个人独资企业设立的条件相对简单。根据《个人独资企业法》第八条的规定，设立个人独资企业应当具备的条件包括：投资人为一个自然人，这是个人独资企业的基本特征，也是其与其他企业形式的主要区别；有合法的企业名称；有投资人申报的出资，即投资人须投入一定的资本以支持企业的运营和发展；有必要的从业人员；有固定的生产经营场所和必要的生产经营条件。相较于有限责任公司和股份有限公司，这些条件为创业者提供了较低的门槛。

在经营管理方面，由于企业主即投资人，其可以完全根据个人的意志确定经营策略，进行管理决策，无须像其他企业形式那样受到股东会、董事会等组织机构的制约。其决策过程同样简单明了，无须经过烦琐的决策程序，使个人独资企业在面对市场变化时能够迅速做出反应，调整经营策略，抓住市场机遇。

个人独资企业也存在劣势。其中最为突出的是投资人对企业债务的无限责任。根据《个人独资企业法》第十八条的规定，个人独资企业的投资人在申请企业设立登记时明确以其家庭共有财产作为个人出资的，应当依法以家庭共有财产对企业债务承担无限责任。这意味着，当企业的资产不足以清偿其债务时，投资人需以其个人或家庭财产偿付企业债务。这一特性虽然有利于保护债权人的利益，但同时也增加了投资人的风险。因此，个人独资企业不适宜从事风险较大的行业。

此外，个人独资企业的规模有限。由于独资企业的经营所得、投资人个人财产、投资人一人有限的工作精力和管理水平等都制约着企业经营规模的扩大，因此，个人独资企业在市场竞争中往往难以与大型企业相抗衡。同时，企业的存在也缺乏可靠性。独资企业的存续完全取决于投资人个人的得失安危，一旦投资人因故无法继续经营，企业将面临解散的风险。

在税收方面，个人独资企业虽然无法享受像有限责任公司和股份有限公司那样的税收优惠，但根据《中华人民共和国企业所得税法》及其相关配套法规的规定，符合条件的小型微利企业可以减按20%的税率征收企业所得税。这在一定程度上减轻了个人独资企业的税收负担，有助于提高其盈利能力。然而，需要注意的是，个人独资企业的税收负担还受到其经营所得、成本费用等因素的影响。因此，在经营过程中，个人独资企业应合理规划税务策略，以降低税收成本。

个人独资企业作为一种简单、灵活且成本较低的企业形式，在创业初期和特定行业领域具有一定的优势。然而，其劣势也同样明显，投资人在选择这种企业形式时，应充分权衡利弊，根据自身实际情况和需求做出选择。

泰安某公司诉铁岭某公司、陈某、谢某买卖合同纠纷案

——一人有限责任公司原股东、现股东对公司债务的承担

基本案情：

铁岭某公司系一人有限责任公司（自然人独资），原股东为谢某，2021年4月7日，股东由谢某变更为陈某。铁岭某公司与泰安某公司共签订五份购销合同，其中2020年签订四份，合同价款共计501862.95元，2021年4月18日，股权变更后签订一份，合同价款264022.65元。泰安某公司按照合同约定发货后，谢某通过其个人账户支付货款207830元，陈某通过其个人账户支付货款26万元，剩余款项未付。铁岭某公司与谢某又分别就2021年4月18日的合同欠款向泰安某公司出具欠条一份。后泰安某公司诉至法院，要求铁岭某公司、谢某、陈某连带偿还其货款并支付违约金。

裁判结果：

山东省宁阳县人民法院于2022年6月14日作出（2022）鲁0921民初1701号民事判决。

第一，铁岭某公司于本判决生效后七日内支付泰安某公司货款298055.6元及违约金（以本金34032.95元为基数，自2021年4月20日起至2021年5月18日；以本金298055.6元为基数，自2021年5月19日

起至实际履行完毕之日，以上均按照年利率15.4%计算）。

第二，陈某、谢某对铁岭某公司的上述债务承担连带责任。宣判后，铁岭某公司、陈某以公司只欠泰安某公司4022.65元、陈某不应承担责任为由，提起上诉。山东省泰安市中级人民法院于2022年10月10日作出（2022）鲁09民终3392号民事判决，驳回上诉，维持原判。

裁判要旨：

第一，一人有限责任公司的原股东是公司原投资者和所有者，对其持股期间发生的债务情况明知且熟悉，股权转让行为既不能免除其应当承担的举证证明责任，也不能产生债务消灭或者责任免除的法律后果。原股东如不能证明股权转让前公司财产独立于自己财产的，应对其持股期间即股权转让前的债务承担连带责任；股权转让后，原股东退出公司的投资和管理，对于公司股东变更后发生的债务，不负有清偿责任。如原股东对股权转让后的债务向债权人出具欠条、承诺书等表示愿意加入债务，债权人未在合理期限内明确拒绝的，视为债务加入，原股东亦应对股权转让后的债务承担连带责任。

第二，一人有限责任公司的现股东对股权受让后公司债务的承担，直接适用《公司法》第六十三条的规定进行认定；对股权受让前公司债务的承担，如不能证明公司财产独立于其个人财产，亦应对公司债务承担连带责任，理由如下：首先，虽然公司债务形成于股权受让前，但公司的债务始终存在，并未清偿，公司内部股权、资本变更并不影响公司的主体资格，相应的权利义务应由变更后的主体概括承受；其次，现股东作为公司新的投资者和所有者，在决定是否受让股权前，有能力且应当对公司当前的资产负债情况包括既存债务及或有债务情况予以充分了解，以便对是否受让股权、受让股权之对价、公司债务承担规则做出理性决定和妥善安排，而对于债权人等公司外部人来说，现股东对受让股权前存在的公司债务应视为已经知晓；最后，结合《公司法》第六十三条的条文规定和立法本意，该条文赋予债权人在特定条件下刺破公司面纱的权利，同时将证明股东财产与公司财产分离的举证责任分配给股东，系对公司股东与债权人之间风险与利益的合理分配，现股东如认为不应承担责任，可依据该条规定进行救济。综上所述，一人有限责任公司的现股东如不能证明股权受让后公司财产独立于自己的财产，对股权受让前后的公司债务均应承担连带责任。

（五）各组织类型的对比与选择

1. 有限责任公司

（1）优势。

1）股东责任有限。有限责任公司最大的制度优势之一在于其股东责任的有限性。这一特性意味着，在有限责任公司的框架下，无论公司面临多大的经营风险或债务压力，股东对公司的债务和责任承担仅限于其认缴的出资额，而无须对公司的全部债务或亏损承担无限连带责任。这极大地降低了投资者的心理负担，鼓励他们更加积极地参与投资活动，进而促进了资本市场的活跃度和资金流动性。由于投资风险得到有效控制，更多的社会资本愿意流向具有发展潜力的企业。这些资金不仅为企业提供了必要的运营资金，还为企业扩大规模、技术创新、市场开拓等提供了坚实的支撑。

2）资本相对自由。有限责任公司在资本运作上展现出高度的灵活性。首先，股东出资形式多样，不仅限于货币，还可以是实物、知识产权、土地使用权等多种形式的财产，为初创企业或特定行业的企业提供了便捷的融资渠道，使企业能够根据自身实际情况和需要灵活安排资本结构。其次，公司股份的转让相对自由，股东可以通过股权转让的方式实现资金的退出或重新配置，增加了投资的流动性和灵活性，有助于促进企业内部资源配置的优化，也为企业的扩张和重组提供了便利条件。

3）公司治理结构简化。由于有限责任公司股东人数相对较少，其治理结构通常较为简化。与大型公众公司复杂的层级结构和烦琐的决策流程相比，有限责任公司的股东之间更容易形成紧密的合作关系，并在公司运营和决策过程中保持高度的协调一致，有助于增强股东的责任感和参与感，促进企业的长期稳定发展。同时，由于股东之间的直接沟通更为便捷，使公司的战略方向和经营策略能够更快速地响应市场变化，提高了企业的市场适应能力和竞争力。

4）便于融资。有限责任公司拥有独立法人地位，公司财产与股东个人财产相分离，投资者在评估投资风险时能够更清晰地看到公司的资产状况和偿债能力，从而增强了投资者的信心和投资意愿。此外，公司可以凭借其良好的信用记录和经营业绩向银行、金融机构等融资渠道申请贷款或发行债券等融资工具，以满足企业扩张或运营的资金需求。随着资本市场的不断发展和完善，有限责任公司还可以通过股权融资的方式吸引更多的投资者进入企业，进一步拓宽融资渠道并降低融资成本。

（2）劣势。

1）资金筹集能力受限。有限责任公司在资金筹集方面相较于股份有限公司存在显著的局限性。其资金主要依赖于发起人的初始投资，且由于股东人数的限制，直接限制了公司能够吸引的资金总量。在需要大规模扩张或应对市场变化时，资金筹集能力的不足可能成为公司发展的瓶颈。此外，由于无法像上市公司那样通过公开发行股票广泛筹集资金，有限责任公司在融资渠道上相对单一，更多依赖于银行贷款、债券发行或内部融资等方式，而这些方式往往伴随着较高的融资成本或严格的融资条件，进一步限制了公司的资金筹集能力。

2）股权转让严格。有限责任公司的股权转让制度设计较为严格，通常要求股东在对外转让其股权时需获得其他股东过半数的同意，这一规定旨在维护公司的人合性，即股东之间的信任与合作关系。然而，这种严格的股权转让限制也带来了股权流动性降低的问题。对于希望快速退出或调整投资组合的股东而言，股权转让的复杂性和不确定性可能成为一大障碍。当公司面临经营困境或需要引入新股东以注入资金时，股权转让的严格性可能影响外部资本的进入，从而限制了公司的融资和发展空间。

3）决策形成复杂化。尽管有限责任公司的股东人数相对较少，但股东之间的利益冲突和分歧却可能因此而更加凸显。在公司的经营决策过程中，不同股东可能基于各自的利益诉求提出不同的意见和方案，导致决策过程复杂化。特别是在利益分配、经营策略、投资方向等关键问题上，股东之间的分歧可能引发长时间的争论和协商，进而影响公司的决策效率和运营稳定性。此外，如果公司治理结构不健全或股东之间缺乏有效的沟通和协调机制，还可能加剧这种复杂性，对公司的长期发展造成不利影响。

4）透明度较低。有限责任公司相较于上市公司，其信息披露和透明度要求较低。由于不强制要求公开财务报表、经营信息等敏感数据，有限责任公司在一定程度上保护了公司的商业秘密和股东隐私。

然而，对于公司债权人而言，由于缺乏充分的信息披露，他们难以准确评估公司的财务状况和偿债能力，从而增加了投资风险。较低的透明度还可能影响公司的市场声誉和信誉度，降低潜在投资者和合作伙伴的信任度。在发生法律纠纷或争议时，也可能由于信息不透明，导致诉讼成本增加和诉讼结果的不确定性。因此，虽然有限责任公司在保护商业秘密方面具有一定优势，但其较低的透明度可能成为公司发展的一个潜在障碍。

2. 合伙企业

（1）优势。

1）经营灵活。合伙企业在物流领域的经营灵活性是其显著优势之一。物流行业面临着快速变化的市场需求和不断演进的技术环境，要求企业能够快速调整经营策略和服务模式。合伙企业由合伙人共同管理和运营，决策链条短，反应速度快。当市场出现新机遇或挑战时，合伙企业能够迅速召集合伙人进行讨论，并基于共识快速做出决策。这种灵活的经营模式使合伙企业能够更快地适应市场变化，抓住商机，提高市场竞争力。此外，合伙人之间的紧密合作和信任关系也有助于促进信息的共享和资源的整合，进一步增强企业的灵活性和适应能力。

2）税务优惠。在某些行业及特定情况下，合伙企业可以享受较为优惠的税收政策，这也是其吸引投资者和创业者的重要因素之一。具体来说，合伙企业通常不被视为独立的纳税实体，其所得利润在分配给合伙人之前不需要缴纳企业所得税。相反，合伙人按照其分得的利润缴纳个人所得税或企业所得税。这种税收安排避免了双重征税的问题，降低了企业的整体税负。对于物流行业来说，税收成本是运营过程中不可忽视的一部分，通过选择合伙企业这种组织形式，企业可以在一定程度上减轻税务负担，提高盈利能力。当然，具体的税务优惠政策还需根据当地法律法规进行详细了解和规划。

（2）劣势。

1）无限责任。合伙企业的无限责任制度是其最为显著的劣势之一。物流行业的业务领域内往往涉及大量的货物运输和仓储管理，存在较高的风险。一旦企业因经营不善、意外事故或其他事件导致债务违约，合伙人需要以其个人财产来承担无限连带责任，这也意味着合伙人的个人资产和家庭财务状况都可能受到严重影响。这种连带责任风险不仅限制了合伙人的投资能力和个人发展，也可能影响合伙企业的整体稳定性和长期发展。因此，在选择合伙企业形式时，合伙人需要充分了解并评估自身的风险承受能力，确保能够承担潜在的无限责任风险。

2）稳定性差。合伙企业的稳定性相对较差，主要是由其组织结构和管理机制的特点所决定的。合伙企业由多个合伙人共同出资和管理，合伙人之间的关系对企业的稳定性和运营效率具有重要影响。然而，在实际运营过程中，合伙人之间可能会出现意见不合、利益冲突或其他矛盾纠纷。这些问题如果得不到妥善解决，就可能导致合伙企业的分裂或解散。此外，合伙人的个人因素如健康问题、退休计划或移民意愿等也可能对企业的稳定性产生影响。因此，在选择合伙企业形式时，合伙人需要充分沟通并建立良好的合作机制，以确保企业的长期稳定发展。

3. 个体工商户

（1）优势。

1）设立成本低。个体工商户在物流行业中因其设立简便和低成本的特点而受到青睐。相比于有限责任公司或合伙企业，个体工商户的注册流程更为简便，所需提交的材料和手续也相对较少。这种简便性使创业者能够快速启动物流业务，无须在烦琐的注册程序上花费过多时间和精力。同时，个体工商户的运营成本也相对较低。由于没有复杂的公司治理结构和烦琐的税务申报流程，个体工商户能够节省大量的管理成本和时间成本，这对于初创阶段的物流从业者来说尤为重要，可以将有限的资源更多地投入业务运营和市场拓展中。

2）经营灵活。物流行业的个体工商户在经营上展现出高度的灵活性，能够迅速适应物流市场的变化。由于个体工商户通常以个人或家庭为单位进行经营，决策过程更加直接和高效。在面对市场机遇或挑战时，个体工商户能够迅速做出反应，调整经营策略和服务模式，使个体工商户在行业中更能够抓住市场机遇，满足客户的多样化需求。同时，个体工商户也能够根据自身的实际情况和市场需求进行灵活定价和促销活动，以吸引更多的客户和提升市场份额。

（2）劣势。

1）承担无限责任。个体工商户在享受经营灵活性的同时，也面临着责任承担重的劣势。个体工商户的债务由经营者个人或家庭财产承担，一旦发生经营亏损或债务违约等风险事件，经营者将承担无限连带责任。这种风险对于涉及大量货物运输和仓储管理的物流行业来说尤为突出，一旦发生货物损失或运输事故等风险事件，个体工商户可能需要承担巨额的赔偿责任。因此，个体工商户在经营过程中需要更加谨慎和稳健地管理业务风险。

2）融资困难。由于个体工商户通常规模较小、经营历史较短且缺乏抵押物等担保措施，难以从银行等金融机构获得贷款支持，限制了个体工商户在扩大规模、引进先进设备和技术等方面的能力。个体工商户在信用评级方面相对较低的现状更进一步增加了其融资的难度和成本，增加了其面临资金短缺困境的风险。因此，个体工商户在经营过程中要注重积极寻求其他融资渠道和方式，如利用政府扶持政策、引入风险投资等，以缓解资金压力并推动业务的发展。

4. 结论

在物流领域选择企业类型时，创业者应充分结合自身实际情况与发展需求进行综合考虑。对于追求长期稳定发展、资金实力雄厚且希望享受有限责任保护的物流企业来说，有限责任公司是较为合适的选择。有限责任公司不仅具有明确的法律框架，确保了企业运营的规范性和合法性，更以其有限责任的特性为股东筑起了一道坚实的保护墙。股东只需以其出资额为限对公司债务承担责任，有效隔离了个人资产与企业风险，为企业的长远发展提供了坚实的后盾。

对于注重经营灵活性和税务优惠的小型物流企业来说，合伙企业可能更具吸引力。合伙人共同出资、共同经营、共享收益、共担风险。这种组织形式赋予了合伙企业极高的灵活性，使其能够迅速响应市场变化，调整经营策略。在物流行业，市场波动频繁，客户需求多样化，合伙企业能够凭借其灵活的决策机制，快速抓住商机，满足客户需求。

对于初创阶段，资金有限且风险承受能力较强的创业者来说，个体工商户则是一个值得考虑的选择，但同时因为个体工商户不具备法人资格，同样需要面临承担无限连带责任的风险。

由于有限责任公司的设立较为复杂烦琐，在接下来的章节中，将对有限责任公司的设立进行详尽介绍。通过这一系列的介绍与分析，期望能为物流从业者提供一份全面、实用的指南，助力其在选择企业类型时综合考量企业自身实际情况、发展需求及当地法律法规，从而做出更加明智的决策。

二、有限责任公司注册资本与股东权责

（一）注册资本

1. 出资形式

新《公司法》第四十八条规定："股东可以用货币出资，也可以用实物、知识产权、土地使用权、股权、债权等可以用货币估价并可以依法转让的非货币财产作价出资；但是，法律、行政法规规定不得作为出资的财产除外。

对作为出资的非货币财产应当评估作价，核实财产，不得高估或者低估作价。法律、行政法规对评估作价有规定的，从其规定。"

因此，股东通常可以采取货币出资、非货币出资（实物出资、知识产权出资、土地使用权出资、股权出资、债券出资）等形式出资。

（1）货币出资。货币出资是股东以现金或银行存款等货币形式向公司投入的资本，包括人民币与外币。货币的价值是明确的，不存在评估作价的复杂程序，易于计算股东的出资比例。并且股东使用货币出资后可以直接用于公司的日常经营活动，因此，这是最直接、最简单的出资方式。

股东应当将货币出资足额存入有限责任公司在银行开设的账户，并且需要有合法的资金来源证明，如银行转账记录等。如果是以违法犯罪所得的货币进行出资，会涉及出资无效等一系列法律问题。

（2）非货币出资。非货币财产在满足"可以用货币估价并可以依法

转让”标准的情况下，均可用于出资，但是“法律、行政法规规定不得作为出资的财产除外”。

1）实物出资。实物出资是指股东以其所有的动产或不动产，如机器设备、原材料、成品、房产等，作为对公司的出资。其中，用作出资的实物需要满足实际存在、具有使用价值、公司可以自行利用、出资人对该物具有相应处分权等要求。实物出资需要由具有合法资质的评估机构对其进行价值评估，确保作价的公平合理，并且应当及时办理产权转移手续。

2）知识产权出资。知识产权出资是指股东以专利权、商标权、著作权、非专利技术等向公司出资，这些资产虽无实体形态，但具有极高的经济价值。同实物出资一样，知识产权出资也需要进行评估。知识产权的价值评估相对复杂，需要考虑其技术含量、市场前景、使用范围等诸多因素。在评估完成后，需及时进行相应的权属变更登记。

3）土地使用权出资。土地使用权是国家或集体土地所有者依法授予土地使用者使用一定面积土地的权利，包括以出让、租赁、划拨等方式取得的国有土地使用权和以承包方式取得的农村集体土地使用权，股东可以将其合法取得的土地使用权作为出资投入公司。土地使用权出资须明确土地使用权的年限、用途等条件，并办理土地使用权变更登记手续。用以出资的土地需要履行评估程序，若评估金额与出资金额差距过大，出资人应当补足出资金额。

需要注意的是，土地出资的标的是土地使用权而非土地所有权，并且必须是经过有偿出让的国有土地。对于无偿取得使用权的土地，必须先向国家补交土地出让金、办理土地变更手续，才能作为出资使用。

4）股权出资。股权出资是指股东以其持有的其他公司的股权向本公司出资。通过股权出资，公司可以对其他公司进行股权投资，实现产业链的延伸或者多元化经营。但出资时须注意股权价值的评估、股权权属的清晰以及相关证券法律法规对于股权交易的规定等问题。

5）债权出资。债权出资是指股东以其对第三人的债权作为对公司的出资。这种出资属于合同权利的转让，虽然可以减轻公司的现金压力，但也给公司带来了债权无法收回、产生额外清偿成本、折价等风险，所以在使用债权出资前需确保债权的真实性和可回收性。

6）不可出资事项。具体包括：根据法律、行政法规的规定，劳务、信用、自然人姓名、商誉、特许经营权等无法用货币准确估价或无法依法转让的财产或权利；设定担保的财产（除非担保权人同意且符合相关规定）；国家禁止流通或限制流通的财产；其他法律、行政法规明确禁止的出资形式，不允许用作出资。

2. 出资期限

（1）新《公司法》对股东出资期限的基本规定。新《公司法》第四十七条规定，“有限责任公司的注册资本为在公司登记机关登记的全体股东认缴的出资额。全体股东认缴的出资额由股东按照公司章程的规定自公司成立之日起五年内缴足。法律、行政法规以及国务院决定对有限责任公司注册资本实缴、注册资本最低限额、股东出资期限另有规定的，从其规定”。

新《公司法》第九十八条规定，“发起人应当在公司成立前按照其认购的股份全额缴纳股款。发起人的出资，适用本法第四十八条、第四十九条第二款关于有限责任公司股东出资的规定”。

（2）存量公司对出资期限的调整。对于2024年7月1日前已登记设立的公司，根据新《公司法》第二百六十六条第二款和《国务院关于实施〈中华人民共和国公司法〉注册资本登记管理制度的规定》，稳妥有序逐步地调整至规定的期限以内。

对有限责任公司来说，剩余认缴出资期限自2027年7月1日起超过5年的，应当在2027年6月30日前将其剩余认缴出资期限调整至5年内并记载于公司章程，股东应当在调整后的认缴出资期限内足额缴纳认缴的出资额。

剩余认缴出资期限自2027年7月1日起不足5年或者已缴足注册资本的，无须调整认缴出资期限。

认缴出资期限已经届满的，如果认缴期限自公司成立之日起已经超过5年，则不再允许延长其出资期限；如果认缴出资期限未届满且认缴期限自公司成立之日起不足5年，则可以允许其延长至自公司成立之日起5年。

对股份有限公司来说，发起人应当在2027年6月30日前按照其认购的股份全额缴纳股款。股东应当在2027年6月30日按照其前增资认购的股份足额缴纳股款。

（3）未按期限出资的法律后果。根据新《公司法》第二百五十二条、第二百五十三条的规定，如果公司的发起人、股东虚假出资，未交付或者未按期交付作为出资的货币或者非货币财产的，由公司登记机关责令改正，可以处以5万元以上20万元以下的罚款；情节严重的，处以虚假出资或者未出资金额5%以上15%以下的罚款；对直接负责的主管人员和其他直接责任人员处以1万元以上10万元以下的罚款。

恶意拖延出资的行为导致公司资本减少、损害公司及相关利益方权益，具有严重社会危害性，经查明属于虚假出资、抽逃出资的，还可能构成《中华人民共和国刑法》第一百五十九条规定的虚假出资、抽逃出资罪，最高可处五年有期徒刑并处罚金。

如果公司未依照新《公司法》第四十条规定公示有关信息或者不如实公示有关信息的，由公司登记机关责令改正，可以处以1万元以上5万元以下的罚款。情节严重的，处以5万元以上20万元以下的罚款；对直接负责的主管人员和其他直接责任人员处以1万元以上10万元以下的罚款。

（二）股东权利与责任

1. 股东权利

（1）资产收益权。资产收益权是作为股东享有的财产上的权利，具体包括三类：一是获得公司分红的权利；二是在公司清算后，清偿所有税、债务和费用后的剩余财产的分配权；三是转让持有的公司股权所获得的收益。

1）分红权。新《公司法》第二百一十条："公司弥补亏损和提取公积金后所余税后利润，有限责任公司按照股东实缴的出资比例分配利润，全体股东约定不按照出资比例分配利润的除外。"

分红权，又称股息、红利分配请求权，是指股东基于其对公司的出资，按照一定的比例从公司的可分配利润中获取股息或红利的权利。分红是股东实现投资回报的主要方式之一，也是股东权益的直接体现。

行使分红权要求公司有可供分配的利润。公司利润在扣除成本、费用、税收及法定公积金等之后，剩余部分才是可分配利润。分红的方式主要有现金分红和股票分红（在有限责任公司主要是利润转增资本）。现金分红是最常见的方式，公司将可分配利润以货币形式分配给股东，股东可以直接获得经济利益。而利润转增资本是将利润转化为股东在公司的出资增加额，这种方式有利于扩大公司规模，增强公司的资本实力。例如，公司将100万元利润转增资本，股东按照出资比例增加其在公司的股权份额。

实践中，分红权也可能引发争议，当公司有可分配利润但大股东却长期不分红，小股东的分红权就可能受到侵害。在此种情况下，小股东可以通过查阅公司账簿、提起股东派生诉讼等救济措施维护自己的分红权益。

2）剩余财产分配权。新《公司法》第二百三十六条："公司财产在分别支付清算费用、职工的工资、社会保险费用和法定补偿金，缴纳所欠税款，清偿公司债务后的剩余财产，有限责任公司按照股东的出资比例分配，股份有限公司按照股东持有的股份比例分配。"

剩余资产分配权，是指在公司解散、破产或其他法定终止事由出现时，股东有权在公司解散清算后按照其出资比例或者公司章程的规定，分配公司清偿支付清算费用、职工的工资、社会保险费用和法定补偿金，缴纳所欠税款，清偿公司债务后的剩余财产。

剩余资产分配权的行使是在公司清算程序之后。公司清算包括自行清算和强制清算。在自行清算中，公司需要成立清算组，清理公司财产、编制资产负债表和财产清单等。在清偿债务环节，公司的债务包括对外债务如银行贷款、供应商货款、未支付的员工工资和福利等。只有这些债务全部清偿完毕后，才涉及剩余资产的分配。股东分配剩余资产的比例一般是按照出资比例，但如果公司章程有特别规定则按照章程执行。

实践中，公司资产的评估价值可能存在争议，特别是对于一些特殊资产如品牌价值、未完成的研发项目等。另外，如果公司存在未被发现的债务，在分配剩余资产后又出现债权人主张权利的情况，股东可能需要退还已经分配的部分资产来清偿债务。

3）股权转让权。新《公司法》第八十四条："有限责任公司的股东之间可以相互转让其全部或者部分股权。股东向股东以外的人转让股权的，应当将股权转让的数量、价格、支付方式和期限等事项书面通知其他股东，其他股东在同等条件下有优先购买权。股东自接到书面通知之日起三十日内未答复的，视为放弃优先购买权。两个以上股东行使优先购买权的，协商确定各自的购买比例；协商不成的，按照转让时各自的出资比例行使优先购买权。公司章程对股权转让另有规定的，从其规定。”

股权转让权，是有限责任公司股东将其持有的公司股权转让给他人的权利，对股东实现资本退出或者股权结构调整等具有重要意义。

股权转让可以通过协议转让、拍卖、招标等方式进行，但应遵守新《公司法》和公司章程关于股权转让的具体规定。股权转让的方式主要包括内部转让和外部转让。

内部转让是指股东之间相互转让股权，这种转让相对简单，因为不涉及新股东加入的问题，不会改变公司的人合性基础。例如，公司的两位股东甲和乙，甲将其部分股权转让给乙，双方协商好转让价格和转让比例后，签订股权转让协议，办理股权变更登记即可。

外部转让则相对复杂。当股东向股东以外的人转让股权时，除了要遵守上述法定程序，还需要考虑新股东的信誉、经济实力等因素。例如，股东丙打算将其股权转让给外部投资者丁，丙需要书面通知其他股东征求同意，其他股东可能会对丁的经营理念、资金来源等进行审查。在价格方面，股权转让价格可以由转让方和受让方协商确定，也可以通过评估公司股权价值来确定。评估方法包括资产基础法、收益法、市场法等。此外，股权转让还需办理相应的工商变更登记手续，以确保股权变动的合法性和有效性。

为保护公司的人合性、维护交易安全及公共利益，公司章程可能对股权转让作出更严格的限制，如规定在一定期限内股东不得转让股权或者转让股权需要经过更高比例股东的同意。另外，当股东转让股权时，其他股东的优先购买权也可能导致纠纷。如果其他股东行使优先购买权，则转让股东和外部受让方之间的交易可能会落空，需要妥善处理各方的利益关系。

（2）表决权。新《公司法》第六十五条：“股东会会议由股东按照出资比例行使表决权；但是，公司章程另有规定的除外。”

表决权是股东参与公司重大决策的核心权利，它允许股东在股东会或股东大会上就公司经营管理中的重大事项进行投票，以表达其意愿并影响决策结果。

新《公司法》规定股东会会议由股东按照出资比例行使表决权，但是，公司章程另有规定的除外。这表明在一般情况下，股东的表决权与其出资比例相关，但公司可以通过章程对表决权进行特殊安排，以适应公司的特殊治理需求。

表决权的行使主要表现在公司股东会会议上。股东会是公司的最高权力机构，决定公司的重大事项，如制订公司的经营方针和投资计划，选举和更换非由职工代表担任的董事、监事，决定有关董事、监事的报酬事项，审议批准公司的年度财务预算方案、决算方案，等等。股东可以亲自出席股东会行使表决权，也可以委托代理人代为行使。

（3）知情权。新《公司法》第五十七条：“股东有权查阅、复制公司章程、股东名册、股东会会议记录、董事会会议决议、监事会会议决议和财务会计报告。

股东可以要求查阅公司会计账簿、会计凭证。股东要求查阅公司会计账簿、会计凭证的，应当向公司提出书面请求，说明目的。公司有合理根据认为股东查阅会计账簿、会计凭证有不正当目的，可能损害公司合法利益的，可以拒绝提供查阅，并应当自股东提出书面请求之日起十五日内书面答复股东并说明理由。公司拒绝提供查阅的，股东可以向人民法院提起诉讼。

股东查阅前款规定的材料，可以委托会计师事务所、律师事务所等中介机构进行。”

知情权是有限责任公司股东了解公司信息的权利，知情权的行使对股东监督公司经营管理、维护自身利益至关重要。

股东有权查阅、复制公司章程、股东名册、股东会会议记录、董事会会议决议、监事会会议决议和财务会计报告，也可以要求查阅公司会计账簿、会计凭证。这些权利为股东提供了获取公司基本信息和财务信息的依据。股东可以通过查阅公司章程了解公司的基本治理结构和股东的权利义务；也可以通过查阅财务会计报告掌握公司的财务状况、经营成果和现金流量等重要信息。

股东行使知情权的目的主要是监督公司经营管理。当股东怀疑公司管理层存在不当经营行为或者财务造假时，通过查阅公司账簿和相关文件，可以发现问题并采取相应措施。同时，知情权也有助于股东评估自己的投资价值。股东通过了解公司的财务状况和经营计划，可以判断公司的发展前景，从而决定是否继续持有公司股权或者增加投资。

股东行使知情权需要遵循一定程序。对于查阅、复制公司章程等文件，股东一般只需向公司提出书面请求，说明目的即可。但对于查阅公司会计账簿，公司有合理根据认为股东查阅会计账簿有不正当目的，可能损害公司合法利益的，可以拒绝提供查阅。

（4）优先认购权。新《公司法》第二百二十七条："有限责任公司增加注册资本时，股东在同等条件下有权优先按照实缴的出资比例认缴出资。"

新《公司法》第八十四条："股东向股东以外的人转让股权的，应当将股权转让的数量、价格、支付方式和期限等事项书面通知其他股东，其他股东在同等条件下有优先购买权。"

优先认购权是有限责任公司股东在公司新增资本时享有的优先于非股东认购新股的权利。

对于大股东来说，优先认购权的行使可以维持股东在公司中的控制权，防止股权被过度稀释，从而保证其在公司决策中的话语权。对于小股东而言，优先认购权也是一种保护机制。当公司前景良好，有新的投资机会需要增资时，小股东可以通过行使优先认购权分享公司成长带来的利益。如果没有优先认购权，小股东可能会因为大股东或者新投资者的大量认购而被边缘化。

在公司实际增资过程中，通常会先发布增资通知，告知股东增资的具体情况，包括新增资本的金额、用途、认购价格等信息。股东在接到通知后，在规定的时间内按照自己的意愿决定是否认缴新增资本，行使优先认购权。

实践中，有的公司可能会在章程中对优先认购权作出特殊规定，如限制某些股东的优先认购权或者赋予部分股东额外的优先认购权。另外，在公司引进战略投资者等特殊情况下，股东的优先认购权可能需要进行适当调整，这需要股东与公司、新投资者之间进行充分的协商，以平衡各方利益。

(5) 提案权。新《公司法》第一百一十五条第二款：“单独或者合计持有公司百分之一以上股份的股东，可以在股东会会议召开十日前提出临时提案并书面提交董事会。临时提案应当有明确议题和具体决议事项。董事会应当在收到提案后二日内通知其他股东，并将该临时提案提交股东会审议；但临时提案违反法律、行政法规或者公司章程的规定，或者不属于股东会职权范围的除外。公司不得提高提出临时提案股东的持股比例。”

提案权赋予了股东在股东会或股东大会上提出议题或议案的权利，使股东能够就公司发展的重要问题向公司管理层提出改进经营管理、加强内部控制、优化资源配置等方面的建议，推动公司不断完善治理结构、提高经营效率。

提案权的行使有助于增强股东参与公司治理的积极性和有效性，促进公司决策的民主化和科学化。但在行使提案权时，股东也须注意遵循公司章程和法律规定，确保提案内容与公司经营管理相关、符合法律法规要求，并按照规定的程序和时间提交提案。

(6) 质询权。新《公司法》第一百一十五条：“单独或者合计持有公司百分之一以上股份的股东，可以在股东会会议召开十日前提出临时提案并书面提交董事会。”

质询权是有限责任公司股东就公司经营管理等相关事项向公司管理层提出询问并要求答复的权利。股东可以通过此权利深入了解公司的真实情况，监督公司的经营管理行为，防止管理层滥用职权、损害公司和股东利益。质询权的行使一般需要由股东在股东会或股东大会的会议现场或通过书面、电子邮件等方式提出，被质询的董事、监事或高级管理人员应当如实回答股东的询问，不得拒绝或回避。在行使质询权时，股东应尊重事实、理性提问，避免提出无根据的指责或攻击性言论。公司及其管理人员则应积极配合股东的质询工作，提供真实、准确、完整的信息，确保质询权的顺利行使。

（7）诉权。

1）解散公司之诉。新《公司法》第二百三十一条："公司经营管理发生严重困难，继续存续会使股东利益受到重大损失，通过其他途径不能解决的，持有公司百分之十以上表决权的股东，可以请求人民法院解散公司。"

新《公司法》规定，公司经营管理发生严重困难，继续存续会使股东利益受到重大损失，通过其他途径不能解决的，持有公司全部股东表决权百分之十以上的股东，可以请求人民法院解散公司。这里的"公司经营管理发生严重困难"通常包括公司陷入僵局的情况，如股东会机制长期失灵，无法就公司的经营管理进行决策；或者董事之间长期冲突，且无法通过股东会解决；等等。此诉讼旨在打破公司治理的困境，防止股东利益因公司陷入僵局而持续受损。

解散公司之诉的后果是非常严重的。一旦法院判决解散公司，公司将进入清算程序。清算过程包括清理公司财产、清偿债务、分配剩余财产等环节。这会对公司的员工、债权人、股东等众多利益相关者产生重大影响。因此，在诉讼过程中，股东须证明公司经营管理已发生严重困难，且继续存续将对其利益造成不可逆转的损害。人民法院在审查案件时，也将综合考量公司的实际经营状况、股东利益受损程度及是否存在其他救济途径等因素，以作出是否解散公司的裁决。

2）瑕疵公司决议之诉。新《公司法》第二十六条："公司股东会、董事会的会议召集程序、表决方式违反法律、行政法规或者公司章程，或者决议内容违反公司章程的，股东自决议作出之日起六十日内，可以请求人民法院撤销。但是，股东会、董事会的会议召集程序或者表决方式仅有轻微瑕疵，对决议未产生实质影响的除外。

未被通知参加股东会会议的股东自知道或者应当知道股东会决议作出之日起六十日内，可以请求人民法院撤销；自决议作出之日起一年内没有行使撤销权的，撤销权消灭。"

瑕疵公司决议有"无效""可撤销"与"不成立"三种情形，其中决议内容违反法律、行政法规的为无效决议；决议违反股东会、董事会召集程序的，表决方式违反法律法规或公司章程的，决议内容违反公司章程的，股东未被通知参会的，属于可撤销决议；未召开会议的、未对决议事项表决的、出席人数未达到法律或章程标准的、同意人数未达到法律或章程标准的，属于不成立决议。

对于以上瑕疵决议，股东均可通过行使诉权救济，但需要注意以下几点：第一，如果出现属于“可撤销决议”中的情形，股东应在决议作出之日起60日内向法院起诉请求撤销；第二，对于“无效决议”和“不成立决议”，新《公司法》尚未规定诉讼时效或除斥期间，在实践中法院对究竟是否适用时效、适用何种时效的认定也存在争议。因此，笔者建议尽量在1年内提起决议无效或决议不成立之诉。

3）对经营者索赔之诉。新《公司法》第一百九十条：“董事、高级管理人员违反法律、行政法规或者公司章程的规定，损害股东利益的，股东可以向人民法院提起诉讼。”

对经营者索赔之诉是指公司或者股东因公司经营者（如董事、监事、高级管理人员）违反法律、行政法规或者公司章程的规定，给公司或者股东造成损失而提起的索赔诉讼。

提起诉讼的主体可以是公司，也可以是股东。公司作为直接的受害者，当经营者的不当行为给公司造成损失时，公司有权提起诉讼要求赔偿。股东提起诉讼通常是在公司怠于行使索赔权的情况下，为了维护公司和自身的利益而进行的派生诉讼。例如，公司的控股股东控制了董事会，导致公司不愿意对存在过错的经营者提起诉讼，符合一定条件的股东可以代表公司提起索赔之诉。在诉讼过程中股东需要承担证明经营者违法违章、损害公司利益的举证责任，而经营者则需要证明其已经尽到忠实和勤勉义务。这一制度旨在约束经营者的行为，确保其为公司利益最大化服务，同时保护股东免受经营者不当行为的侵害。

4）股东代表诉讼。新《公司法》第一百八十八条：“董事、监事、高级管理人员执行职务违反法律、行政法规或者公司章程的规定，给公司造成损失的，应当承担赔偿责任。”

新《公司法》第一百八十九条：“董事、高级管理人员有前条规定的情形的，有限责任公司的股东、股份有限公司连续一百八十日以上单独或者合计持有公司百分之一以上股份的股东，可以书面请求监事会向人民法院提起诉讼；监事有前条规定的情形的，前述股东可以书面请求董事会向人民法院提起诉讼。

监事会或者董事会收到前款规定的股东书面请求后拒绝提起诉讼，或者自收到请求之日起三十日内未提起诉讼，或者情况紧急、不立即提起诉讼将会使公司利益受到难以弥补的损害的，前款规定的股东有权为公司利益以自己的名义直接向人民法院提起诉讼。

他人侵犯公司合法权益，给公司造成损失的，本条第一款规定的股东可以依照前两款的规定向人民法院提起诉讼。

公司全资子公司的董事、监事、高级管理人员有前条规定情形，或者他人侵犯公司全资子公司合法权益造成损失的，有限责任公司的股东、股份有限公司连续一百八十日以上单独或者合计持有公司百分之一以上股份的股东，可以依照前三款规定书面请求全资子公司的监事会、董事会向人民法院提起诉讼或者以自己的名义直接向人民法院提起诉讼。”

股东代表诉讼是指当公司的合法权益受到不法侵害而公司却怠于起诉时，公司的股东为了公司的利益以自己的名义代表公司提起的诉讼。有限责任公司的股东、股份有限公司连续 180 日以上单独或者合计持有公司 1%以上股份的股东，在满足一定条件下可以提起股东代表诉讼。例如，当公司的董事、监事、高级管理人员或者他人侵犯公司的合法权益，给公司造成损失，公司的监事会或者监事、董事会或者执行董事收到股东的书面请求后拒绝提起诉讼，或者自收到请求之日起 30 日内未提起诉讼，或者情况紧急、不立即提起诉讼将会使公司利益受到难以弥补的损害的，股东有权为了公司的利益而以自己的名义直接向人民法院提起诉讼。也就是说，股东代表诉讼的前提是公司怠于行使自己的诉权。

在诉讼过程中，股东是代表公司进行诉讼的，诉讼利益归属公司。股东需要证明侵权行为的存在、公司受到的损失以及公司怠于起诉的事实。另外，新《公司法》关于股东代表诉讼制度最大的变化是建立了双重代表诉讼制度，即法律允许股东在公司的全资子公司的董事、监事、高级管理人员有侵犯全资子公司利益的行为时，穿透行使股东代表诉讼的权利。

李某、温某、史某、金某公司与卫某损害公司利益责任纠纷案

基本案情：

李某、温某、史某和卫某均系金某公司股东，卫某系控股股东、法定代表人和董事长，负责实际经营管理。金某公司对外投资持有新三板公司圣某公司80%的股权。2016年1月，卫某主导安排将圣某公司全部股权作价1800万元转让给收购方袁某，达成《股份收购重组协议》，约定定金300万元支付至圣某公司账户。收购方收购标的为圣某公司的新三板挂牌资质，圣某公司的原饲料业务等全部资产剥离返还给圣某公司原股东（含金某公司）指定的第三方。收购后的原饲料业务资产装入新设公司福某公司，等待剥离返还，剥离资产的资金由袁某一方提供。后金某公司仅收到220万元定金，对于其余款项卫某称用于公司经营。另，卫某将剥离饲料业务等资产评估作价568.07万元转让给其实际控制的天某公司，但天某公司并未支付转让价款。2023年3月，李某、温某、史某知晓上述行为后，通知金某公司监事会及监事主席薛某起诉卫某，但薛某并未作为，故李某、温某、史某向法院提起股东代表诉讼，要求卫某向金某公司赔偿相应损失。

裁判结果：

法院经审理认为，李某、温某、史某作为金某公司股东，向监事会主席薛某发函，要求其对金某公司董事长卫某损害公司利益的行为提起诉讼，薛某未在30日内提起诉讼，李某、温某、史某有权以自己的名义提起股东代表诉讼。金某公司作为持有圣某公司80%股份的股东，有权在股份转让后享有80%的收益，即金某公司应获得收益240万元，现其实收220万元。对此，卫某作为该业务经办负责人未能举证其已将收取的20万元差额款用于公司经营，故卫某该行为侵害了金某公司权益。同时，依据《资产转让协议》的约定，天某公司应向圣某公司支付转让价款568.07万元，天某公司名义上虽为有偿受让资产，却不实际支付收购资金，导致金某公司未能通过此次资产转让取得收益，故卫某利用其实际控

制的天某公司无偿受让圣某公司资产的行为，构成对金某公司权益的侵害。最终，法院根据持股比例判决卫某赔偿金某公司损失共计474.456万元。

裁判要旨：

本案系公司股东代表诉讼的典型案件。股东代表诉讼是指公司的董事、监事和高级管理人员或他人侵害公司权益，给公司造成损失的，公司股东为了公司利益有权以自己的名义代表公司提起诉讼，股东代表诉讼的诉讼利益归属公司。本案中，卫某应当向金某公司赔偿损失，而非直接向股东李某、温某、史某进行赔偿。对此，2018年修正的《中华人民共和国公司法》和2023年新修订的《中华人民共和国公司法》均作出了相应规定。实践中，应当注意的是，依据《中华人民共和国公司法》（2023年修订）第一百八十九条第一款和第二款的规定，股东提起代表诉讼应当履行法定前置程序，即股东须先向公司内部治理机关（监事会或董事会）书面请求提起诉讼，在其拒绝或怠于行使诉权时，股东方可启动代表诉讼。只有在股东能够提供证据证明，因情况紧急、不立刻起诉将导致公司利益受到难以弥补的损害时或出现前置程序豁免事由（例如，公司未设立监事会或监事，公司的所有董事、监事均作为了案件的被告，股东和公司唯一监事身份重合，不存在执行董事、监事依据股东申请提起诉讼的可能性）的情况下，股东方可直接提起诉讼。

2. 股东责任

（1）公司设立阶段。在公司设立阶段，股东的责任主要集中在资本的投入与股东对外行为的责任承担上。新《公司法》明确规定，公司未成立时，设立阶段的股东须对设立公司所产生的债务承担连带责任。这一规定旨在保护债权人的合法权益，若股东在公司设立过程中以公司名义对外进行融资活动，即便公司未能成功设立，相关债务也能够依据此条得到妥善处理。

股东在设立阶段以自己的名义从事民事活动并产生相应的民事责任时，第三人有权选择请求由公司或公司设立时的股东承担。这一规定赋予了债权人自由选择由谁承担责任的权利，极大地保障了交易安全。

同时，设立时的股东因履行公司设立职责造成他人损害的，公司或无过错的股东承担赔偿责任后，有权向有过错的股东追偿，体现了公平原则。

（2）资本形成阶段。在资本形成阶段，新《公司法》则要求公司按期足额缴纳出资。若股东未按要求履行该义务，除应当向公司足额缴纳外，还应当对给公司造成的损失承担赔偿责任，以确保公司资本的真实与充实，为公司的稳健运营提供有力保障。

新《公司法》还规定了发起人股东的资本充实责任，以此规避股东恶意逃避出资责任的行为。具体而言，在股东未按照章程规定缴纳出资或以非货币财产出资的价值显著低于认缴的出资额时，设立时的股东与新加入的股东须在出资不足的范围内对第三人承担连带责任。

追加未缴纳或未足额缴纳出资的股东、出资人一案

基本案情：

仁和公司成立于2007年6月，原注册资本10万元，发起人股东为蔡某（实缴出资3万元）、徐某（实缴出资7万元）。2016年4月，蔡某、徐某分别将其出资转让给张某、王某。张某、王某形成新的股东会决议，将公司注册资本增至500万元，其中张某认缴出资150万元，王某认缴出资350万元，出资期限均为2027年6月。此后，仁和公司注册资本增至3000万元，其中张某认缴出资900万元，王某认缴出资2100万元，出资期限均为2027年6月。2018年10月，王某将其2100万元出资转让给钱某。2018年11月的公司章程载明，张某认缴出资900万元，钱某认缴出资2100万元，出资期限均为2027年6月。2019年6月，张某将其900万元出资转让给李某。同月的公司章程载明，李某认缴出资900万元，钱某认缴出资2100万元，出资期限均为2027年6月。2019年7月，李某将其900万元出资转让给赵某。同月的公司章程载明，赵某认缴出资900万

元，钱某认缴出资2100万元，出资期限均为2027年6月。2019年8月，赵某将其900万元出资转让给钱某，钱某成为仁和公司唯一股东。同日，钱某作出股东决定，修改公司章程，将股东认缴出资期限修改为2019年7月。

裁判结果：

出资是股东对公司的基本义务，也是形成公司财产的基础。股东是维持公司资本充实、保障交易安全的第一责任人，股东有义务按期、足额缴纳其认缴的出资。自2013年修正《公司法》实施公司注册资本认缴登记制，取消出资期限、最低注册资本和首次出资比例以来，方便了公司的设立，激发了创业活力，公司数量增加迅速，有效地促进了市场竞争。但实践中也出现诸多股东认缴期限过长，影响交易安全，损害债权人利益的情形。因此，2023年修订《公司法》在总结实践经验的基础上，进一步完善认缴登记制度，维护资本充实和交易安全，增加了有限责任公司股东认缴出资期限不得超过五年的规定，明确全体股东认缴的出资额应当按照公司章程的规定自公司成立之日起五年内缴足，体现了2023年修订公司法平衡公司债权人权益和股东出资期限利益之下充分保护公司债权人权益的立法目的。

裁判要旨：

法院在充分理解并落实新《公司法》立法目的的基础上，兼顾减少当事人诉累，"一揽子"解决纠纷的诉源治理原则作出以上判决，明晰了在未届出资期限的股权数次转让的情形下，股权转让人依次承担补充责任的条件，明确了通过一起诉讼合并解决维护债权人可另行通过诸多诉讼而得以实现的债权权益的路径。也即在股权最终受让人修改公司章程将出资期限提前，或其出资期限符合加速到期（新《公司法》第五十四条规定）的条件，即使转让人转让股权时未届出资期限，转让人亦应受该出资期限调整的约束，在股权受让人未能足额缴纳出资的情况下，转让人应就受让人未能足额缴纳的出资部分向债权人承担补充责任。

（3）资本流动阶段。在股权转让方面，新《公司法》规定，股东转让已认缴出资但未届出资期限的股权时，由受让人承担缴纳该出资的义务。若受让人未按期足额缴纳出资，转让人对受让人未按期缴纳的出资承担补充责任，防止因股权转让导致的资本流失。

新《公司法》还规定，公司不能清偿到期债务时，公司或者已到期债权的债权人有权要求已认缴出资但未届出资期限的股东提前缴纳出资，赋予了债权人在公司面临偿债困难时的救济手段，有助于维护债权人的合法权益。

股东抽逃出资是资本流动阶段的一大风险点，新《公司法》对此进行了严厉打击。新《公司法》明确规定，股东不得抽逃出资。若股东违反规定抽逃出资，需将抽逃的出资返还公司，并对公司造成的损失承担赔偿责任，旨在维护公司资本的完整性，防止股东恶意转移资产，损害公司和债权人的利益。若股东违反法律规定进行抽逃出资，将面临着承担民事、刑事双重法律责任的风险。

为防范股东抽逃出资，公司内部也应当采取应对手段，如建立健全内部管理制度、在股东之间应建立相互监督机制等，以加强股东行为的监督与约束。

天津某教育公司诉上海某泵业公司等股东出资纠纷案

——瑕疵股东主张抽逃股东返还出资的认定标准

基本案情：

2009年，上海某小贷公司注册成立（注册资本6000万元），包括被告上海某泵业公司（占股20%）、上海某创业公司（占股10%）在内的9名股东向上海某小贷公司缴纳的注册资金均由第三方公司代垫，验资完成后即从上海某小贷公司转回至第三方公司。

2019年，上海某创业公司进入破产清算程序，名下上海某小贷公司10%股权被法院裁定归原告天津某教育公司所有（原告天津某教育公司对标的股权及目标公司的现状及瑕疵均明知并自愿接受）。

2021年，原告天津某教育公司以被告上海某泵业公司行为明显属于抽逃出资为由诉至法院，请求判令被告上海某泵业公司向上海某小贷公司返还其抽逃出资600万元。

裁判结果：

上海市闵行区人民法院于2021年9月26日作出（2021）沪0112民初19563号民事判决：驳回天津某教育公司的诉讼请求。宣判后，天津某教育公司不服一审判决，提起上诉。上海市第一中级人民法院于2022年6月30日作出（2021）沪01民终14513号民事判决：第一，撤销上海市闵行区人民法院（2021）沪0112民初19563号民事判决；第二，上海某泵业公司于判决生效之日起十日内向上海某小贷公司返还出资600万元；第三，驳回天津某教育公司的其他诉讼请求。

裁判要旨：

股东抽逃出资侵害的是目标公司财产权益，公司其他股东依据《公司法司法解释三》第十四条行使出资请求权属于共益权范畴，目的是维持公司资本，对该法条中行使出资请求权的“其他股东”进行限缩与公司资本制度也不符。即便行权股东自身出资存在瑕疵，或公司明确表示无须返还，从出资责任、请求权性质、价值选择三个方面考虑，抽逃出资的股东也不能以此主张免除自己的返还义务。在公司尚未经法定清算、清偿债权债务的情况下，为保障公司债权人的合法权益，股东抽逃的公司资本仍须补足，可主张返还出资的主体应包括所有股东。

实践经验：

对于股东抽逃出资的认定，需要从形式要件和实质要件两方面出发进行认定。形式要件包括《公司法司法解释三》第十二条规定的三种具体情形和一种兜底情形，实质要件则是“损害公司权益”。

（1）转移公司资产，如不涉及侵蚀公司资本的，并不构成“抽逃出资”的行为。

（2）存在出资瑕疵的股东，也有权主张其他抽逃出资的股东对公司承担返还责任。

（3）股东向公司的借款，不一定属于抽逃出资。区分的关键在于是否有真实合理的债权债务关系。股东抽逃出资，往往在股东与公司之间无实质的债权债务关系，如无须支付对价和提供担保、无返还期限的约定等，导致公司资本显著减少，影响了公司对外偿债能力。

(4) 即便公司的净资产数额大大超过注册资本，未经法定程序将出资转出，也属于抽逃出资。

(5) 在公司重组以后，在新的股权关系下，在已经满足新的出资额的情况下，原始股东存在抽逃资金的不会得到法院支持。

三、公司的全生命周期

在商业世界的浩瀚图景中，公司的全生命周期如同一幅生动的画卷，从孕育到诞生，经历成长与变革，最终归于沉寂。这一过程不仅映射着企业的兴衰起伏，更深刻体现了法律框架下的规范与引导。新《公司法》作为公司运作的基本法律遵循，对公司的设立、变更及注销等关键环节进行了全面而细致的规定。

(一) 公司的“出生”

公司设立，作为法人实体的诞生之始，承载着创业者的梦想与希望。新《公司法》在公司设立环节，强调了发起人的责任、流程的透明及材料的完备，以确保公司设立的合法性与有效性。

1. 公司设立的发起与流程

公司设立的发起，需明确发起人的资格与人数。自然人、法人或其他组织均可成为公司发起人，但需符合法律法规对特定类型公司（如外商投资企业）的特别规定。有限责任公司的发起人数量限制在 1~50 个股东，而股份有限公司则须有 2~200 名发起人。发起人间须签订发起人协议，明确出资方式、出资比例、公司经营范围、组织结构等关键条款，为后续设立工作奠定基础。

新《公司法》要求：首先，进行公司名称预先核准，确保名称的唯一性与合法性，避免后续因名称冲突导致的法律纠纷。其次，编制公司章程，作为公司设立与运作的基石，详细规定公司的经营范围、组织结构、股东权利与义务等核心要素。出资与验资环节紧随其后，股东需按照章程约定完成出资，并由会计师事务所进行验资，出具验资报告，以证明出资的真实性与合法性。最后，向工商登记机关提交设立登记材料，包括但不限于公司章程、验资报告、股东身份证明及公司住所证明等，经审核通过后，颁发营业执照，标志着公司正式成立。

2. 所需材料清单

（1）公司名称预先核准申请书，确保名称的合法性与唯一性。

（2）公司章程，详细规定公司的经营范围、组织结构、股东权利与义务等核心条款。

（3）验资报告（如有），由会计师事务所出具，证明股东出资的真实性与合法性。

（4）股东身份证明，自然人提供身份证，法人提供营业执照及法定代表人身份证明。

（5）公司住所证明，包括房产证或租赁合同及产权人身份证明，证明公司具有合法的经营场所。

（6）发起人协议（如有），明确发起人间的权利义务关系。

（7）其他根据地方工商登记机关要求提供的材料，确保设立过程全面合规。

（二）公司的“生长”（公司变更）

1. 增资与减资

增资旨在扩大公司规模、提升竞争力、吸引更多投资。新《公司法》要求增资公司需要首先修改公司章程，增加注册资本，然后股东会决议通过增资方案，并办理工商变更登记。增资过程中，需准备增资决议、修改后的公司章程及验资报告（如需）等关键材料，确保增资行为的合法性与有效性。

减资则用于优化资本结构、减轻财务负担、提高股东回报率。需要减资的公司需编制资产负债表及财产清单，公告债权人并清偿债务，经股东会决议通过减资方案后办理工商变更登记。减资需准备减资决议、修改后的公司章程、资产负债表及财产清单、债权人公告及清偿证明等材料。

2. 股权转让

股权转让是优化股权结构、引入新投资者或实现股东退出时采用的常见方式。进行股权转让时，要求股东之间达成股权转让协议，明确转让价格、支付方式、过户时间等关键条款，召开股东会审议并批准股权转让。股权转让需准备股权转让协议、股东会决议、公司章程修正案、新老股东身份证明等材料。

3. 信息变更

信息变更包括公司名称、地址、董监事人员等信息的变更，是公司适应市场变化、优化管理的手段。公司需根据变更内容，修改公司章程或相关文件，召开股东会或董事会审议并批准变更，并办理工商变更登记。

4. 变更流程与所需资料清单

为确保公司变更的顺利进行，需遵循以下变更流程，并准备相应材料：

（1）变更决议，由股东会或董事会审议并批准变更事项。

（2）修改后的公司章程或相关文件，反映变更后的信息。

（3）新信息证明，如新地址证明、新任董监事身份证明等，证明变更事项的真实性与合法性。

（4）工商变更登记申请书，根据地方工商登记机关要求填写，确保变更过程的全面合规。

（三）公司的“死亡”（公司注销）

公司注销作为公司生命周期的终点，标志着法人实体的消亡。新《公司法》在公司注销环节，强调了清算的规范性与注销流程的严谨性，以确保债权债务得到妥善处理，从而维护市场秩序与债权人利益。

1. 公司注销的发起与流程

公司的注销，须首先明确解散事由，包括股东会决议解散、期限届满、合并分立等。之后成立清算组，编制资产负债表及财产清单，公告债权人并清偿债务。清算过程中，需确保所有债权债务得到妥善处理，避免后续法律纠纷。清算完成后，清算组编制清算报告，经股东会确认后，向工商登记机关提交注销登记申请，提交清算报告、税务注销证明等材料。工商登记机关审核通过后，公告公司注销信息，标志着公司注销的完成。

2. 所需材料清单

为确保公司注销的顺利进行，需准备以下材料：

（1）股东会决议，关于解散公司、成立清算组的决议。

（2）清算报告，清算组编制的资产负债表、财产清单、债权债务清偿情况等，证明清算过程的合法性。

（3）税务注销证明，税务部门出具的税务清算证明，证明公司已完成税务清算。

（4）公告及债权人清偿证明，清算过程中发布的公告及债权人清偿证明，确保债权债务得到妥善处理。

（5）公司营业执照原件及副本，证明公司法人实体的存在。

（6）其他根据地方工商登记机关要求提供的材料，确保注销过程的全面合规。

第二节　税务登记与纳税义务

一、税务登记流程

税务登记是物流公司合法纳税的首要步骤，也是税务机关对公司进行税收管理的基础。物流公司应严格按照以下详细流程完成税务登记：

（一）材料准备

（1）营业执照副本及复印件：证明公司已合法设立。

（2）法定代表人（或负责人）身份证明及复印件：证明法定代表人或负责人的身份。

（3）公司章程：详细规定公司的组织结构、经营范围、股东权利与义务等。

（4）组织机构代码证及复印件（如适用）：证明公司的组织机构代码。

（5）银行开户许可证及复印件：证明公司已开设基本存款账户。

(6) 公司公章和财务章：用于在税务登记过程中盖章确认。

(7) 租赁合同及产权证明（或自有房产证明）：证明公司的经营场所。

(8) 税务登记申请表：填写公司的基本信息、经营范围、税种核定等。

（二）登记具体流程

1. 材料提交

物流公司应携带上述准备好的材料，前往公司所在地的税务局（或税务分局）办理税务登记。税务局设有专门的税务登记窗口，负责接收和处理税务登记申请。

2. 材料审核与现场勘查

税务局在收到公司提交的材料后会进行细致的审查，以确保材料的真实性、完整性和合规性。如有必要，税务局还会派员进行现场勘查，核实公司的经营场所、组织机构等情况。

3. 领取税务登记证

材料审核和现场勘查通过后，税务局将在一定期限内（通常为30日）颁发税务登记证。税务登记证是公司合法纳税的凭证，应妥善保管，并在公司经营过程中随时备查。

4. 税种核定与发票管理

税务登记证颁发后，税务局会根据公司的经营范围、规模和行业特点，核定公司应缴纳的税种、税率和纳税期限。同时，税务局还会指导公司如何正确开具发票、如何管理发票及如何进行税务申报。

5. 税控设备购置与安装

根据税务局的要求，公司可能需要购置税控设备（如税控盘、金税盘等），并将其安装到公司的财务系统中。税控设备用于记录公司的应税交易信息，确保税务申报的准确性。

6. 税务登记信息变更

如果物流公司的基本信息（如法定代表人、经营范围、经营场所等）发生变化，应及时向税务局办理税务登记信息变更手续。税务登记信息变更需要提交相关的变更申请材料，并经过税务局的审核和确认。

7. 税务注销

如果物流公司因各种原因（公司解散、注销等）需要注销税务登记，应按照税务局的要求办理税务注销手续。税务注销前，物流公司需要结清所有税款、滞纳金和罚款，并提交相关的注销申请材料。

二、相关税种介绍

在企业的日常运营中，税务管理是企业财务管理的重要组成部分。其中，增值税、企业所得税和印花税是物流企业必须面对的主要税种。下文将对三种税种的具体规定、计算方法及税务管理要点进行解析，以期为物流企业提供参考。

（一）增值税

增值税是一种流转税，是对商品和服务的增值部分征收的税款。在物流行业中，增值税的征收范围涵盖了运输服务、仓储服务、装卸搬运服务等多个环节。

1. 纳税人与税率

增值税纳税人指在中国境内提供应税服务、销售货物或进行进口业务的单位和个人。物流企业作为提供运输、仓储等应税服务的单位，属于增值税纳税人。

根据服务类型不同，物流企业适用的增值税税率也有所不同。一般而言，提供运输服务（包括陆路、水路、航空、管道运输服务）的税率为9%（税率可能随政策调整而变化，此处以最新政策为准）。提供仓储服务、装卸搬运服务、收派服务等则适用6%的税率。此外，对于符合条件的国际运输服务，可能享受零税率或免税政策。

增值税纳税起征点：

增值税起征点，仍按照《中华人民共和国增值税暂行条例实施细则》和《营业税改征增值税试点实施办法》执行。

按期纳税的，为月销售额5000~20000元（含本数），按次纳税的，为每次（日）销售额300~500元（含本数）。无论是此前对小规模纳税人月销售额2万~3万元（季度6万~9万元）免征增值税的规定，还是自2019年1月1日起将小规模纳税人免税标准从月销售额3万元提高至10万元（季度由9万元提高到30万元），并没有调整增值税起征点。

增值税小规模纳税人免税标准的月（季）销售额的口径：

《国家税务总局关于增值税小规模纳税人减免增值税等政策有关征管事项的公告》（国家税务总局公告2023年第1号）规定：纳税人以所有增值税应税销售行为（包括销售货物、劳务、服务、无形资产和不动产）合计销售额，判断是否达到免税标准。同时，小规模纳税人合计月销售额超过10万元，但在扣除本期发生的销售不动产的销售额后仍未超过10万元的，其销售货物、劳务、服务、无形资产取得的销售额，免征增值税。

2. 计税方法

增值税的计税方法包括一般计税方法和简易计税方法。

（1）一般计税方法：应纳税额=当期销项税额-当期进项税额。

销项税额是指纳税人提供应税服务按照销售额和税率计算并收取的增值税额；

进项税额是指纳税人购进货物、接受加工修理修配劳务或者应税服务支付或者负担的增值税额。

（2）简易计税方法：应纳税额=销售额×征收率。

对于符合条件的公共交通运输服务、装卸搬运服务和收派服务等，物流企业可以选择简易计税方法，按照较低的征收率计算应纳税额。

3. 纳税义务与发票管理

物流企业应在提供应税服务并收取款项或者取得索取销售款项凭据的当天，确认增值税纳税义务的发生。对于先开具发票的，纳税义务发生时间为开具发票的当天。

物流企业应严格按照税务机关的规定开具增值税发票。发票应如实记载销售货物、提供应税劳务的日期、品名、规格、数量、单价、金额等事项。同时，物流企业应妥善保管好发票，以备税务机关的核查。

（二）企业所得税

企业所得税是对企业生产经营所得和其他所得征收的一种税。在物流行业中，企业所得税的征收范围涵盖了企业的各项所得。

1. 纳税人与税率

在中国境内设立的企业（包括居民企业和非居民企业）和其他取得收入的组织，均为企业所得税的纳税人。

企业所得税的税率为25%。但对于符合条件的小型微利企业，可以享受较低的税率优惠。例如，年应纳税所得额不超过100万元的部分，减按25%计入应纳税所得额，按20%的税率缴纳企业所得税；年应纳税所得额超过100万元但不超过300万元的部分，减按50%计入应纳税所得额，按20%的税率缴纳。

2. 计税

企业所得税的计税依据为企业的应纳税所得额。应纳税所得额是指企业每一纳税年度的收入总额，减除不征税收入、免税收入、各项扣除，以及允许弥补的以前年度亏损后的余额。

计算方法包括直接法和间接法。直接法是通过计算企业的收入总额和扣除项目，直接得出应纳税所得额；间接法则是通过计算企业的会计利润，再加上或减去纳税调整项目，得出应纳税所得额。

3. 扣除项目

在计算应纳税所得额时，企业可以扣除实际发生的成本、费用、税金、损失和其他支出。这些扣除项目包括但不限于工资薪金支出、职工福利费支出、社会保险费支出、利息支出、业务招待费支出、广告费和业务宣传费支出等。

物流企业应严格按照税法规定进行税前扣除。对于符合税法规定的扣除项目，企业可以全额扣除；对于超过税法规定标准的扣除项目，企业应进行纳税调整。

（三）印花税

印花税是对经济活动和经济交往中书立、领受具有法律效力的凭证（合同、产权转移书据、营业账簿、权利许可证照等）所征收的一种税。物流企业运营过程中需要通过合同进行大量交易，主要涉及货物运输合同、仓储保管合同等，因此必须缴纳印花税。

1. 征税范围

在中国境内书立、领受印花税应税凭证的单位和个人是印花税的纳税人。

印花税的征税范围包括购销合同、加工承揽合同、建设工程勘察设计合同、建筑安装工程承包合同、财产租赁合同、货物运输合同、仓储保管合同、借款合同、财产保险合同、技术合同、产权转移书据、营业账簿、权利许可证照等。

在物流行业中，主要涉及货物运输合同和仓储保管合同。

2. 计税

印花税的税率根据应税凭证的性质和金额大小而有所不同。例如，货物运输合同的印花税税率为万分之三；仓储保管合同的印花税税率为千分之一。

印花税的计税依据是应税凭证上所记载的金额。对于货物运输合同和仓储保管合同，计税依据为合同上记载的运输费用和仓储费用。

3. 纳税

物流企业应在书立、领受印花税应税凭证时，按照税法规定缴纳印花税。对于货物运输合同和仓储保管合同，物流企业应在合同签订时或合同金额确定时缴纳印花税。

印花税可以采用贴花法或汇缴法缴纳。贴花法是指纳税人自行购买印花税票，并粘贴在应税凭证上；汇缴法是指纳税人将应纳税款汇缴到税务机关指定的银行账户上。物流企业可根据自身实际情况选择合适的缴纳方法。

三、税收优惠与减免政策

（一）增值税优惠与减免政策

1. 国际运输服务零税率

根据财政部出台的《国家税务总局关于全面推开营业税改征增值税试点的通知》及相关文件，符合条件的国际运输服务可以享受增值税零税率政策。具体而言，企业提供的从境内载运旅客或货物出境，或从境外载运旅客或货物入境的运输服务，以及向境外单位或个人提供的在境外消费的运输服务，均可享受零税率。

《财政部　国家税务总局关于全面推开营业税改征增值税试点的通知》（财税〔2016〕36 号）附件四《跨境应税行为适用增值税零税率和免税政策的规定》第一条

【补充】财税〔2016〕36 号文件规定国际运输服务，是指：

1. 在境内载运旅客或者货物出境（比如：北京飞到巴黎、香港、澳门、台湾）。

2. 在境外载运旅客或者货物入境（比如：巴黎飞到杭州）。

3. 在境外载运旅客或者货物（比如：巴黎飞到伦敦）。

国家税务总局公告 2016 年第 29 号规定，纳税人发生的与香港、澳门、台湾有关的应税行为，参照本办法（属于以上情形的国际运输服务免征增值税）执行。

2. 小规模纳税人免征增值税

依据《中华人民共和国增值税暂行条例》及其实施细则，对于年销售额不超过规定标准的小规模纳税人，企业可以享受免征增值税政策。即当企业的年销售额未达到规定标准时，其提供的应税服务可以免征增值税。

小微企业税费减免政策：

根据《财政部　税务总局关于进一步支持小微企业和个体工商户发展有关税费政策的公告》（财政部　税务总局公告 2023 年第 12 号）的规定，自 2023 年 1 月 1 日至 2027 年 12 月 31 日，对增值税小规模纳税人、小型微利企业和个体工商户减半征收资源税（不含水资源税）、城市维护建设税、房产税、城镇土地使用税、印花税（不含证券交易印花税）、耕地占用税和教育费附加、地方教育附加。若小微企业同时可以享受其他优惠政策的，如城镇土地使用税优惠，还可叠加享受“六税两费”优惠政策。

（二）企业所得税优惠与减免政策

1. 小型微利企业所得税优惠

根据《中华人民共和国企业所得税法》及其实施条例，以及财政部、税务总局发布的相关减税降费政策文件，对于符合条件的小型微利物流企业，可以享受企业所得税优惠政策。企业的年应纳税所得额不超过一定金额时，可以减按较低的比例计入应纳税所得额，并按照较低的税率缴纳企业所得税。

2. 研发费用加计扣除

依据《中华人民共和国企业所得税法》第三十条，以及财政部、税务总局发布的相关政策文件，企业在进行新技术、新产品、新工艺的研发时，可以享受研发费用加计扣除政策。具体而言，当物流企业实际发生的研发费用超过一定金额时，可以将超出部分的一定比例加计扣除，从而减少企业所得税应纳税额。这一政策有助于鼓励物流企业加大研发投入，提升技术创新能力。

3. 固定资产加速折旧

根据《中华人民共和国企业所得税法》及其实施条例，企业购置的固定资产，如运输设备、仓储设施等，可以享受加速折旧政策。当物流企业购置的固定资产符合一定条件时，可以缩短折旧年限或采用加速折旧方法，从而减少企业所得税应纳税额。

（三）其他税收优惠与减免政策

1. 城镇土地使用税减免

根据《财政部　税务总局关于继续实施物流企业大宗商品仓储设施用地城镇土地使用税优惠政策的公告》（财政部　税务总局公告2023年第5号），对物流企业自有（包括自用和出租）或承接的大宗商品仓储设施用地，减按所属土地等级适用税额标准的50%计征城镇土地使用税。

此税收优惠政策的享受主体为至少从事仓储或运输一种经营业务，为工农业生产、流通、进出口和居民生活提供仓储、配送等第三方物流服务，实行独立核算、独立承担民事责任，并在工商部门注册登记为物流、仓储或运输的专业物流企业。

2. 印花税减免

根据《中华人民共和国印花税法》及其实施细则，以及财政部、税务总局发布的相关政策文件，物流企业在签订货物运输合同、仓储保管合同等应税凭证时，可以享受印花税减免政策。物流企业签订的应税凭证符合一定条件时，可以免征或减征印花税。这一政策有助于降低物流企业的合同成本，提高其运营效率。

3. 残疾人就业保障金减免

根据《中华人民共和国残疾人保障法》及其实施细则，以及财政部、税务总局、人力资源和社会保障部等发布的相关政策文件，对于安排残疾人就业的物流企业，可以享受残疾人就业保障金减免政策。具体而言，当物流企业按照一定比例安排残疾人就业时，可以减免部分或全部残疾人就业保障金。这一政策有助于鼓励物流企业积极履行社会责任，促进残疾人就业。

（四）A 级物流企业政府奖励政策

物流企业作为实体经济的桥梁与经络，而降低物流企业运营成本是助推实体经济发展、带动地区经济增长的必要举措，国务院、办公厅为此发布了《国务院办公厅转发国家发展改革委交通运输部关于进一步降低物流成本实施意见的通知》（国办发〔2020〕10 号）。为贯彻文件精神，多省市政府都竞相出台了针对 A 级物流企业的奖励政策，以发挥物流企业的“脉搏”作用，促进地区现代物流行业高速发展。见表 1-1 是七省十六市（县）针对 A 级物流企业的奖励政策汇总。

表 1-1　七省十六市（县）针对 A 级物流企业的奖励政策

省份	城市	奖励政策	政策文件
江西省	南昌市	对新获得 A、AA、AAA、AAAA、AAAAA 级认定的物流企业，分别给予 3 万元、5 万元、10 万元、30 万元、50 万元的奖励。对新获得更高级别认定的，按照阶梯奖励标准补足差额。对通过复核的 A、AA、AAA、AAAA、AAAAA 级的物流企业，分别给予 1 万元、1 万元、2 万元、2 万元、3 万元奖励	《南昌市促进商务经济高质量发展的若干政策措施（试行）》（洪府发〔2023〕28 号）

续表

省份	城市	奖励政策	政策文件
江西省	萍乡市	对成功申报 AAAAA、AAAA、AAA、AA 级的物流企业，市级财政分别给予奖励 5 万元、3 万元、2 万元、1 万元	《萍乡市人民政府办公室关于印发萍乡市促进服务业纾困发展若干措施的通知》（萍府办字〔2022〕33 号）
	上饶市	对首次被中物联评定为 AA、AAA、AAAA、AAAAA 级的物流企业，或首次被中仓协评定为二星、三星、四星、五星级仓储物流企业，在评定当年分别给予 5 万元、10 万元、20 万元、30 万元奖励	《关于 2020 年度上饶市物流业发展引导资金使用管理暂行办法的通知》（饶商务字〔2021〕17 号）
湖南省	省级	对注册地在湖南且首次获评或复核通过的国家五星级冷链物流企业，以及全国冷链物流业 100 强企业，由省财政给予一次性奖励 50 万元	《〈关于促进冷链物流业高质量发展的若干政策措施〉的通知》（湘政办发〔2020〕13 号）
	长沙市	对首次评为全国 AAAAA、AAAA、AAA 级认证的物流企业，以及首次评为全国五星、四星、三星仓储认证的物流企业，分别给予一次性适当奖励（有效期 3 年）	《长沙市加快推进现代物流提质增效降本的若干措施》
	长沙县	首次获得国家 AAAA、AAAAA 级资质证书的物流企业，分别给予 10 万元、30 万元的一次性奖励	《长沙县加快现代服务业高质量发展若干政策》
	衡阳市	对首次获评国家 AAA、AAAA、AAAAA 级的物流企业，由受益财政分别奖励 20 万元、30 万元、50 万元（同一物流企业获不同等次的奖励累计最高不超过 50 万元） 对首次获得中国仓储协会四星、五星仓储认证（含冷链物流评星），且符合物流规划布局的物流企业，由受益财政分别奖励 10 万元、20 万元	《〈关于促进全市现代物流业加快发展的若干政策措施〉的通知》（永政办发〔2019〕19 号）

续表

省份	城市	奖励政策	政策文件
广东省	广州市	对于首次获评 AAAAA、AAAA 级物流企业的给予 50 万元、30 万元一次性奖励，对已获 AAA、AAAA 级奖励且升级为 AAAA、AAAAA 级企业的，给予补差奖励	《广州市进一步支持现代物流与供应链高质量发展的若干措施（征求意见稿）》（文件进一步完善中）
	深圳市（盐田区）	新获得中国物流与采购联合会评估认证为 AAAA、AAAAA 级且从未获得资助的物流企业，分别给予 30 万元、50 万元奖励。已享受过认证奖励的企业，认证升级的按差额给予奖励	《盐田区构建现代产业体系促进经济高质量发展扶持办法（2023 年修订）》（有效期至 2027 年 12 月 31 日）
	深圳市（宝安区）	深圳市宝安区投资推广署对认定为 AAAAA 级物流业企业、市重点物流业企业的，给予奖励	—
	深圳市（罗湖区）	对经中国物流与采购联合会评定为 AAAAA 级物流企业、AAAA 级物流企业、AAA 级物流企业的单位，分别给予 50 万元、30 万元、10 万元奖励	《深圳市罗湖区支持商贸业高质量发展若干措施》（罗工信〔2023〕24 号）（有效期至 2025 年 7 月 12 日）
	惠州市	对 2023 年 1 月 1 日以来，新落户惠州市的 AAA、AAAA、AAAAA 级的物流企业或已落户我市的新升级为 AAA、AAAA、AAAAA 级的物流企业，分别奖励 10 万元、30 万元、50 万元奖励	《惠州市促进交通物流业发展若干措施》
	珠海市（保税区）	对取得国家 AAAAA、AAAA 和 AAA 级物流企业，分别一次性给予 50 万元、20 万元和 10 万元奖励，升级给予级差奖励	《珠海万山海洋开发试验区（珠海保税区）关于支持商贸、物流企业高质量发展的若干措施实施细则》（珠万管〔2022〕10 号）
	珠海市	对取得国家 AAAAA、AAAA 和 AAA 级物流企业，分别一次性给予 50 万元、20 万元和 10 万元奖励，升级给予级差奖励	《珠海市关于加快现代物流业发展的政策措施》
浙江省	杭州市	对入选年度全国物流 50 强企业，经审核认定后，市财政给予一次性 50 万元奖励 对新晋 AAAAA、AAAA、AAA 级物流企业，市财政分别给予一次性 50 万元、30 万元、20 万元奖励，对进档升级的给予两档之间差额奖励 对营业收入首次达到 1000 亿元、500 亿元、100 亿元、50 亿元、20 亿元以上的物流标杆企业，市财政分别给予一次性 1000 万元、200 万元、100 万元、50 万元、20 万元的奖励	《杭州市人民政府办公厅关于促进杭州市现代物流业高质量发展的若干意见》

续表

省份	城市	奖励政策	政策文件
福建省	南平市	对新增的交通物流规模以上企业，给予一次性奖励5万元，对连续两个年度均为交通物流规模以上企业的，给予一次性奖励1万元 对年度内扩大经营规模达一定标准的交通物流企业，按购车费用给予一定比例的补助 对年度新获评或晋级为国家AA、AAA、AAAA、AAAAA级的物流企业，市本级分别给予5万~20万元不等的奖励，对通过国家AA、AAA、AAAA、AAAAA级复评的，分别给予1万~4万元不等的奖励	《南平市进一步促进物流行业高质量发展若干措施》
河南省	郑州市	对新获评国家AAAAA、AAAA、AAA级的物流企业，分别给予100万元、50万元、30万元一次性奖励，等级提升企业给予补差奖励	郑州市人民政府办公厅印发《促进现代物流业高质量发展若干措施》（有效期至2025年12月31日）
湖北省	武汉市	对新入选全国物流50强企业的，给予100万元一次性奖励 对被认定为全国AAAAA、AAAA级物流企业的，分别给予50万元、20万元一次性奖励 对升级企业，给予补差奖励。鼓励物流企业、供应链创新与应用示范企业申报认定高新技术企业，首次认定的在3年内给予30万元奖励，重新认定的给予10万元奖励，市、区各承担50%	《武汉市加快推进物流业高质量发展的若干政策措施》
	十堰市	对新增且纳入市级统计交通运输物流业、物流仓储业的AAAAA、AAAA、AAA级物流企业及星级冷链物流企业，分别一次性给予不高于25万元、20万元、15万元资金补助，同一企业A级晋级的给予差额补助	《十堰市支持构建供应链体系建设推动降低全社会物流成本政策措施》（有效期至2026年7月6日）
	襄阳市	对于新认定且纳入统计的国家AAA、AAAA、AAAAA级物流企业，分别给予20万元、40万元、50万元一次性补贴	《关于进一步促进襄阳市区现代物流业高质量发展若干措施》（襄政办发〔2023〕16号）

表 1-2 为全国 A 级企业政策补贴汇总。

表 1-2　全国 A 级企业政策补贴

省份		城市	政策
华东	山东省	青岛市	对首次通过 AAA、AAAA、AAAAA 级的物流企业，分别给予最高不超过 10 万元、20 万元、30 万元奖励，对现有 A 级物流企业升级至 AAA 级及以上的补差计奖
		济南市	对评为“国家级示范物流园区”的物流园区，给予 100 万元的一次性补助。对新评为国家 AAA、AAAA、AAAAA 级的物流企业，分别给予 10 万元、50 万元和 100 万元一次性补助。对在济南市新增设立省级总部或区域总部法人的物流企业，给予 100 万元一次性补助
		淄博市	对新评为国家 AAAAA、AAAA、AAA 级的物流企业，供应链服务企业，网络货运平台企业和新评为五星、四星、三星的冷链物流企业分别给予 100 万元、30 万元、10 万元一次性奖励，升级补差计奖，国家 AAAAA 级企业、五星级企业复审通过的，给予 50 万元一次性奖励
		潍坊市	对首次通过 AAA、AAAA、AAAAA 级的物流企业，分别给予最高不超过 30 万元、40 万元、50 万元奖励
		烟台市	对首次获评国家 AAA、AAAA、AAAAA 等级的物流企业，分别给予奖励，之后晋升等级按新等级重新奖励
		日照市	首次获得 AAAAA、AAAA 级认证的物流企业按照国家级名牌的扶持标准进行奖励；首次获得 AAA、AA 级认证的物流企业和首次获得省级物流企业和省级物流园区认证的按照省级名牌的扶持标准进行奖励
		临沂市	通过审核认定为“AAA 级物流企业”“AAAA 级物流企业”“AAAAA 级物流企业”的，分别给予一次性奖励 5 万元、15 万元、25 万元
		高密市	被评为国家 AA、AAA、AAAA、AAAAA 级物流企业的，由市财政分别奖励 10 万元、30 万元、50 万元、100 万元
		东营市	对新成立的建设标准 A 级以上的物流企业，自开业年度起，其新增税收地方留成部分，第 1~3 年、第 4~6 年每年分别给予 100%和 50%财政补助
	江苏省	宿迁市	对新认定为国家 AAAAA、AAAA、AAA 级的物流企业，分别给予一次性 100 万元、80 万元、50 万元奖励
		张家港市	对新评定为 AAAAA、AAAA、AAA 级的物流企业，由市财政分别给予一次性 30 万元、15 万元、10 万元的奖励
		扬州市	对已获或首次被评为国家 AA、AAA、AAAA、AAAAA 级的市区物流企业，分别一次性奖励 5 万元、10 万元、20 万元、30 万元
		苏州吴江区	对新评为国家 AAA 级以上的物流企业分别给予 30 万元、50 万元和 100 万元的一次性奖励
		常熟市	获评国家 AAAAA、AAAA、AAA 级物流企业分别给予 50 万元、30 万元、20 万元的一次性奖励

续表

省份		城市	政策
华东	安徽省	合肥市	对新晋升国家 AAAAA 和 AAAA 级的物流企业，分别给予 100 万元、50 万元一次性奖补，对首次评为国家五星、四星级的冷链物流企业，分别给予 100 万元、50 万元的一次性奖补
		芜湖市	支持现代物流企业品牌培育，对新晋升或完成国家复审的国家 AAA、AAAA 和 AAAAA 级的物流企业，市级财政分别给予 30 万元、50 万元、100 万元一次性奖补（每个企业同级只可申报一次）
		六安市	对首次评定晋升 AAA、AAAA、AAAAA 级的六安市物流企业，分别给予 15 万元、50 万元、100 万元的一次性奖励。对于新认定的国家级三星级、四星级、五星级六安市冷销企业，分别给予 15 万元、50 万元、100 万元一次性奖励。对新认定为国家二级、一级绿色仓库的六安市物流企业，分别给予 20 万元、50 万元一次性奖励。对六安市获评省级、国家级示范物流园区的，分别给予 100 万元、200 万元一次性奖励。对于成功申报国家级、省级多式联运示范的项目，分别给予 300 万、150 万的一次性奖励，按照国家燃料电池汽车示范中央财政奖励资金 1∶1 配套市县资金，重点支持燃料电池物流车的示范应用等
		蚌埠市	对新晋升的国家 AAAAA、AAAA、AAA 级物流企业，分别给予 100 万元、50 万元、20 万元奖励，对新认定的国家、省级示范物流园区，分别给予 200 万元、100 万元奖励
		马鞍山市	对当年晋升为国家 AAA、AAAA、AAAAA 级的物流企业，分别一次性奖励 20 万元、50 万元、100 万元
		淮南市	对新晋升国家 AAA、AAAA、AAAAA 级的市内物流企业，分别给予一次性奖补 10 万元、30 万元、50 万元
		淮北市	对首次晋升 AAAAA、AAAA、AAA 级的市内注册物流企业，从市产业引导资金中分别给予 50 万元、40 万元、20 万元的一次性奖励
		铜陵市	对新晋升为国家 AAA、AAAA、AAAAA 级的物流企业，由同级受益财政分别给予 20 万元、50 万元、100 万元一次性奖励
		安庆市	支持物流企业品牌培育，对新认定的国家 AAAAA、AAAA、AAA 级的物流企业，分别给予 100 万元、40 万元、20 万元一次性奖励
		黄山市	首次进入全国服务业 500 强的市内注册企业，一次性奖励 30 万元。新晋升为国家 AAAAA 级的物流企业，一次性奖励 50 万元；对首次晋升 AAAAA 级的省内物流企业，省服务业发展引导资金给予 100 万元奖励
		阜阳市	对新晋升国家 AAA、AAAA、AAAAA 级的物流企业，分别给予 30 万元、50 万元、100 万元一次性奖补
		宣城市	新晋升为 A 级以上（含 A 级）的物流企业，每新晋升 1 个 A，给予 10 万元一次性奖励
		亳州市	对亳州市首次获批 A、AA、AAA、AAAA、AAAAA 级物流企业，由受益财政分别给予 10 万元、30 万元、50 万元、80 万元、100 万元的一次性奖励
		宿州市	对新获批的 AAA 级以上物流企业、AAA 级以上网络货运企业、三星级以上冷链物流企业，分别给予 20 万元、30 万元、50 万元的一次性奖励

续表

省份		城市	政策
华东	江西省	南昌市	对新获得 A、AA、AAA、AAAA、AAAAA 级认定的物流企业，分别给予 3 万元、5 万元、10 万元、30 万元、50 万元的奖励。对新获得更高级别认定的，按照价梯奖励标准补足差额，对通过复核 A、AA、AAA、AAAA、AAAAA 级的物流企业，分别给予 1 万元、1 万元、2 万元、2 万元、3 万元奖励
		吉安市	经中国物流与采购联合会新评定为 AA、AAA、AAAA、AAAAA 级或冷链二星、三星、四星、五星级目正常经营的物流企业，分别给予 5 万元、10 万元、30 万元、50 万元一次性奖励，升级的给予补差奖励
		鹰潭市	对 2023 年新评定的国家 AAAAA、AAAA、AAA、AA、A 物流企业及五星、四星、三星、二星、一星级冷链物流企业分别一次性奖励 30 万元、20 万元、10 万元、3 万元、2 万元
		赣州市	获得中国物流与采购联合会认定为国家 A、AA、AAA、AAAA、AAAAA 级的市本级物流企业，在评选当年分别给予 5 万元、10 万元、20 万元、30 万元、40 万元奖励
		丰城市	对获得国家认定的 AAA、AAAA、AAAAA 级的物流企业，市财政分别一次性给予法人企业 20 万元、50 万元、100 万元的奖励（各层奖励只补差，不累加）
		抚州市	对经中国物流与采购联合会新评定为 AA、AAA、AAAA、AAAAA 级或冷链二星、三星、四星、五星级且正常经营的物流企业，由受益财政分别给予 5 万元、10 万元、20 万元、30 万元一次性奖励，升级的给予补差奖励，获得省级和国家级示范（重点）物流园区的，由受益财政分别给予 20 万元、50 万元奖励，升级的给予补差奖励，获得省级重点商贸物流企业、重点商贸物流园区的，由受益财政分别给予 10 万元、20 万元奖励，对评为省级和国家级多式联运示范工程、甩挂运输试点企业的物流企业，由受益财政分别给予省级 15 万元、国家级 30 万元一次性补助
		九江市	对成功申报 AA、AAA、AAAA、AAAAA 级的物流企业或二星、三星、四星、五星级仓储物流企业，市级财政分别给予奖励 10 万元、20 万元、30 万元、50 万元
		萍乡市	对新认定为省级服务业集聚区、服务业龙头企业的奖励分别为 10 万元、5 万元。对成功申报 AAAAA、AAAA、AAA、AA 级的物流企业，市级财政分别给予奖励 5 万元、3 万元、2 万元、1 万元
		上饶市	对首次被中国物流与采购联合会评定为 AA、AAA、AAAA、AAAAA 级的物流企业，或首次被中国仓储与配送协会评定为二星、三星、四星、五星级仓储物流企业，在评定当年分别给予 5 万元、10 万元、20 万元、30 万元一次性奖励，由 AA 级（二星）、AAA 级（三星）、AAAA 级（四星）、AAAAA 级（五星）升级的补差计奖

续表

省份		城市	政策
华东	浙江省	丽水市	年主营业务收入1亿元、1.5亿元、2亿元（含）以上的物流企业，分别奖励30万元、40万元和50万元，每个档次只享受一次，对在年度首次被评为国家AAA、AAAA、AAAAA级（中国物流与采购联合会根据相关标准评估发布）的物流企业，分别给予20万元、50万元、80万元一次性奖励，物流企业首次获得其他省级、国家级物流有关试点或荣誉的，分别一次性奖励20万元和50万元，提档升级只奖励差额部分
		衢州市	首次被评定为国家AAAAA、AAAA、AAA级物流企业，分别给予一次性奖励50万元、30万元、15万元，进档的给予级差奖励 其中衢江区人民政府对首次被评定为国家AAAAA、AAAA、AAA、AA级的物流企业，分别给予50万元、30万元、15万元、5万元的一次性奖励，进档的给予级差奖励（有效至2023年12月31日）
		温州市	对新认定的国家AAA、AAAA和AAAAA级物流企业分别给予15万元、30万元、50万元奖励
		瑞安市	对新认定的国家AAA、AAAA、AAAAA级物流企业，分别给予15万元、30万元、50万元奖励
		宁波市	对在申报年度被评为国家AAA、AAAA、AAAAA级（中国物流与采购联合会根据相关标准评估发布）的物流企业，分别给予20万元、50万元、100万元一次性奖励（有效至2023年12月31日） 其中，北仑区表示对于首次获评国家AAA、AAAA和AAAAA级的物流企业分别奖励5万元、15万元、50万元。江北区对于首次获评国家AAA、AAAA和AAAAA级的物流企业分别奖励5万元、15万元、50万元
		绍兴市	对新评定AAA、AAAA、AAAAA级物流企业，分别奖励15万元、30万元、50万元，对国家A级物流企业且年营业收入首次超过5000万元、1亿元、1.5亿元的，分别奖励10万元、20万元、30万元
		嘉兴市	对新评定为AAAAA、AAAA、AAA、AA级的物流企业分别给予30万元、20万元、10万元、5万元的奖励 其中，嘉兴港区表示对物流企业年营业收入（以纳税申报营业收入为准）首次达到5000万元、1亿元、2亿元、5亿元的，分别给予10万元、20万元、40万元、100万元的奖励。被国家标准化管理委员会新评定为AAA、AAAA、AAAAA级的物流企业，分别给予10万元、20万元、30万元的奖励。海盐县对新评定或复评定为AA、AAA、AAAA、AAAAA级的物流企业分别给予5万元、10万元、20万元、30万元的奖励。桐乡市对首次被国家评定为AAA、AAAA、AAAAA的物流企业，分别奖励15万元、30万元、60万元（等级提升给予补差奖励）
		台州市	对首次被评定为AAA、AAAA、AAAAA级的物流企业分别一次性奖励15万元、30万元和100万元
		临海市	首次获得国家AAAAA、AAAA、AAA级的物流企业，分别奖励50万元、30万元、20万元
		温岭市	对首次被各级认定为AAAAA、AAAA、AAA级的物流企业，分别给予90万元、40万元、10万元的奖励
		杭州市	对2023年新入选年度全国物流50强企业，给予一次性50万元奖励；对2023年新晋AAAAA、AAAA、AAA级物流企业，分别给予一次性50万元、30万元、20万元奖励
		湖州市	对首次被国家评定为AAA、AAAA、AAAAA级物流企业的，分别给予10万元、30万元、50万元一次性补贴（对进档升级的给予两档之间差额补贴）

续表

省份		城市	政策
华东	福建省	福州市	对新评为国家AAA、AAAA、AAAAA级的物流企业，网络货运企业，以及三星、四星、五星级的冷链物流企业，分别给予10万元、30万元、50万元一次性奖助，升级予以补差奖助
		南平市	鼓励国家AAAA级以上大型物流企业到南平市新设立独立法人物流企业，根据其实际固定资产投资规模给予2%奖励，最高不超过60万元。对当年新获评或晋级为国家AA、AAA、AAAA、AAAAA级的物流企业，分别给予5万元、10万元、30万元、50万元奖助
		漳州市	首次获评国家AA、AAA、AAAA称号，且营业发票均在漳州辖区内开具的物流企业，分别给予奖励30万元、50万元、70万元；等级提升给予补差奖励（有效期至2023年12月31日）；古雷港经济开发区对新评为国家AAA、AAAA、AAAAA级的物流企业，且营业发票均在本区内开具的物流企业，分别给予10万元、30万元、50万元一次性奖励，升级予以补差奖励（有效期至2025年3月2日）
		宁德市	首次获评国家AAA、AAAA、AAAAA级的公路货物运输企业，分别给予20万元、40万元、60万元奖励，之后每晋升一个等级另奖励20万元
		厦门市	对首次获评国家AAA、AAAA、AAAAA级的物流企业，分别给予10万元、30万元、50万元的奖励，给予等级升级企业一次性补差奖励20万元
		泉州市	对总部设在泉州，首次获评国家AAA、AAAA、AAAAA物流企业等级的将分别获得财政奖励40万元、70万元、100万元，之后这些企业每晋升一个等级就奖励30万元。扶持重点物流企业改制上市，对获评国家AAAA级以上（含）物流企业，优先纳入全市上市后备企业资源库，推动优质中小物流企业发行集合票据，满足中小企业的中长期资金需求。 其中，泉港区对总部设在泉港且由总部统一纳税，首次获评国家AAA、AAAA、AAAAA级的物流企业，在泉州市奖励40万元、70万元、100万元的基础上，本级再分别给予追加奖励20万元、30万元、40万元。之后每晋升一个等级，在泉州市奖励30万元的基础上，本级再追加奖励10万元
		晋江市	首次被中国物流与采购联合会综合评估为AAAAA、AAAA、AAA级的物流企业（包括等级别、新引进的物流企业），分别一次性奖助100万元、70万元、40万元
		莆田市	对被评为国家AA、AAA、AAAA、AAAAA级的物流企业，可给予5万元、10万元、20万元、30万元奖励
		龙岩市	对首次获评国家A、AA、AAA、AAAA、AAAAA级的物流企业，分别给予5万元、10万元、15万元、20万元、25万元的奖励；给予等级升级企业一次性补差5万元
		南安市	首次获评国家AAA、AAAA、AAAAA级的物流企业，在泉州市分别奖励40万元、70万元、100万元的基础上，本级再分别给予追加奖励50万元、100万元、150万元，之后每晋升一个等级，在泉州市奖励30万元的基础上，本级再追加奖励50万元。鼓励引进物流龙头企业，对在南安市新设立的，且由国家AAA、AAAA、AAAAA级物流企业控股并为独立法人的物流企业；在建成投入运营后年纳税额分别达到200万元、300万元、500万元以上的，分别给予本地企业（或个人）一次性奖励20万元、30万元、50万元
		三明市	尤溪县对被中国物流与采购联合会综合评估为AAA、AA、A级的物流企业，分别一次性给予奖励40万元、30万元、20万元

续表

省份		城市	政策
华南	广西壮族自治区	省级	对当年新创建的 AAAAA、AAAA、AAA 级企业，分别给予 200 万元、100 万元、50 万元的一次性奖补资金
		南宁市	对世界 500 强、中国 500 强和国家 AAAAA 级大型物流企业到南宁市新设立独立法人物流企业，根据其在南宁市的固定资产投资规模给予 5%的奖励，奖励最高不超过 500 万元。对首次获得中国物流与采购联合会评定的 AAA、AAAA、AAAAA 级物流企业，分别给予一次性奖励 10 万元、20 万元、40 万元
		桂林市	对新认定的国家 AAA、AAAA 和 AAAAA 级物流企业，分别给予 20 万元、30 万元、40 万元的一次性奖励
		防城港市	对首次获得中国物流与采购联合会评为 AAAAA、AAAA、AAA 级的中国—东盟国际现代物流中心物流企业，分别给予一次性奖励 30 万元、20 万元、10 万元
		百色市	对新评为国家 AAAAA、AAAA、AAA 级的物流企业，网络货运企业，以及五星、四星、三星级的冷链物流企业，分别给予 50 万元、30 万元、20 万元一次性奖励，升级予以补差奖励
		梧州市	重点培育多式联运、零担货运、城市配送、网络货运、冷链物流等物流龙头示范企业，对新创建的 AAAAA、AAAA、AAA 级企业进行奖补
		贵港市	对当年新创建的 AAAAA、AAAA、AAA 级物流企业，分别给予 30 万元、20 万元、10 万元的一次性奖补资金，用于加快物流项目建设
	广东省	广州市	对于首次获评 AAAAA 级、AAAA 级物流企业的分别给予 50 万元、30 万元一次性奖励，对已获 AAA、AAAA 级奖励且升级为 AAAA、AAAAA 级企业的，给予补差奖励
		深圳市	盐田：新获得中国物流与采购联合会评估认证为 AAAA、AAAAA 级且从未获得资助的物流企业，分别给予 30 万元、50 万元奖励，已享受过认证资助的企业，认证升级的按差额给予奖励 宝安：对认定为 AAAAA 级物流业企业、市重点物流业企业的，给予资助 罗湖：对经中国物流与采购联合会评定为“AAAAA 级物流企业”“AAAA 级物流企业”“AAA 级物流企业”的单位，分别给予 50 万元、30 万元、10 万元奖励
		惠州市	新落户惠州市的 AAA、AAAA、AAAAA 级的物流企业或已落户惠州市的新升级为 AAA、AAAA、AAAAA 级的物流企业，分别奖励 10 万元、30 万元、50 万元
		佛山市	临空经济区：对获评为国家 AAAAA、AAAA 和 AAA 级物流企业，分别给予一次性补助 50 万元、30 万元、10 万元。南海区：对取得国家 AAAAA、AAAA 和 AAA 级的物流企业，分别一次性给予 50 万元、20 万元和 10 万元奖励，升级给予级差奖励
		韶关市	对新晋为国家 AAA、AAAA、AAAAA 级的物流企业，由辖区县（市、区）政府分别给予 20 万元、40 万元、60 万元的一次性奖励
		珠海市	对取得国家 AAAAA、AAAA 和 AAA 级的物流企业，分别一次性给予 50 万元、20 万元和 10 万元奖助，升级给予级差奖励
		江门市	加强培育国家 A 级物流企业，形成一批有实力和品牌影响力的骨干物流企业，到 2025 年全市 AAA 级及以上物流企业达到 5 家以上，并给予相关政策支持。引导江门国家骨干冷链物流基地和冷链物流产业园区内物流企业开展星级冷链物流企业评定，到 2025 年全市三星级及以上物流企业达到 5 家以上，并给予相关政策支持

续表

省份		城市	政策
华北	山西省	省级	对山西省首次评定为 AAAA、AAAAA 级的物流企业，分别给予 20 万元、50 万元奖励（有效期至 2025 年 12 月 31 日）
		太原市	对新评定为 AA、AAA、AAAA、AAAAA 级的物流企业、快递企业，分别给予 20 万元、30 万元、40 万元、50 万元奖励（有效期至 2025 年 4 月 16 日）
		忻州市	对首次评定为 AAAA、AAAAA 级的物流企业、快递企业，分别给予一次性奖励 20 万元、50 万元
	河北省	省级	对河北省新评定为 AAAAA 级物流企业、全国物流 50 强、国家示范物流园区，省级每家一次性给予 200 万元奖励，支持有条件的市出台相应奖补政策（有效期至 2026 年 6 月 14 日）
		石家庄市	对新增国家认定的 AAA、AAAA、AAAAA 的物流企业，分别给予 40 万元、50 万元、60 万元奖励政策，按照 4∶3∶3 分三年兑现（有效期至 2026 年 6 月 12 日）
		邯郸市	对新晋升为 A 级的物流企业，争取上级专项资金予以一次性适当奖励
		唐山市	对新评定为 AA、AAA、AAAA、AAAAA 级的物流企业、快递企业，分别给予 10 万元、15 万元、20 万元、25 万元奖励
		沧州市	对被评为或评定为国家 AAAAA、AAAA、AAA 级的物流企业，分别给予 30 万元、20 万元、10 万元一次性扶持，升级的给予升级扶持（有效期至 2027 年 12 月 31 日）
华中	湖南省	省级	对注册地在湖南省且首次获评或复核通过的国家五星级冷链物流企业，以及全国冷链物流业 100 强企业，由省财政给予一次性奖励 50 万元
		长沙市	对首次评为全国 AAAAA、AAAA、AAA 级认证的物流企业，以及首次评为全国五星、四星、三星仓储认证的物流企业，分别给予一次性适当奖励：其中长沙县明确对首次获得国家 AAAA、AAAAA 级资质证书的物流企业，分别给予 10 万元、30 万元的一次性奖励
		永州市	对首次获评国家 AAA、AAAA、AAAAA 级的物流企业，由受益财政分别奖励 20 万元、30 万元、50 万元（同一物流企业获不同等级的奖励累计最高不超过 50 万元）；对首次获得中国仓储协会四星、五星仓储认证（含冷链物流流量），且符合物流规划布局的物流企业，由受益财政分别奖励 10 万元、20 万元
		衡阳市	对首次评为 AA、AAA、AAAA、AAAAA 级的物流企业，分别给予一次性奖励 5 万元、10 万元、20 万元、40 万元，升级的给予补差奖励
		株洲市	新晋升国家级 AAAAA、AAAA 的物流企业，除省级政策支持外，市服务业发展专项资金分别给予不高于 10 万元、5 万元奖励，新获评或完成国家复审的国家五星级仓库、国家仓储服务金牌企业奖励不高于 3 万元，支持其符合条件的重点项目申报国省政策资金支持
		怀化市	首次获评（或通过复核）的国家 AAA、AAAA、AAAAA 级物流企业，分别一次性奖励 30 万元、50 万元、100 万元，升级给予级差奖励，对获评的国家三星、四星、五星级冷链物流企业，分别给予一次性奖励 30 万元、40 万元、50 万元，升级的企业给予补差奖励

续表

<table>
<tr><th colspan="2">省份</th><th>城市</th><th>政策</th></tr>
<tr><td rowspan="9">华中</td><td rowspan="6">河南省</td><td>省级</td><td>对新晋国家级示范物流园区、AAAAA 级的物流企业，分别给予一次性 300 万元、50 万元奖励（有效期至 2025 年 12 月 31 日）</td></tr>
<tr><td>郑州市</td><td>对新获评国家 AAAAA、AAAA、AAA 级的物流企业，分别给予 100 万元、50 万元、30 万元一次性奖励，等级提升企业给予补差奖励；新获评国家五星、四星、三星级的冷链物流企业，分别给予 50 万元、20 万元、10 万元一次性奖励，等级提升企业给予补差奖励（有效期至 2025 年 12 月 31 日）</td></tr>
<tr><td>南阳市</td><td>对经中国物流与采购联合会认定的 AAAAA、AAAA、AAA 级物流企业，分别给予 200 万元、80 万元、50 万元的一次性奖励（对晋级企业给予补差奖励）；认定的国家五星、四星、三星的冷链物流企业，分别给予 100 万元、80 万元、30 万元一次性奖励（对晋级企业给予补差奖励）（有效期至 2025 年 12 月 31 日）</td></tr>
<tr><td>漯河市</td><td>注册地在漯河市的综合型物流企业，年物流营业收入分别达到 4000 万元以上、2 亿元以上、16.5 亿元以上，并新获得中国物流与采购联合会认定的 AAA、AAAA、AAAAA 级物流企业，当年分别给予一次性奖励 20 万元、30 万元、50 万元。对物流企业当年等级提升的给予补差奖励（有效期至 2025 年 12 月 31 日）</td></tr>
<tr><td>周口市</td><td>对新晋国家 AA 级以上的物流企业（仓储类、运输类、综合服务类等）按 AAAAA 级 30 万元、AAAA 级 20 万元、AAA 级 10 万元、AA 级 5 万元奖励。升级的企业给予补差奖励</td></tr>
<tr><td>驻马店市</td><td>对新评为国家 A、AA、AAA、AAAA、AAAAA 级的物流企业，由受益财政分别给予 5 万元、10 万元、30 万元、40 万元、50 万元的一次性补助</td></tr>
<tr><td rowspan="3">湖北省</td><td>武汉市</td><td>对被认定为全国 AAAAA 级、AAAA 级物流企业的，分别给予 50 万元、20 万元一次性奖励</td></tr>
<tr><td>黄石市</td><td>对新获得国家 AAAA、AAAAA 级的物流企业，分别给予 60 万元、100 万元的一次性奖励</td></tr>
<tr><td>赤壁市</td><td>新认定的国家 AA、AAA、AAAA、AAAAA 级物流企业分别奖励 5 万元、10 万元、20 万元、30 万元</td></tr>
<tr><td rowspan="4">东北</td><td>辽宁省</td><td>大连市</td><td>对新获评国家 AAAAA、AAAA、AAA 级的物流企业和国家五星、四星、三星级的冷链物流企业，分别给予 30 万元、20 万元、10 万元的一次性奖励；等级提升企业给予补差奖励（有效期至 2026 年 8 月 31 日）</td></tr>
<tr><td>黑龙江省</td><td>哈尔滨市</td><td>对首次被评定为国家 AAAAA、AAAA、AAA、AA 级的物流企业分别给予 50 万元、30 万元、20 万元、10 万元奖励，对首次被评定为国家五星、四星、三星级的冷链物流企业分别给予 50 万元、30 万元、20 万元奖励（有效期至 2023 年 12 月 31 日）</td></tr>
<tr><td rowspan="2">吉林省</td><td>省级</td><td>对首次被评定为 AAAA、AAAAA 级的物流企业，分别给予 50 万元、100 万元奖励</td></tr>
<tr><td>长春市</td><td>对被评为国家 AAA 级以上的物流企业给予 10 万~30 万元奖励，其中评为 AAA 级企业奖励 10 万元，评为 AAAA 级企业奖励 20 万元，评为 AAAAA 级企业奖励 30 万元，奖励资金从市服务业发展专项资金中列支</td></tr>
</table>

续表

省份		城市	政策
西南	贵州省	省级	对新晋国家A级至AAA级物流企业分别给予一次性奖励10万元、新晋国家AAAA级物流企业给予一次性奖励50万元、新晋国家AAAAA级物流企业给予一性奖励100万元
		贵阳市	首次获得AAA、AAAA、AAAAA级资质证书且总部设在贵阳的物流企业，经市物流办审定后一次性分别给予20万元、30万元、50万元奖励
	四川省	成都市	新都区对新获批的AAA、AAAA、AAAAA级物流企业，分别给予5万元、10万元、20万元一次性奖励（有效期3年）；龙泉驿区对新评定且为首次评定的AAA、AAAA、AAAAA级物流企业，分别给予企业20万元、40万元、60万元奖助，企业相应等级提升后，按标准补足差额
		雅安市	对首次获得AA、AAA、AAAA、AAAAA级认证的企业，获得认证的次年分别给予一次性奖补资金5万元、10万元、20万元、40万元
		巴中市	对首次被评为国家AAAAA、AAAA、AAA、AA级的物流企业，分别给予30万元、20万元、10万元、5万元的一次性奖励
		自贡市	对AAAAA级物流企业、“中国物流企业50强”企业作为法人独资或控股股东，且实现“升规入统”的企业，分别一次性给予40万元、80万元奖励
	重庆市	重庆市	首次被评为AAAAA级物流企业的，按50万元/户奖励（有效期至2023年12月31日） 其中，万州区对被中国物流与采购联合会评定为国家AAA、AAAA、AAAAA级的物流企业分别一次性奖励10万元、20万元、30万元（有效期至2024年12月31日） 涪陵区对新评定的国家AAAAA、AAAA、AAA级的物流企业和五星、四星、三星级冷链服务企业，分别给予一次性奖励30万元、20万元、10万元 渝北区对新获评为国家仓储型、综合型AAA、AAAA、AAAAA级的规模以上物流企业，分别一次性给予10万元、20万元、30万元的奖励，对新获评国家“三星”“四星”“五星”级的仓储型，综合型冷情物流企业，分别一次性给予30万元、50万元、100万元奖励（有效期至2023年12月31日） 沙坪坝区对2023年1月1日以来首次被中国物流与采购联合会评定为AAAAA、AAAA或AAA级的物流企业，分别给予30万元/户、20万元/户、10万元/户一次性奖励，对提升等级的物流企业，给予补差奖励（有效期至2026年9月24日） 黔江区对国家物流与采购联合会新评定为AAA、AAAA、AAAAA级的规模以上物流企业，分别给予一次性奖励5万元、8万元、10万元，升级的给予补差奖励（至2024年12月31日） 长寿区对被中国物流与采购联合会新评定的AAAAA、AAAA、AAA级供应链服务企业，分别给予一次性奖励30万元、20万元、10万元，对被中国物流与采购联合会新评定的AAAAA、AAAA、AAA级的物流企业，分别给予一次性奖励30万元、20万元、10万元。对被中国物流与采购联合会新评定的中国化工物流行业百强企业给予一次性奖励20万元。对被中国物流与采购联合会新评定的五星、四星、三星级冷链物流企业，分别给予一次性奖励30万元、20万元、10万元(有效期至2024年12月31日) 荣昌区对新评为国家AA、AAA、AAAA、AAAAA级的物流企业，分别给予5万元、10万元、20万元、50万元一次性奖励（有效期至2025年12月31日） 江北区对首次被国家物流与采购联合会评定为AAA、AAAA、AAAAA级的物流企业，分别给予10万元、15万元、20万元一次性奖励（有效期至2025年12月31日） 两江新区对首次被中国物流与采购联合会、省级物流协会评为AAAAA、AAAA、AAA级物流企业的，分别按50万元/户、30万元/户、10万元/户的标准一次性给予发展支持（有效期至2025年12日31日）
	云南省	安宁市	对被评为国家AAA、AAAA、AAAAA级的物流企业，一次性分别奖励50万元、100万元、200万元
		楚雄州	对首次获得国家AAA级及以上的物流企业从州级商贸流通业发展专项资金中分别给予10万元、20万元、30万元的一次性奖励

续表

省份		城市	政策
西北	陕西省	省级	对新获得国家 AAAAA 级资格评定，且在陕注册的物流企业，给予 300 万元一次性奖励
		西安市	对于首次获得国家冷链物流量级评定的西安市规模上物流企业给予不超过 50 万元奖励
	青海省	西宁市	首次被评为 A、AA、AAA、AAAA、AAAAA 级的物流企业，除享受省级奖励外，分别给予 3 万元、5 万元、10 万元、15 万元、20 万元的一次性支持
	宁夏回族自治区	省级	在宁夏回族自治区新设立独立法人物流企业且在宁夏回族自治区固定资产投资 1 亿元以上的，给予固定资产投资 1%奖励，最高不超过 300 万元。对新评定的 AAA、AAAA、AAAAA 级物流企业，分别给予 20 万元、100 万元、200 万元的一次性奖励

（五）税务筹划建议

为了减轻物流企业运营负担、充分利用税收优惠与奖励政策降低物流企业经营成本，企业应加强税务筹划工作，密切关注地区内税收法规的变化，及时了解最新的税收优惠与减免政策；结合自身的业务特点和经营情况，制订合理的税务筹划方案，确保在合法合规的前提下降低税负成本。

在国家大力落实现代物流业“十四五”发展规划的背景下，企业应当密切关注当地政府针对物流行业发布的相关政策文件，重点研究物流企业在融资、财政补贴、政府奖励、税务优惠、组织模式上的政策导向，在保证企业稳健运营的同时实现规模化、区域化发展。

第三节　经营资质与许可

一、道路运输经营许可证

道路运输经营许可证，是单位、团体和个人有权利从事道路运输经营活动的证明，即从事物流和货运站场企业经营时必须取得的前置许可。物流公司根据经营范围的不同，视当地政策情况办理道路运输经营许可证，有此证的公司方可有营运的车辆，是车辆上营运证的必要条件。

（一）适用企业

道路运输经营许可证是证明营运车辆合法经营的有效证件，也是记录营运车辆审验情况和对经营者奖惩的主要凭证，根据《中华人民共和国道路运输条例》的相关规定，从事货运经营的企业应当依法向市场监督管理部门办理有关登记手续后，向相应的交通运输主管部门提出申请，具体而言，包括以下企业：

（1）客运：县内班车客运、县际班车客运、市际班车客运、省际班车客运、县内包车客运、县际包车客运、市际包车客运、省际包车客运。

（2）货运：普通货运、货物专用运输、大型物件运输、危险货物运输、非经营性危险货物运输。

（3）国际运输：国际定期班车客运、国际不定期班车客运、国际货物运输、国际危险货物运输。

（4）站场：客运站经营、货运站（场）经营。

（5）机动车维修：一类机动车维修、二类机动车维修、三类机动车维修、其他机动车维修、一类摩托车维修和二类摩托车维修。

（6）机动车驾驶员培训：普通机动车驾驶员培训综合类、普通机动车驾驶员培训专项类、道路运输从业资格培训和机动车驾驶员培训教练场经营。

（二）办理流程

办理道路运输经营许可证，由申请人向县级政务服务中心交通局窗口提出申请，提交申请条件规定的相关材料并填写申请表。政务服务中心交通局窗口收到申请后，应当自受理申请之日起 20 日内审查完毕，作出许可或者不予许可的决定。予以许可的，向申请人颁发道路运输经营许可证，并向申请人投入运输的车辆配发车辆营运证；不予许可的，应当书面通知申请人并说明理由。

办理道路运输经营许可证，需要准备如下材料：

（1）道路货物运输经营申请表。

（2）企业章程文本。

（3）投资人、负责人身份证明及其复印件，经办人的身份证明及其复印件和委托书。

（4）拟投入车辆承诺书，包括客车数量、类型及等级、技术等级、座位数，以及客车外廓长、宽、高等。若拟投入车辆属于已购置或者现有的，应提供行驶证、车辆技术等级证书（车辆技术检测合格证）。

（5）聘用或者拟聘用驾驶员的机动车驾驶证、从业资格证。

（6）车辆卫星定位信息（总质量12吨及以上车辆提供）。

（7）安全生产管理制度，包括安全生产责任制度、安全生产业务操作规程、安全生产监督检查制度、驾驶员和车辆安全生产管理制度、有关交通事故、自然灾害及其他突发事件的道路运输应急预案等。

（8）道路货运经营许可告知承诺书。

（9）车辆前方45°角照片。

（10）法律、法规规定的其他材料。

对于从事危险货物运输经营的企业，还需向设区的市级人民政府交通运输主管部门提出申请，并提交更为详细的申请材料，包括危险货物运输车辆、驾驶员、押运员的相关资质证明等。

未按规定取得道路货物运输经营许可擅自从事道路普通货物运输经营被依法查处

基本案情：

2024年7月23日，玉林市交通运输综合行政执法支队执法人员在G241线执法检查中发现当事人李××驾驶桂××××重型特殊结构货车（混凝土搅拌运输车）运载混凝土从事道路普通货物运输经营，经执法人员核查，该趟运输收取运费170元，行驶证登记车辆所有人为当事人李××，车辆未取得道路运输证，现场也未能提供其他有效证明，涉嫌未按规定取得道路货物运输经营许可，擅自从事道路货物运输经营。执法人员当场责令当事人停止违法行为，并依法对李××的违法行为进行立案调查。

处理结果：

当事人的行为违反了《中华人民共和国道路运输条例》第二十四条第一款的规定，依据《中华人民共和国道路运输条例》第六十三条第一项，参照《广西壮族自治区道路运输行政处罚裁量权基准》（桂交规〔2023〕3号）的规定，依法作出罚款人民币5000元整的处罚决定。

二、仓储服务资质要求

（一）保税物流中心经营

保税物流中心是指在海关监管下设立，由物流企业经营保税货物仓储、转运、简单加工、配送、检测维修和报关，并为用户提供辐射国内外的多功能、一体化的综合性服务的保税场所。

保税物流中心的功能包括存储保税货物，满足企业暂存需求；对所存货物进行流通性简单加工，如包装、分拣、贴标等，并提供增值服务，如质量检测、维修等；根据客户需求，将保税货物配送至国内外指定地点；协助企业办理进出口货物的报关、报检等手续，促进国际贸易发展；作为国际物流枢纽，承接国际中转和转口贸易业务；运用现代信息技术，对物流信息进行收集、处理、分析和传递，提高物流运作效率。

1. 保税物流中心的设立流程

（1）提出申请：向所在地直属海关提出申请，并提交相关材料。

（2）受理与审批：直属海关受理申请后，报海关总署审批。海关总署会同财政部、税务总局和外汇局会审，达成一致意见后由四部门联合批复。

（3）验收与发证：保税物流中心验收合格后，由海关总署向企业核发《保税物流中心验收合格证书》和《保税物流中心注册登记证书》，并颁发保税物流中心标牌。

2. 保税物流中心的运营规定

在保税物流中心的运营过程中，需要遵守以下规定：

（1）保税物流中心内货物保税存储期限为 2 年，确有正当理由的，经主管海关同意可以予以延期，延期不得超过 1 年。货物在存储期间发生损毁或灭失的，除不可抗力外，物流中心经营企业需向海关缴纳税款，并承担相应的法律责任。

（2）进出保税物流中心的货物需要向海关办理报关手续，并接受海关的监管和查验。同时，物流中心经营企业需要设置符合海关监管要求的隔离设施、监管设施和办理业务必需的其他设施。

（3）物流中心经营企业需要建立符合海关监管要求的计算机管理系统，提供供海关查阅数据的终端设备，并按照海关规定的认证方式和数据标准，通过"中国电子口岸"平台与海关联网，实现数据交换及信息共享。

（二）危险化学品经营许可证（包含仓储）

1. 申请条件

从事危险化学品经营的单位（以下简称申请人）应当依法登记注册为企业，并具备下列基本条件：

（1）经营和储存场所、设施、建筑物符合《建筑设计防火规范》（GB 50016）、《石油化工企业设计防火规范》（GB 50160）、《汽车加油加气站设计与施工规范》（GB 50156）、《石油库设计规范》（GB 50074）等相关国家标准、行业标准的规定。

（2）企业主要负责人和安全生产管理人员具备与本企业危险化学品经营活动相适应的安全生产知识和管理能力，经专门的安全生产培训和安全生产监督管理部门考核合格，取得相应安全合格证书；特种作业人员经专门的安全作业培训，取得特种作业操作证书；其他从业人员依照有关规定经安全生产教育和专业技术培训合格。

（3）有健全的安全生产规章制度和岗位操作规程。

（4）有符合国家规定的危险化学品事故应急预案，并配备必要的应急救援器材、设备。

（5）法律、法规和国家标准或者行业标准规定的其他安全生产条件。

（6）申请人经营剧毒化学品的，除符合上述规定的条件外，还应当建立剧毒化学品双人验收、双人保管、双人发货、双把锁、双本账等管理制度。

申请人带有储存设施经营危险化学品且储存数量构成重大危险源的，还应当具备下列条件：

（1）储存设施与相关场所、设施、区域的距离符合有关法律、法规、规章和标准的规定。

（2）依照有关规定进行安全评价，安全评价报告符合《危险化学品经营企业安全评价细则》的要求。

（3）专职安全生产管理人员具备国民教育化工化学类或者安全工程类中等职业教育以上学历，或者化工化学类中级以上专业技术职称，或者危险物品安全类注册安全工程师资格。

（4）符合《危险化学品安全管理条例》、《危险化学品重大危险源监督管理暂行规定》、《常用危险化学品贮存通则》（GB 15603）的相关规定。

（5）申请人储存易燃、易爆、有毒、易扩散危险化学品的，除符合上述条件外，还应当符合《石油化工可燃气体和有毒气体检测报警设计标准》（GB 50493）的规定。

2. 申请材料

一般情况下，申请危险化学品经营许可证需要提交以下材料：

（1）申请经营许可证的申请书及申请表。

（2）安全生产规章制度和岗位操作规程的目录清单，安全生产规章制度包括：全员安全生产责任制度、危险化学品购销管理制度、危险化学品安全管理制度（含防火、防爆、防中毒、防泄漏管理等内容）、安全投入保障制度、安全生产奖惩制度、安全生产教育培训制度、隐患排查治理制度、安全风险管理制度、应急管理制度、事故管理制度、职业卫生管理制度等。

（3）企业主要负责人、安全生产管理人员任命文件，企业主要负责人、安全生产管理人员、特种作业人员的相关资格证书（复制件）和其他从业人员培训合格的证明材料。

（4）经营场所产权证明文件或者租赁证明文件（复制件）。

（5）工商行政管理部门颁发的企业性质营业执照或者企业名称预先核准文件（复制件），注：变更工商执照后 20 个工作日内必须申请变更危险化学品经营许可证，否则按照有关法律法规予以处罚。

（6）危险化学品事故应急预案备案登记表（复制件）。

（7）企业或具有资质的评价机构出具的经营品种是否涉及剧毒、易制爆、易制毒和监控化学品的辨识材料。

带有储存设施且储存数量构成重大危险源的企业，申请人还应当提交下列文件、资料：

（1）储存设施相关证明文件（复制件）；租赁储存设施的，需要提交租赁证明文件（复制件）；储存设施新建、改建、扩建的，需要提交危险化学品建设项目安全设施建设项目竣工验收报告。

（2）重大危险源备案证明材料。

（3）专职安全生产管理人员的学历证书、技术职称证书或者危险物品安全类注册安全工程师资格证书（复制件）。

（4）安全评价报告。

申请人首次申请有以下情况的，还需要提交以下材料：

（1）租赁危险化学品仓储经营企业的仓库、储罐、货场等设施储存危险化学品的，申请人还应当提交出租方的经营许可证或港口经营许可证（复制件）或者危险化学品建设项目安全设施建设项目竣工验收报告和安全生产管理协议（复制件）等相关证明文件、资料。

（2）没有也不租赁仓储设施（场所）储存危险化学品，仅从事纯票据往来经营危险化学品的，申请人还应当提交没有也不租赁设施（场所）储存危险化学品的承诺文件。

（3）有气瓶充装作业的企业还需要提交质监部门颁发的气瓶充装许可证（复制件）。

（4）经营第二类监控化学品的企业，要提交山东省禁止化学武器公约工作领导小组办公室同意经营的批准文件（复制件）。

3. 申请流程

申请流程如图 1-1 所示。

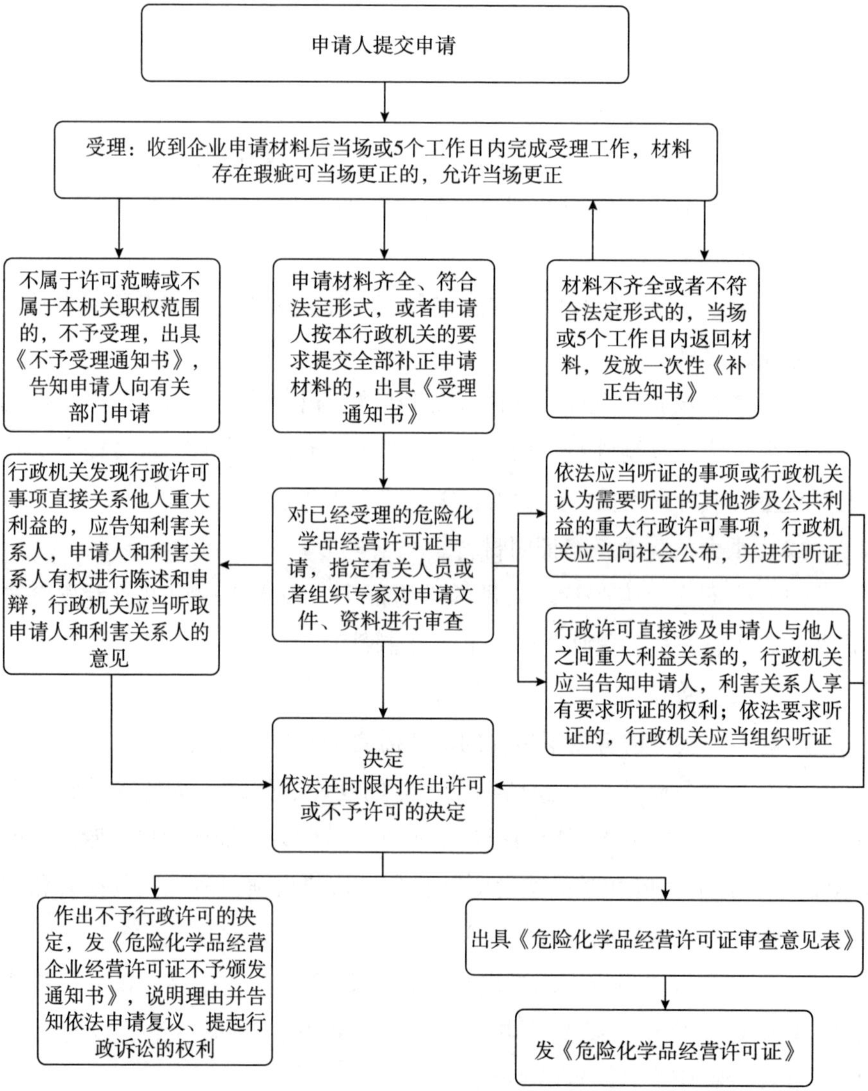

图 1-1　申请流程

某供应链公司无危险化学品经营许可证储存危险化学品被依法处罚

基本案情：

长沙县行政执法局工作人员在对一家供应链企业实施执法检查的过程中，于一处普通仓库内发现了罐装液化丁烷气、高寒液化气等共计 7700 余件物品。经专业检验机构测定，这些物品属于危险化学品易燃气体类别 1。

经进一步调查核实，此供应链公司本身并未获取危险化学品经营的相关资质，然而却为上海某贸易公司以及长沙某商务公司进行危险化学品的装卸货、储存、分装、打包及代寄递等一系列服务操作，属无证经营危化品行为。

详细调查结果显示，上海某贸易公司虽然持有危险化学品经营资质，但与没有该资质的长沙某商务公司一样，均通过网络途径销售危险化学品，并且在明明知晓该仓库只是普通仓库、不具备储存危险化学品条件的情况下，仍然将危险化学品存放于此。

本案中，上海某贸易公司的行为构成“未将危险化学品储存在专用仓库”，长沙某商务公司的行为构成“未取得危险化学品经营许可证从事危险化学品经营”的违法情形。

处罚结果：

该商务公司、供应链公司未取得危险化学品经营许可证从事危险化学品经营的行为，违反了《危险化学品安全管理条例》第三十三条第一款的规定，依据《危险化学品安全管理条例》第七十七条第三款的规定，长沙县行政执法局责令其停止经营活动，并对其处以罚款、没收违法经营的危险化学品及违法所得的行政处罚。

该贸易公司未将危险化学品储存在专用仓库内的行为，违反了《危险化学品安全管理条例》第二十四条第一款的规定，依据《危险化学品安全管理条例》第八十条第一款第四项的规定，长沙县行政执法局责令其限期整改，并对其处以罚款的行政处罚。

三、危险货物运输许可证

危险货物是指具有爆炸、易燃、毒害、感染、腐蚀等危险特性，在生产、经营、运输、储存、使用和处置中，容易造成人身伤亡、财产损毁或者环境污染而需要特别防护的物质和物品。危险货物以列入国家标准《危险货物品名表》（GB 12268）的为准，未列入《危险货物品名表》的，以有关法律、行政法规的规定或者国务院有关部门公布的结果为准。

企业使用载货汽车从事道路危险货物运输活动，需要办理道路危险货物运输许可。国家鼓励技术力量雄厚、设备和运输条件好的大型专业危险化学品生产企业从事道路危险货物运输，鼓励道路危险货物运输企业实行集约化、专业化经营，鼓励使用厢式、罐式和集装箱等专用车辆运输危险货物。

（一）从事危险货物运输要求

1. 专用车辆

（1）自有专用车辆（挂车除外）5 辆以上；运输剧毒化学品、爆炸品的，自有专用车辆（挂车除外）10 辆以上。

（2）专用车辆的技术要求应当符合《道路运输车辆技术管理规定》有关规定。

（3）配备有效的通信工具。

（4）专用车辆应当安装具有行驶记录功能的卫星定位装置。

（5）运输剧毒化学品、爆炸品、易制爆危险化学品的，应当配备罐式、厢式专用车辆或者压力容器等专用容器。

（6）罐式专用车辆的罐体应当经质量检验部门检验合格，且罐体载货后总质量与专用车辆核定载质量相匹配。运输爆炸品、强腐蚀性危险货物的罐式专用车辆的罐体容积不得超过 20 立方米，运输剧毒化学品的罐式专用车辆的罐体容积不得超过 10 立方米，但符合国家有关标准的罐式集装箱除外。

（7）运输剧毒化学品、爆炸品、强腐蚀性危险货物的非罐式专用车辆，核定载质量不得超过 10 吨，但符合国家有关标准的集装箱运输专用车辆除外。

（8）配备与运输的危险货物性质相适应的安全防护、环境保护和消防设施设备。

2. 停车场地

（1）企业自有或租赁停车场地应符合土地规划及相关土地性质要求。按照《土地利用现状分类》（GB/T 21010）、《国土空间调查、规划、用途管制用地用海分类指南（试行）》（自然资办发〔2020〕51号）规定，停车场地土地性质应为物流仓储用地，生产经营单位可利用自有工业用地建设为其配套的附属停车场。

（2）运输剧毒化学品、爆炸品专用车辆以及罐式专用车辆，数量为20辆（含）以下的，停车场地面积不低于车辆正投影面积的1.5倍；数量为20辆以上的，超过部分，每辆车的停车场地面积不低于车辆正投影面积；运输其他危险货物的，专用车辆数量为10辆（含）以下的，停车场地面积不低于车辆正投影面积的1.5倍；数量为10辆以上的，超过部分，每辆车的停车场地面积不低于车辆正投影面积。

（3）租赁土地建停车场的，应符合《中华人民共和国城镇国有土地使用权出让和转让暂行条例》对土地使用权出租和划拨土地使用权出租的有关规定。

（4）场地为租赁的，租赁期限不得少于3年。

（5）停车场应建立金属栅栏或砖、石、混凝土围墙等隔离设施与周边环境隔离，围墙高度要符合治安反恐防范要求。车辆数多于30辆的应设置2个以上出入口。停车场不得妨碍居民生活和威胁公共安全。

（6）场地硬化，要坚实平整，易于清扫，有良好的排水系统。停车位和行车通道标识清晰，停车场面积、车位数量及大小满足企业全部车辆停靠需要。

（7）道路危险货物运输车辆应按照危险化学品的分类，做到在指定区域分类停放，严禁将化学品性质或扑救方法相抵触的车辆停放在同一区域内。运输剧毒化学品、爆炸品的道路危险货物运输企业，应当划定专用停车区域，并在专用停车区域设立剧毒、爆炸品类的禁止标志和指令标志、界线标志。

（8）应足额配备应急救援器材、应急救援物资、防雷、防静电、防爆、防雪、防滑、警示标示，个体防护等安全防护设施。

（9）应足额配备消防水源、消火栓、灭火器、灭火毯、消防沙箱、消防供配电、火灾自动报警装置等消防设施。

（10）应配备必要的危险废物暂存间、污水处理、减震降噪、事故污水收集等环境保护设施。

（11）设立明显标志，设立值班室且有24小时专人值班，停车场管理、交接班、车辆出入登记等制度健全。

（12）监控设施齐备，覆盖停车场各区域，监控记录存储时间应不少于2个月。

3. 从业人员

专用车辆的驾驶人员取得相应机动车驾驶证，年龄不超过60周岁。

从事道路危险货物运输的驾驶人员、装卸管理人员、押运人员应当经所在地设区的市级人民政府交通运输主管部门考试合格，并取得相应的从业资格证；从事剧毒化学品、爆炸品道路运输的驾驶人员、装卸管理人员、押运人员，应当经考试合格，取得注明为“剧毒化学品运输”或者“爆炸品运输”类别的从业资格证。

未取得道路危险货物运输许可，擅自从事道路危险货物运输被依法处罚

基本案情：

2024年1月11日，杜某驾驶一辆黑色长城牌小型客车，装载着800升柴油从北京市大兴区庞各庄镇出发，前往昌平区的一个工地。在工地，杜某为机械设备加注了约300升柴油，并从中赚取了150元的差价利润。当日，杜某被大兴区公安分局查获，随后该案件于1月12日被移交给了大兴区交通局。经过调查发现，杜某虽已取得“危险货物运输驾驶员资格证”，但他所驾驶的车辆却未获得道路运输证，而此次危险货物运输行为正是由杜某本人实施的，该行为违反了《中华人民共和国道路运输条

例》第二十三条、第二十四条第一款第二项中关于未取得道路危险货物运输许可，不得擅自从事道路危险货物运输的规定。

处理结果：

依据《中华人民共和国行政处罚法》第二十八条第二款规定，当事人若有违法所得，除依法应退赔的部分外，须予以没收。同时，按照《中华人民共和国道路运输条例》第六十三条第一款第三项规定，对于未取得道路运输经营许可，擅自从事道路危险货物运输经营的情况，如果违法所得超过 2 万元，应没收违法所得，并处以违法所得 2 倍以上 10 倍以下的罚款；若没有违法所得或者违法所得不足 2 万元，则处 3 万元以上 10 万元以下的罚款。再参照《北京市交通运输行政处罚裁量基准》中编码为 C1922AAAA010 的违法情形所对应的裁量幅度，即违法所得超过 2 万元时，没收违法所得，处违法所得 2 倍以上 5 倍以下的罚款；没有违法所得或者违法所得不足 2 万元时，处 3 万元以上 5 万元以下的罚款。大兴区交通局据此依法对杜某作出了没收其违法所得 150 元，并罚款 4 万元的行政处罚。此外，关于杜某涉嫌刑事犯罪的相关事实，则由大兴区公安分局进行立案调查。

四、其他物流相关行政许可

（一）国际道路货物运输

1. 经营条件

《国际道路运输管理规定》第五条规定，从事国际道路运输经营活动的，应当具备下列条件：

（1）有已经取得国内道路运输经营许可证的企业法人。

（2）从事国内道路运输经营满 3 年，且近 3 年内未发生重大以上道路交通责任事故。

道路交通责任事故是指驾驶人员负同等或者以上责任的交通事故。

（3）驾驶人员和从事危险货物运输的装卸管理人员、押运员应当符合《道路运输从业人员管理规定》有关规定。

（4）拟投入国际道路运输经营的运输车辆技术要求应当符合《道路运输车辆技术管理规定》有关规定。

（5）有健全的安全生产管理制度。

2. 国际道路货物运输备案申请材料

《国际道路运输管理规定》第六条规定，申请从事国际道路旅客运输经营的，应当向所在地省级人民政府交通运输主管部门提出申请，并提交以下材料：

（1）国际道路旅客运输经营许可申请表。

（2）企业近 3 年内无重大以上道路交通责任事故证明或者承诺书。

（3）拟投入国际道路旅客运输经营的车辆的道路运输证和拟购置车辆承诺书，承诺书包括车辆数量、类型、技术性能、购车时间等内容。

（4）拟聘用驾驶员的机动车驾驶证、从业资格证。

（5）国际道路运输的安全管理制度，包括安全生产责任制度、安全生产业务操作规程、安全生产监督检查制度、驾驶员和车辆安全生产管理制度、道路运输应急预案等。

3. 国际道路货物运输备案申请流程

（1）于开始国际道路货物运输经营活动的 15 日前向所在地省级人民政府交通运输主管部门备案，提交《国际道路货物运输经营备案表》，并附送上述申请材料，保证材料真实、完整、有效。

（2）省级人民政府交通运输主管部门收到申请后，按照《交通行政许可实施程序规定》要求的程序、期限，对申请材料进行审查，并通过部门间信息共享、内部核查等方式获取申请人营业执照、已取得的道路客运经营许可、现有车辆等信息，作出许可或者不予许可的决定。

（3）省级人民政府交通运输主管部门对符合法定条件的国际道路旅客运输经营申请作出准予行政许可决定后出具《国际道路旅客运输经营行政许可决定书》，明确经营主体、经营范围、车辆数量及要求等许可事项，在作出准予行政许可决定之日起 10 日内向被许可人发放道路运输经营许可证。

（二）快递业务经营许可证

根据《中华人民共和国邮政法》《快递市场管理办法》《快递业务经

营许可管理办法》规定要求，经营快递业务需要按规定办理《快递业务经营许可证》。

1. 总体要求

《中华人民共和国邮政法》第五十二条规定，申请快递业务经营许可，应当具备下列条件：

（1）符合企业法人条件。

（2）在省、自治区、直辖市范围内经营的，注册资本不低于人民币50万元，跨省、自治区、直辖市经营的，注册资本不低于人民币100万元，经营国际快递业务的，注册资本不低于人民币200万元。

（3）有与申请经营的地域范围相适应的服务能力。

（4）有严格的服务质量管理制度和完备的业务操作规范。

（5）有健全的安全保障制度和措施。

（6）法律、行政法规规定的其他条件。

2. 国内快递申请条件

《快递业务经营许可管理办法》第七条规定，申请快递业务经营许可，应当具备下列服务能力：

（1）与申请经营的地域范围、业务范围相适应的服务网络和信件、包裹、印刷品、其他寄递物品（以下统称快件）的运递能力。

（2）能够提供寄递快件的业务咨询、电话查询和互联网信息查询服务。

（3）收寄、投递快件的，有与申请经营的地域范围、业务范围相适应的场地或者设施。

（4）通过互联网等信息网络经营快递业务的，有与申请经营的地域范围、业务范围相适应的信息处理能力，能够保存快递服务信息不少于3年。

（5）对快件进行分拣、封发、储存、交换、转运等处理的，有封闭的、面积适宜的处理场地，配置相应的设备，且符合邮政管理部门和国家安全机关依法履行职责的要求。

在省、自治区、直辖市范围内专门从事快件收寄、投递服务的，应当具备前款第一项至第四项的服务能力；还应当与所合作的经营快递业务的企业签订书面协议或者意向书。

3. 快递业务经营许可申请材料

以下所有上传材料须加盖法人企业公章：

（1）快递业务经营许可申请书。

（2）企业名称预核准通知书或者企业法人营业执照复印件。

（3）企业法定代表人身份证明复印件。

（4）股权结构说明（系统填报）。

（5）经营快递业务的分公司（营业部）名录。

（6）房屋产权人或使用人在办理相关经营许可、开展经营活动前应依法依规取得房屋安全鉴定合格证明。不动产权属证书或不动产登记机关查询结果载明为自建房的，也应一并提交由专业房屋安全鉴定机构出具的房屋安全鉴定合格证明。

（7）提交房屋安全鉴定合格证明的，应同时提交该专业鉴定机构能够在相应地区从事房屋安全鉴定的资质凭证。地方政府关于房屋安全鉴定管理有规定的，从其规定。

（8）用于快递业务处理场所的不动产，其登记用途不得为住宅、办公等。

（9）场地使用情况：自有场地请提供自有权属说明；租赁场地请提供租赁协议及出租方权属说明。场地类型分为收寄投递场地①、快件处理场地②、海关监管场地。

（三）生鲜乳准运证明

1. 申请条件

（1）奶罐隔热、保温，内壁由防腐蚀材料制造，对生鲜乳质量安全没有影响。

（2）奶罐密封材料耐脂肪、无毒，在温度正常的情况下具有耐清洗剂的能力。

---

① 收寄投递场地是指《快递业务经营许可管理办法》第七条第一款第三项规定“收寄、投递快件的，有与申请经营的地域范围、业务范围相适应的场地或者设施”。

② 快件处理场地是指《快递业务经营许可管理办法》第七条第一款第五项规定“对快件进行分拣、封发、储存、交换、转运等处理的，有封闭的、面积适宜的处理场地”。

（3）奶罐外壁用坚硬光滑、防腐、可冲洗的防水材料制造。

（4）奶罐设有奶样存放舱和装备。

（5）奶车顶盖装置、通气和防尘罩设计合理，防止奶罐和生鲜乳受到污染。

（6）生鲜乳运输车辆的驾驶员和押运员应当持有效的健康证。

2. 申请材料

（1）生鲜乳运输车辆行驶证。

（2）生鲜乳运输车辆驾驶员驾驶证和押运员身份证。

（3）生鲜乳交接单。

（4）生鲜乳运输车辆驾驶员、押运员的有效健康证明。

（5）《生鲜乳准运证申请表》。

（6）原生鲜乳准运证明（到期换证、信息变更的提供）。

（7）生鲜乳运输车辆奶罐质量合格证书。

第二章　物流企业法律风险防控

第一节　公司组织架构与内控体系

一、公司组织架构和职责分工

制定清晰的公司组织架构合规政策和程序，确保各部门职责分工明确，公司合规运行。

二、公司内部控制体系

建立有效的内部规章制度，包括财务控制、采购流程、内部审计、质控理赔等。

企业的生命周期通常可分为四个阶段：初始创业期、快速发展期、成熟稳定期和衰落退出期（见图2-1）。

1. 初创期

这一阶段企业生产规模小，产品市场份额低，固定成本大，盈利能力低，现金流转不顺，经常出现财务困难；组织结构简单，生产经营者与管理者合二为一；创新性强，团队年轻有活力，学习和适应能力较强。同时面临着产品研发、市场拓展和团队建设等诸多难题。例如，创业初期资金问题往往是主要挑战，筹集资金并不容易，可能导致员工工资发放困难、项目无法推进等问题。

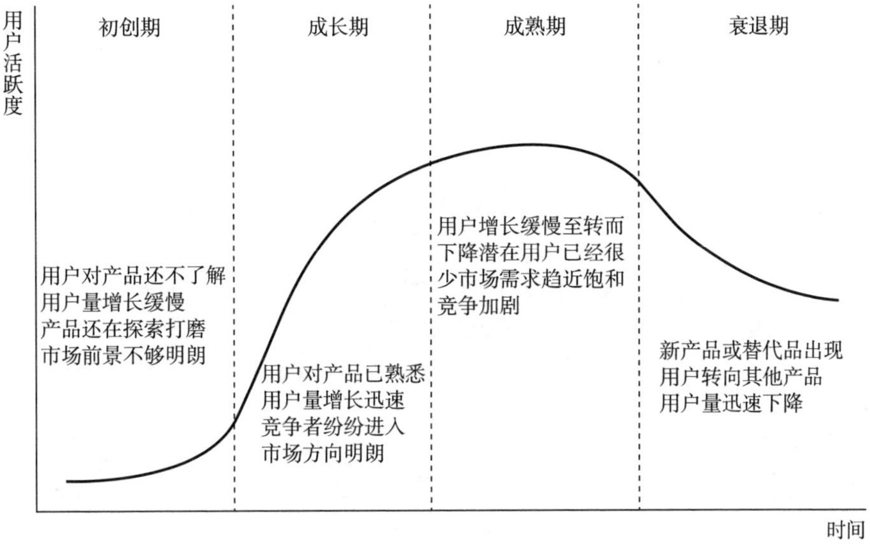
用户活跃度
初创期
成长期
成熟期
衰退期
用户对产品还不了解
用户量增长缓慢
产品还在探索打磨
市场前景不够明朗
用户对产品已熟悉
用户量增长迅速
竞争者纷纷进入
市场方向明朗
用户增长缓慢至转而下降潜在用户已经很少市场需求趋近饱和竞争加剧
新产品或替代品出现
用户转向其他产品
用户量迅速下降
时间

图 2-1 企业生命周期

2. 成长期

企业规模逐渐扩大，市场占有率稳步提升，产品线也日益丰富，基本形成自己独特的产品系列。此时市场竞争激烈，物流活动重点转变为服务和成本的平衡。开始面临创新资源整合困难、人才引进与培养的困局、市场定位与竞争压力及组织结构调整挑战等问题。

3. 成熟期

企业规模稳定，市场地位稳固，产品线成熟。市场竞争相对缓和，企业开始注重品牌建设、技术创新和内部管理。但也面临着产品更新换代压力、内部管理问题及员工士气等方面的挑战。

4. 衰退期

企业规模缩小，市场份额下降，产品线减少。面临的抉择是在低价出售产品或继续有限配送等方案之间进行平衡。衰退的原因可能包括市场竞争加剧、资金链断裂、管理层失误、产品和服务不符合市场需求等。表现为营收下滑、利润减少、市场份额减少、人才流失等。

图 2-2 为物流发展阶段特征分析。

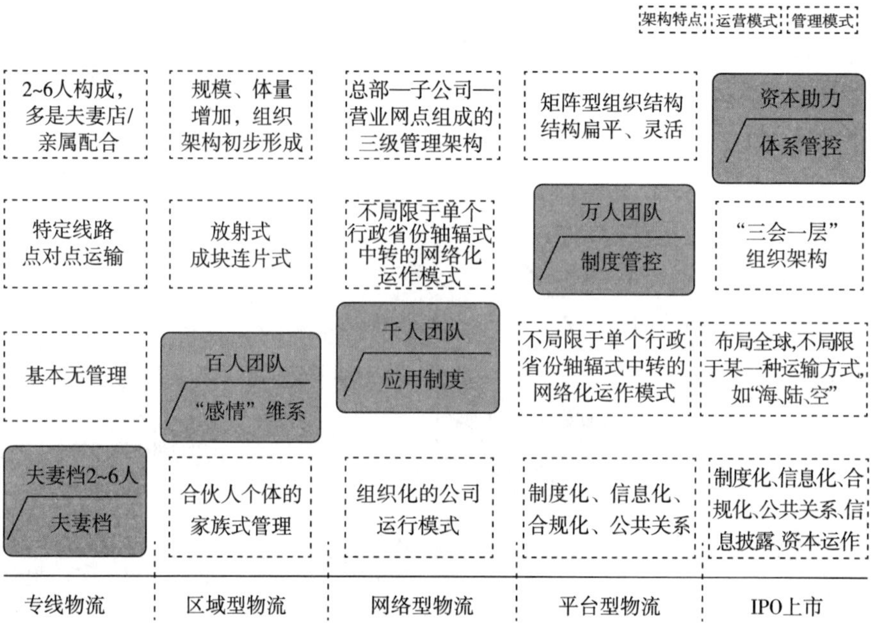

图 2-2　物流发展阶段特征分析

三、企业组织架构设计

（一）重要性

（1）明确职责分工：合理的组织架构能够清晰地界定各个部门和岗位的职责范围，避免职责重叠或空白，提高工作效率。

（2）促进沟通协作：有助于建立有效的沟通渠道，使不同部门之间能够顺畅地交流信息、协调工作，增强团队合作。

（3）支持战略实施：根据企业的发展战略设计组织架构，可以确保资源的合理配置，为战略目标的实现提供有力的组织保障。

（二）设计原则

（1）目标导向原则：组织架构应围绕企业的战略目标和业务需求进行设计，以实现企业价值最大化。

（2）精简高效原则：尽量减少管理层级和机构冗余，提高决策效率和执行力。

（3）权责对等原则：明确各部门和岗位的权利与责任，确保权利与责任相匹配。

（4）适应性原则：组织架构应具有一定的灵活性和适应性，能够根据企业内外部环境的变化及时进行调整。

（三）常见类型

（1）职能型组织架构：按照职能划分部门，如财务、人力资源、市场营销等。这种架构有利于专业化分工，但可能导致部门之间沟通协调困难。

（2）事业部型组织架构：根据产品、地区或客户等划分事业部，每个事业部独立经营、自负盈亏。它具有较高的灵活性和适应性，但可能存在资源重复配置的问题。

（3）矩阵型组织架构：结合职能型和项目型组织架构的特点，既有按职能划分的垂直领导系统，又有按项目划分的横向领导系统。这种架构能够充分发挥专业优势和项目管理的灵活性，但管理难度较大。

（四）不同发展阶段的架构设置

1. 初创期架构——精简型

（1）组织结构。在初创期，企业通常由老板、业务员、生产工人和行政人员等组成（见图 2-3）。由于规模较小，很多初创企业具有家族企业的特点。这种结构简单直接，决策流程短，能够快速响应市场变化。但也存在一些问题，比如人员职责可能不够明确，容易出现一人身兼多职的情况。

（2）管理方式。初创期企业多采用情感管理。老板往往凭借经验和感觉追随市场，通过情感来维系团队。这种管理方式在初期能够增强团队的凝聚力，但随着企业的发展，可能会出现管理不规范、决策不科学等问题。

（3）主要任务。初创期企业的主要任务是向制度化管理过渡。由于初期的管理较为随意，随着企业规模的扩大，需要建立起一套完善的制度体系，明确人员职责、规范工作流程，为企业的进一步发展奠定基础。

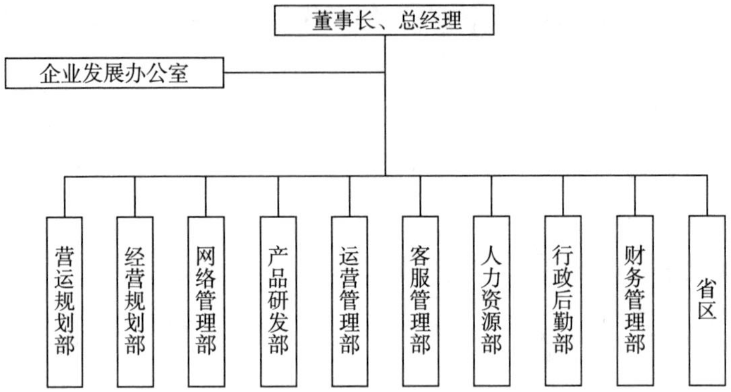

图 2-3　精简型组织结构

2. 成长期架构——垂直管理型

（1）组织结构。进入成长期，企业开始设立部门，出现部门经理，层次化结构初显（见图 2-4）。这种组织结构的出现，使企业的分工更加明确，工作效率得到提高。

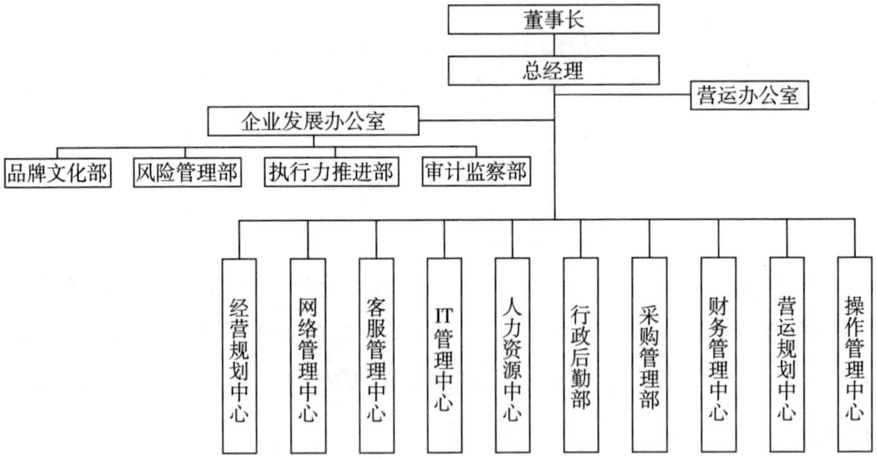

图 2-4　垂直管理型组织结构

（2）管理方式。成长期企业实行制度管理，老板权力有限下放。通过建立规章制度，规范员工行为和企业运营。同时，老板将部分权力下放给部门经理，让他们在一定范围内自主决策，提高企业的反应速度和灵活性。

（3）主要任务。成长期企业的主要任务是建立营销系统，解决营销问题。随着企业规模的扩大，产品的市场推广变得至关重要。企业需要建立专业的营销团队，制定有效的营销策略，提高产品的市场占有率。

3. 成熟期架构——扁平矩阵型

（1）组织结构。在成熟期，企业的组织结构进一步完善，形成清晰的管理层级和职能划分。可能会设立多个事业部，每个事业部下设不同的职能部门（见图2-5）。这种结构能够更好地适应企业的多元化发展，提高企业的管理效率。

（2）管理方式。成熟期企业采用制度化管理，注重内部管理和运营效率提升。通过完善的制度体系和流程管理，确保企业的各项工作有序进行。同时，加强对员工的绩效考核和激励机制，提高员工的工作积极性和创造力。

（3）主要任务。成熟期企业的主要任务是加强内部控制和风险管理，培养创新能力。一方面，企业需要建立健全的内部控制体系，防范经营风险；另一方面，要不断培养创新能力，推出新产品和新服务，保持企业的市场竞争力。

4. 衰退期架构——简约高效型

（1）组织结构。衰退期企业的组织结构面临调整和变革，可能打破部门壁垒，重新整合资源（见图2-6）。例如，将一些职能相近的部门合并，减少管理层级，提高决策效率。

（2）管理方式。衰退期企业需要重新审视战略定位和市场选择，进行业务调整和创新。管理方式更加灵活多变，注重寻找新的市场机会和发展方向。

（3）主要任务。衰退期企业的主要任务是寻找新的发展方向，延长企业生命周期。可以通过产品创新、市场拓展、业务转型等方式，寻找新的增长点，使企业重新焕发生机。

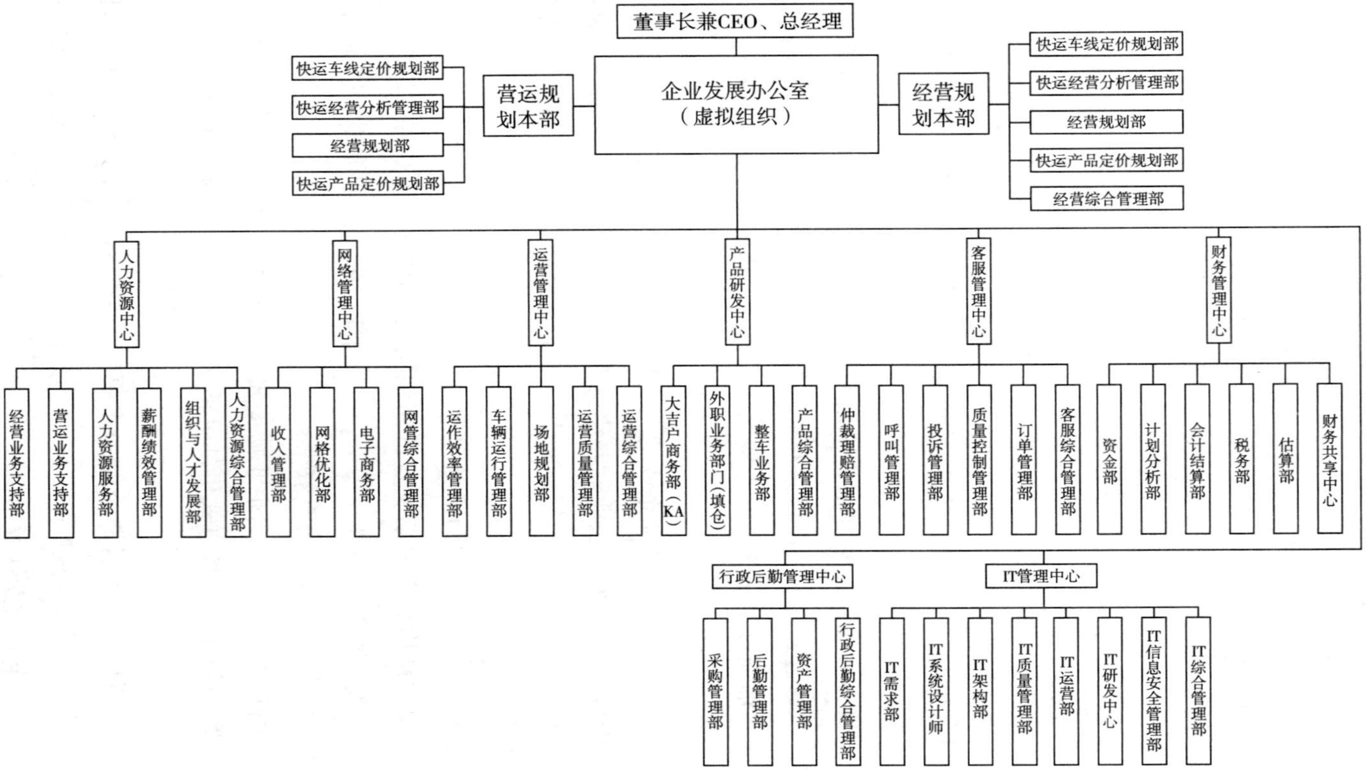

图 2-5　扁平矩阵型组织结构

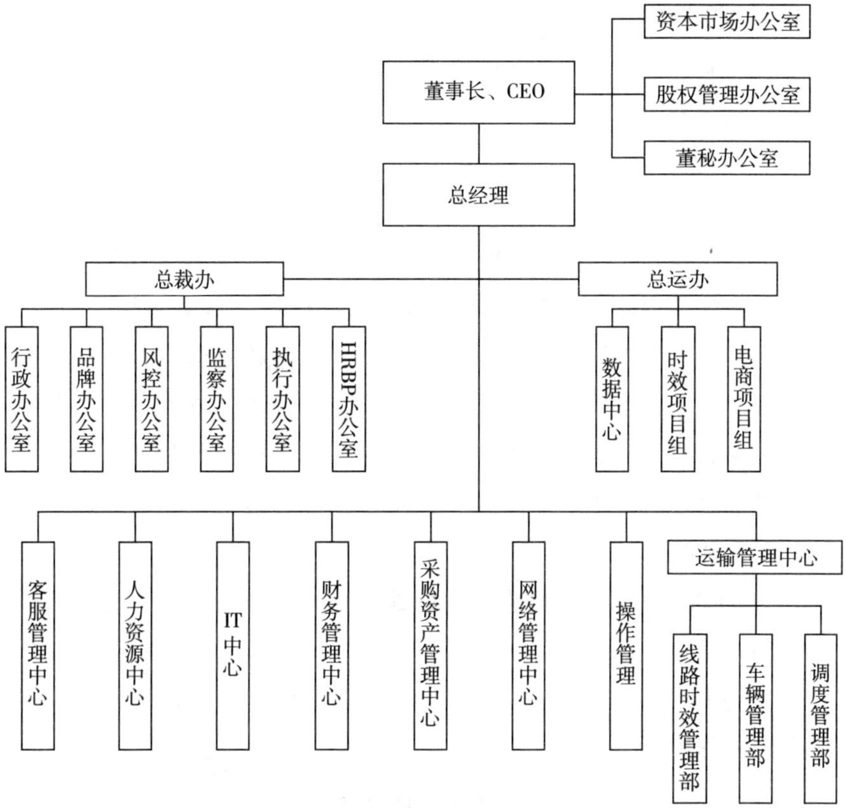

图 2-6 简约高效型组织结构

四、内部控制体系

（一）重要性

（1）防范风险：通过建立有效的内部控制体系，可以识别、评估和应对企业面临的各种风险，如财务风险、经营风险、合规风险等。

（2）保障资产安全：确保企业资产的安全完整，防止资产流失和浪费。

（3）提高经营效率：规范企业的经营管理行为，优化业务流程，提高资源利用效率。

（4）保证财务报告真实可靠：加强对财务活动的监督和控制，确保财务报告的真实性、准确性和完整性。

（二）构成要素

（1）内部环境：包括企业的治理结构、企业文化、人力资源政策等，是内部控制体系的基础。

（2）风险评估：对企业面临的内外部风险进行识别、分析和评估，为制定风险应对策略提供依据。

（3）控制活动：包括审批、授权、核对、盘点等一系列控制措施，以确保企业的各项业务活动符合法律法规和内部规章制度的要求。

（4）信息与沟通：及时、准确地收集、传递和处理与内部控制相关的信息，确保企业内部各部门之间以及企业与外部之间的信息沟通顺畅。

（5）内部监督：对内部控制体系的有效性进行监督和评价，及时发现问题并加以改进。

（三）建立方法

（1）明确控制目标：根据企业的战略目标和业务特点，确定内部控制的目标和重点领域。

（2）进行风险评估：识别企业面临的各种风险，并评估其发生的可能性和影响程度。

图 2-7 为物流发展阶段的内部控制体系。

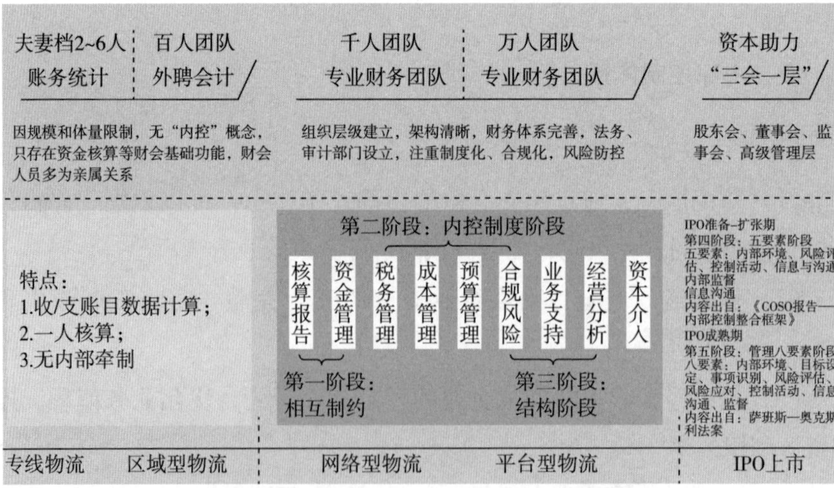

图 2-7 物流发展阶段的内部控制体系

(3) 制定控制措施：针对风险评估结果，制定相应的控制措施，包括制度建设、流程优化、岗位设置等。

(4) 建立信息系统：建立健全内部控制信息系统，实现对业务活动的实时监控和数据分析。

(5) 加强内部监督：建立内部审计机构或指定专门的内部监督人员，对内部控制体系的执行情况进行监督和评价。

五、企业不同发展阶段的内控策略

(一) 初创期内控——高度集权制

1. 集权管理模式，充分利用创业者才能

在初创期，企业规模小，业务相对单一，创业者通常对企业的发展方向和核心业务有着清晰的认识和把控。集权管理模式能够确保决策的高效性，快速响应市场变化。创业者凭借自身的经验、才能和敏锐的市场洞察力，能够在关键决策上迅速做出判断，推动企业向前发展。例如，在产品研发方向的确定、市场定位的选择等方面，创业者的决策往往起着决定性作用。

2. 无须明确内部控制制度，避免耗费资源和降低灵活性

初创期企业资源有限，人力、财力、物力都相对紧张。明确的内部控制制度可能会耗费大量的时间和精力去制定和执行，这在一定程度上会降低企业的灵活性和创新能力。此时，企业更应将资源集中在核心业务的发展上，如产品研发、市场拓展等。然而，这并不意味着完全没有控制，而是通过创业者的直接监督和管理，以及团队成员之间的信任和合作，来实现一定程度的风险控制。

3. 寻找复合型人才维持企业发展

初创期企业往往需要一人身兼多职的复合型人才。这些人才不仅要具备专业技能，还需要有较强的学习能力和适应能力，能够在不同的业务领域发挥作用。例如，一个既懂技术又懂市场的人才，可以在产品研发的同时，为产品的市场推广提供有价值的建议。据统计，在初创企业中，拥有复合型人才的企业成功的概率更高。寻找和吸引复合型人才成为初创期企业的重要任务之一，可以通过提供有竞争力的薪酬待遇、良好的职业发展空间和富有激情的工作氛围来吸引他们。

（二）成长期内控——适当分权制

1. 适度分权，防止管理失控并建立内部控制制度

随着企业进入成长期，业务规模不断扩大，人员数量增加，仅靠创业者的集权管理已经难以满足企业的发展需求。适度分权成为必然选择，将部分权力下放给部门经理和基层管理人员，能够提高决策的及时性和准确性，激发员工的积极性和创造力。同时，建立内部控制制度也变得尤为重要，以防管理失控。通过明确各部门和岗位的职责权限、制定规范的工作流程和审批制度等，确保企业的各项活动在可控范围内进行。

2. 建立内部会计控制，保证资金流动合理性

成长期企业对资金的需求较大，建立内部会计控制制度能够保证资金流动的合理性和安全性。例如，制定严格的预算管理制度，对各项费用进行合理控制；加强应收账款和存货的管理，提高资金周转效率；建立健全的财务审计制度，定期对财务状况进行审计和监督。

3. 进行组织架构建立，明确部门职责

成长期企业需要建立更加完善的组织结构，明确各部门的职责和分工。通过设立不同的职能部门，如市场部、研发部、财务部等，实现专业化管理。同时，明确各部门之间的协作关系和沟通机制，避免出现职责不清、推诿扯皮等问题。

4. 设计和完善信息系统，提高运作效率

随着企业规模的扩大，信息的传递和处理变得越来越复杂。设计和完善信息系统能够提高企业的运作效率，实现信息的及时共享和准确传递。例如，建立企业资源规划（ERP）系统，整合企业的财务、采购、销售、生产等各个环节的信息，提高管理决策的精准性。

（三）成熟期内控——制度化

1. 实现管理制度化，降低管理成本，延长成熟期

在成熟期，企业的管理制度应更加完善和规范，实现管理制度化。通过建立健全的规章制度、流程体系和绩效考核机制等，确保企业的各项活动有章可循、有据可依。同时，制度化管理能够降低管理成本，提高管理效率，延长企业的成熟期。例如，制定标准化的工作流程，减少不必要的环节和浪费；建立科学的绩效考核体系，激励员工积极工作，提高工作绩效。

2. 完善内部会计控制，清除无效制度

成熟期企业应进一步完善内部会计控制制度，确保财务信息的真实性、准确性和完整性。同时，对现有的制度进行清理和优化，清除那些无效、烦琐的制度，提高制度的执行效率。例如，定期对财务制度进行评估和修订，根据企业的实际情况和市场变化，及时调整和完善财务管理制度。

（四）衰退期内控——精简化

1. 重新评估内部控制，进行调整和创新

进入衰退期，企业面临着严峻的生存挑战。此时，需要重新评估企业的内部控制制度，找出存在的问题和不足，并进行调整和创新。例如，对现有的业务流程进行重新梳理，去除那些烦琐、低效的环节；对内部控制制度进行优化和完善，提高制度的适应性和有效性。

2. 结合业务调整，优化资源配置，提高内控效率

衰退期企业需要结合业务调整，优化资源配置，提高内部控制效率。例如，将有限的资源集中在核心业务和关键环节上，减少不必要的开支和浪费；对人员进行优化调整，提高员工的工作效率和绩效。同时，加强对成本的控制和管理，降低企业的运营成本，提高企业的竞争力。

总之，企业组织架构设计和内部控制体系是企业管理的重要组成部分。企业应根据自身的发展战略和业务需求，设计合理的组织架构，建立健全内部控制体系，以提高企业的管理水平和运营效率，实现可持续发展。

第二节　法律风险与应对

一、诉讼案件风险与应对

（一）诉讼案件常识与基本流程

1. 诉讼案件基础认知

（1）诉讼案件的定义与分类。诉讼，简言之，是指当民事主体（自

然人、法人或其他组织）之间因权益冲突或法律争议，依法向具有管辖权的法院提出请求，由法院按照法定程序进行审理，并作出具有法律效力的裁决或调解的整个过程。诉讼案件是法律体系中解决纠纷的一种正式且权威的方式，能够在最大程度上维护社会公平正义和当事人的合法权益。

诉讼案件可以按照不同的标准划分。根据案件性质，可以分为民事案件、刑事案件和行政案件。民事案件涉及平等主体之间的财产关系和人身关系纠纷；刑事案件则涉及犯罪行为及其刑事责任；行政案件则关乎行政机关与公民、法人或其他组织之间的行政争议。根据诉讼程序，可以分为一审程序、二审程序、再审程序等，每个程序都有其特定的规则和要求。

（2）物流企业常见诉讼类型。物流业务涉及托运人、收货人及第三人多方主体，又因为物流行业在日常运营中需要承担的风险较为复杂，可能面临多种类型的诉讼风险。下文笔者将对物流企业常见诉讼类型进行介绍。

1）货物运输合同纠纷。货物运输合同纠纷是物流企业最常见的法律纠纷之一。产生这类纠纷的潜在风险贯穿了合同签订、履行和解除的全流程，包括双方对运输方式（如公路、铁路、海运等）的选择产生的分歧，因货物未能按时到达指定地点所产生的纠纷，因运费计算方式、支付时间和支付标准等引发的争议，以及货物在运输过程中因物流企业过失导致损坏或丢失而导致的纠纷。

中国某财产保险股份有限公司某分公司诉上海某国际货物运输代理有限公司、上海某物流公司多式联运合同纠纷案

基本案情：

保险公司承保山东某高压开关有限公司（以下简称开关公司）出口运输的一批420千伏气体绝缘金属封闭开关。开关公司委托上海某国际货

物运输代理有限公司（以下简称货代公司）将该批货物从中国泰安经海路、陆路运往印度收货人工厂，上海某物流公司（以下简称物流公司）负责安排印度陆路区段运输。

货物到达收货人工厂后发现货损，收货人委托检验人对货损情况进行了检验评估，保险公司向开关公司支付保险赔偿款 129 万元，取得代位求偿权，货代公司与物流公司作为承运人应对货损承担连带赔偿责任，故请求判令：一、货代公司与物流公司连带赔偿货物损失 129 万元及利息；二、判令案件受理费、翻译费、公证费等费用由货代公司与物流公司承担。

裁判结果：

青岛海事法院于 2022 年 6 月 17 日作出（2022）鲁 72 民初 208 号民事判决：一、货代公司于本判决生效之日起十日内向保险公司赔偿货物损失 822100 元以及以该款项为本金自 2020 年 6 月 30 日起至实际支付之日按照全国银行间同业拆借中心公布的贷款市场报价利率计算的利息；二、驳回保险公司的其他诉讼请求。

宣判后，保险公司和货代公司提出上诉。山东省高级人民法院于 2022 年 10 月 9 日作出（2022）鲁民终 1843 号民事判决书，驳回上诉，维持原判。

裁判要旨：

（1）保险人向被保险人支付保险赔偿款后以多式联运经营人与某一运输区段承运人为共同被告提起代位求偿诉讼，保险人的权利义务应当根据被保险人在多式联运合同中的权利义务范围予以确定。

（2）根据最密切联系原则确定多式联运合同适用中华人民共和国法律，且不能确定货损发生的具体运输区段的，多式联运经营人应依照《中华人民共和国海商法》第四章中关于承运人赔偿责任和责任限额的规定负赔偿责任。多式联运经营人已知晓货物性质与价值时，货损赔偿数额不应根据承运人的赔偿限额予以确定。

（3）根据最密切联系原则确定多式联运合同适用中华人民共和国法律，货损发生在外国某一运输区段的，有关多式联运合同诉讼时效的认定仍应当适用中华人民共和国相关法律规定。货损发生的运输区段不能确定的，诉讼时效不应适用海商法中关于海上货物运输赔偿的时效，而应适用三年普通诉讼时效的规定。

2）仓储保管合同纠纷。仓储保管合同纠纷常发于货物的入库、保管、出库等环节，以及货物的数量、质量、保管费用等争议，属于物流企业运营过程中的常见纠纷。在企业与客户签订仓储保管合同，约定客户将货物存放在物流企业仓库的情况下，若物流企业未按照合同约定妥善保管货物，导致货物损坏或丢失，或者未按照客户要求及时出库，导致客户损失，客户很可能因此提起诉讼，要求企业赔偿损失。

胡某诉仝某仓储合同纠纷案

基本案情：

2019年8月18日，原告胡某与被告仝某签订《大蒜冷库储存合同》，约定原告将177.504吨（4128袋）大蒜储存在仝某经营的冷库内，合同有效期截至2020年4月1日。后双方约定续库至2020年5月1日，被告仝某在上述储存合同第一页空白部分备注“续库到5月1日（1个月）续库期间，质量尽量保存（不保证质量）”。2020年3月23日，原告购买了李某储存在该冷库内的大蒜787袋，继续储存在该冷库内，被告肖某、赵某作为库主向原告出具证明。原告大蒜实际出库时间为2020年6月6日、7日，并在2020年6月7日将欠被告的冷库费结清。移库过程中，原告储存在被告冷库中的部分大蒜出现发霉、发芽等问题，原告便将4915袋大蒜中的4570袋移库至其他冷库继续储存，剩下的345袋中的124袋由被告低价处理，其余221袋已完全腐烂变质。2020年6月21日至24日期间，原告将转移至其他冷库的4570袋大蒜出库售卖。后胡某起诉要求依法判令被告赔偿原告损失1256040元。

裁判结果：

金乡县人民法院经审理认为：原被告于2019年8月18日签订的《大

蒜冷库储存合同》系双方真实意思表示，不违反法律规定，双方均应严格履行合同义务。上述合同约定大蒜储存期限是2019年8月18日至2020年4月1日，后原告又购买其他人的大蒜继续储存。对于续库，明确约定了续库时间、冷库费价格、质量尽量保存（不保证质量）。根据原告陈述及其提交的证据无法证实原告所储存的大蒜是在约定的大蒜储存截止时间即2020年4月1日前出现的质量问题，还是在续库期间出现的质量问题，故原告胡某应承担举证不能的法律责任。因此原告胡某要求被告赔偿原告大蒜损失的诉讼请求，本院不予支持。

宣判后，胡某提出上诉。济宁市中级人民法院认为一审法院判决驳回诉讼请求并无不当，因此判决驳回上诉，维持原判。

裁判要旨：

本案主要涉及仓储物超期存储，出库时发现仓储物损坏责任的认定的问题。

一旦超期存储，存货人在仓储期限届满后提取仓储物时发现仓储物损坏，往往会与保管人发生纠纷，存货人会要求保管人赔偿损失。《中华人民共和国民法典》第九百一十七条规定："储存期内，因保管不善造成仓储物毁损、灭失的，保管人应当承担赔偿责任。因仓储物本身的自然性质、包装不符合约定或者超过有效储存期造成仓储物变质、损坏的，保管人不承担赔偿责任。"根据《最高人民法院关于适用〈中华人民共和国民事诉讼法〉的解释》第九十条的规定，此时存货人应举证证明仓储物系在仓储期间损坏、该损坏系保管人过错造成，还应举证证明自己损失的具体数额。只有举证证明以上要素，法院才能依法支持存货人的诉求。本案亦是如此分配举证责任。

3）物流服务损害赔偿纠纷。物流服务损害赔偿纠纷是指物流企业在提供物流服务过程中，因过失或疏忽导致客户货物损坏、丢失或延误等损失，从而引发的法律纠纷。这类纠纷通常为物流企业过错所引发，因此在双方解决纠纷过程中，重点在于确定物流企业的过错程度、损失范围和赔偿责任。

张某诉北京申通快递服务有限公司等公路货物运输合同纠纷案

——平台派单模式中物流公司赔偿责任认定

基本案情：

原告张某网购翡翠原石后退货，北京申通快递服务有限公司（以下简称申通公司）于运输时致使翡翠原石破损。申通公司拒绝返还原石并声称已丢失，原告与申通公司就理赔问题多次协商无果，遂将申通公司和菜鸟公司等诉至法院。

裁判结果：

法院判决认为，菜鸟公司为原告运输货物匹配了被告申通公司为快递公司，已经完成了合同义务；申通公司为原告寄送货物，双方之间成立货物运输合同关系，物流服务商与消费者所签服务协议所约定的赔付标准等内容，对物流公司具有约束力，原告因货物运输产生的相应损失应由被告申通公司承担赔偿责任，即赔偿货物运输损失27000元并支付逾期利息。

裁判要旨：

消费者与物流服务商签订服务协议，物流服务商为消费者匹配物流公司，物流服务商即完成了合同义务。物流服务商匹配的物流公司与消费者之间成立货物运输合同关系，因货物运输产生的相应损失应由物流公司承担赔偿责任。因物流公司系物流服务商匹配，作为物流服务商的合作方，物流服务商与消费者所签服务协议所约定的赔付标准等内容，对物流公司具有约束力。

2. 诉讼案件的基本流程

由于物流企业面临的诉讼风险复杂且高发，在准确识别风险之外，还应当全面了解并熟悉诉讼案件的基本流程，以便企业正确、高效地应对诉讼、定分止争。

笔者将在全面梳理我国现行有效的相关法律规范的基础上（包括

《中华人民共和国民事诉讼法》（2023年修正）（以下简称《民诉法》）、《最高人民法院关于适用〈中华人民共和国民事诉讼法〉的解释》（2022年3月22日修正）（以下简称《民诉法解释》）及《最高人民法院关于民事诉讼证据的若干规定》（2019年修正）（以下简称《证据规定》）等）对诉讼案件的基本流程进行详细介绍。

（1）案件受理与立案。

1）起诉条件与材料准备。根据《民诉法》第一百二十二条，起诉必须符合下列条件：

第一，原告是与本案有直接利害关系的公民、法人和其他组织。

第二，有明确的被告。

第三，有具体的诉讼请求和事实、理由。

第四，属于人民法院受理民事诉讼的范围和受诉人民法院管辖。

在准备起诉材料时，原告需提交起诉状，并按照被告人数提出副本。起诉状应记明下列事项：原告的姓名、性别、年龄、民族、职业、工作单位、住所、联系方式，法人或者其他组织的名称、住所和法定代表人或者主要负责人的姓名、职务、联系方式；被告的姓名、性别、工作单位、住所等信息，法人或者其他组织的名称、住所等信息；诉讼请求和所根据的事实与理由；证据和证据来源，证人姓名和住所。

确认起诉材料准确无误后，原告应当向法院立案庭提交起诉状等立案材料。根据《民诉法解释》第二百零八条，人民法院接到当事人提交的民事起诉状时，对符合《民诉法》第一百二十二条规定，且不属于《民诉法》第一百二十七条规定情形的，应当登记立案；对当场不能判定是否符合起诉条件的，应当接收起诉材料，并出具注明收到日期的书面凭证。需要补充必要相关材料的，人民法院应当及时告知当事人。在补齐相关材料后，应当在七日内决定是否立案。

2）立案程序与时效。立案程序主要包括提交起诉材料、法院审查、决定是否立案、通知当事人等环节。根据《民诉法》第一百二十六条，人民法院应当保障当事人依照法律规定享有的起诉权利。对符合《民诉法》第一百二十二条的起诉，必须受理。符合起诉条件的，应当在七日内立案，并通知当事人；不符合起诉条件的，应当在七日内作出裁定书，不予受理；原告对裁定不服的，可以提起上诉。

根据《民诉法》第一百八十八条，向人民法院请求保护民事权利的诉讼时效期为三年。法律另有规定的，依照其规定。诉讼时效是指权利人在一定期间内不行使权利，即在某种程度上丧失请求利益的制度。“法律不保护躺在权利上睡觉的人”，设立诉讼时效制度的主要目的是督促权利人及时行使权利，促进法律关系安定，稳定法律秩序。

诉讼时效期间自权利人知道或者应当知道权利受到损害以及义务人之日起计算，法律另有规定的，依照其规定。但是，自权利受到损害之日起超过二十年的，人民法院不予保护，有特殊情况的，人民法院可以根据权利人的申请决定是否延长。

什么是诉讼时效？

2021 年 7 月 1 日，小 A 作为一名物流企业法定代表人，与小 B 签订了《货物运输合同》，双方约定小 A 将一批汽车零部件运输至指定地点，小 B 验收无误后次日支付运输款。

2021 年 7 月 10 日，小 A 按照合同约定履行完全部义务，在指定地点将货物交付至小 B 后，小 B 却迟迟未支付运输款。但由于小 A 业务繁忙，将此事抛之脑后。

2024 年 12 月 1 日，小 A 才记起小 B 尚有一笔运输款未支付，并且 3 年内从未催告小 B 支付运输款。小 A 忙将小 B 告上法庭，然而在法庭上，小 B 以“该请求已过诉讼时效”为理由抗辩，最终小 A 因此败诉，损失巨大。

（2）庭前准备与调解。

1）证据收集与整理。根据《证据规定》，当事人应当提供证据证明其主张的事实以及反驳对方主张的事实。当事人可以通过查阅、复制、摘抄等方式获取与案件有关的证据材料，也可以申请人民法院调查收集证据。

当事人应当按照法院的要求，将证据进行分类、编号，并制作证据清单，证据清单应载明证据的名称、来源、证明对象和内容等，以便法官更加直观、清晰地判定案件基本事实。

2）调解程序。根据《民诉法》第九十七条，人民法院审理民事案件，应当根据当事人自愿的原则，在事实清楚的基础上，分清是非，进行调解。调解达成协议，必须双方自愿，不得强迫，调解协议的内容不得违反法律规定。

若当事人有意愿调解，法院可以在庭前会议阶段组织双方当事人进行调解，调解程序主要包括选定调解员、提出调解方案、双方当事人协商、达成调解协议等环节。

如果调解成功，双方当事人可以签订调解协议，并由法院制作调解书，调解书经双方当事人签收后，即具有法律效力。当事人若在开庭前就通过调解纠纷解决达成共识，就可以避免因诉讼程序而过度耗费人力、物力、财力，调解是一种经济的争议解决方式。

（3）庭审程序。

1）开庭通知与出庭准备。根据《民诉法》第一百三十六条，人民法院审理民事案件，应当在开庭三日前通知当事人和其他诉讼参与人。公开审理的，应当公告当事人姓名、案由和开庭的时间、地点。

出庭前，当事人应当熟悉起诉状、答辩状等法律文书的内容，了解案件的基本事实和争议焦点，准备好相关的证据材料，以便在庭审中顺畅地举证和质证。

2）法庭调查。法庭调查是庭审程序中的重要环节，由当事人陈述、举证质证等事项组成。根据《民诉法》第一百四十一条，法庭调查按照下列顺序进行：

第一，当事人陈述。

第二，告知证人的权利义务，证人作证，宣读未到庭的证人证言。

第三，出示书证、物证、视听资料和电子数据。

第四，宣读鉴定意见。

第五，宣读勘验笔录。

在举证质证环节，当事人应当按照法院的要求，逐一出示证据并进行说明。对方当事人有权对证据进行质证，并提出异议或反驳意见。

3）法庭辩论。法庭辩论是双方当事人及诉讼代理人围绕案件的争议焦点进行辩论的重要环节。根据《民诉法》第一百四十四条，法庭辩论按照下列顺序进行：

第一，原告及其诉讼代理人发言。

第二，被告及其诉讼代理人答辩。

第三，第三人及其诉讼代理人发言或者答辩。

第四，互相辩论。

法庭辩论终结前，由审判长按照原告、被告、第三人的先后顺序征询各方最后意见。

4）法庭调解与判决。在庭审过程中，如果双方当事人愿意进行调解，法院可以组织调解。调解不成或者调解书送达前一方反悔的，法院应当及时判决。

判决是庭审程序的最终结果。根据《民诉法》第一百五十六条，人民法院审理案件，其中一部分事实已经清楚，可以就该部分先行判决。法院应当根据查明的事实和法律规定，依法作出判决。判决书应当写明判决结果和作出该判决的理由。判决书内容包括以下内容：

第一，案由、诉讼请求、争议的事实和理由。

第二，判决认定的事实和理由、适用的法律和理由。

第三，判决结果和诉讼费用的负担。

第四，上诉期间和上诉的法院。

判决书由审判人员、书记员署名，加盖人民法院印章。

（4）判决与执行。

1）上诉期限。当事人收到判决书后，应当认真阅读并理解判决书的内容。如果对判决结果不服，可以在判决书送达之日起十五日内向上一级人民法院提起上诉。根据《民诉法》第一百七十一条，当事人不服地方人民法院第一审判决的，有权在判决书送达之日起十五日内向上一级人民法院提起上诉。

当事人应当重点关注判决结果、判决理由和法律依据等内容，如果认为判决存在错误或不当之处，可以依法提起上诉。

2）判决执行。如果判决生效且当事人未履行判决义务，对方当事人可以向法院申请强制执行。根据《民诉法》第二百四十三条，发生法律效力的民事判决、裁定，当事人必须履行。一方拒绝履行的，对方当事人可以向人民法院申请执行，也可以由审判员移送执行员执行。

执行程序主要包括申请执行、法院审查、发出执行通知、采取执行措施等。在执行过程中，法院可以采取查封、扣押、冻结、划拨等多种强制措施来保障判决的顺利执行。如果被执行人拒不履行判决义务，法院还可以据情节轻重依法追究其刑事责任。

诉讼是一个复杂而严谨的过程，不仅需要当事人关注支持己方诉讼请求的法律依据，更需要当事人注重诉讼过程中的各种程序要求。通过仔细研究这一节对诉讼基本内容以及诉讼流程的梳理与介绍，物流企业能够加强抗诉讼风险能力及诉讼应对能力，在未来的争议解决过程中更加游刃有余。

（二）证据规则

1. 证据的基本概念与种类

（1）证据的定义与重要性。证据是诉讼过程中用以证明案件事实的材料或信息，是法院裁判案件的基础和依据。简单来说，证据就像是诉讼中的“基石”，没有证据，法院就无法对案件进行公正裁判。《民事诉讼法》第六十六条规定：“当事人对自己提出的主张，有责任提供证据。”这意味着，如果企业想要在诉讼中获胜，就必须提供充分的证据来支持自己的主张。

（2）证据的种类与分类。根据《证据规定》及相关法律法规，证据可以分为以下几类：

1）书证。书证是以文字、符号、图形等形式记录下来的证据，具有直观、易于保存和查证的特点。合同、发票、账本等都属于书证，它们能够清晰地反映当事人的约定及交易情况，对于证明案件事实具有重要作用。

2）物证。物证则是通过其外部特征、物质属性、存在状况等来证明案件事实的证据。如损坏的货物、事故现场遗留的物品等。物证往往具有直观性和客观性，能够直接反映案件的真实情况，但是往往无法通过单一的物证判断整个案件事实，需要与其他证据相互印证。

3）证人证言。证人证言是指证人就其所了解的案件事实向法院所作的陈述。证人证言的可靠性取决于证人的感知能力、记忆能力和表达能力，以及证人与案件当事人的关系等因素。因此，在收集证人证言时，应当注意选择具有可靠性的证人，并尽可能获取其书面证言或录音录像等形式的证据，避免因证人陈述的反复无常而导致证言证明力下降。

4）当事人陈述。当事人陈述是指当事人就案件事实向法院所作的陈述。相比于证人证言，当事人陈述存在更加强烈的主观性，但由于当事人是完整经历了整个案件的人，所以在了解案件事实上，当事人陈述仍然发挥着不可替代的作用。

5）视听资料。视听资料是指以录音、录像等方式记录的声音、图像等信息来证明案件事实的证据。视听资料具有直观、生动、易于理解的特点，能够直观地反映案件现场的情况和当事人的言行举止。在收集视听资料时，应当尽可能收集第一手资料，以减小视听资料被篡改的风险，从而保障证据的证明力。

6）电子数据。电子数据是指以电子形式存储、传输、处理的能够证明案件事实的材料。随着信息技术的不断发展，电子数据在诉讼中的应用越来越广泛，电子邮件、聊天记录、电子交易记录等都属于电子数据。由于电子数据的存储介质是网络，存在较大被篡改、删除的风险，所以对电子数据也应当尽可能收集最原始版本。

7）鉴定意见。鉴定意见是指具有专门知识的人就案件中某些专门性问题进行鉴定后出具的结论性意见。鉴定意见具有专业性和权威性，对于解决案件中的专门性问题具有重要作用，在货物质量纠纷中，企业就可以委托专业机构对货物质量进行鉴定并出具鉴定意见。虽然鉴定意见是由领域内的专家出具，有一定的权威性，但鉴定意见往往只能就某一单独事实作出鉴定，并且鉴定意见同样需要经过质证。

8）勘验笔录。勘验笔录是指法院或当事人对案件现场进行勘验时制作的记录。勘验笔录作为短时间内对案件现场的客观记录，能够较为准确地反映案件现场的情况和勘验过程，对于证明案件事实具有重要作用。在勘验过程中需要注意保护现场的原始状态和完整性，减少人为介入因素对证据证明力的影响，并尽可能获取现场照片、录像等形式的证据。

2. 证据的收集与保全

（1）证据收集的原则与方法。证据收集应遵循合法、客观、全面的原则。证据的收集必须遵守法律规定，不得侵犯他人合法权益；必须真实反映案件事实，不得伪造、篡改；必须全面收集与案件有关的证据，避免遗漏。

证据收集的方法包括自行收集、申请法院调查收集、委托律师调查收集等。在自行收集证据时，企业应当尽可能全面收集，并注意保护证据的完整性和真实性，避免证据被污染或损坏。若因客观原因不便自行收集或是自行收集存在困难，企业还可以在举证期限届满前向法院书面申请调查收集证据，申请法院调查收集证据需向法院提供充分的线索和依据，以提高证据收集的效率与质量。除此之外，企业还可以委托律师调查收集证据，在选择律师的过程中应当综合考察律师的专业素养和执业经验，尽量选择在物流领域经验丰富的律师，并在委托协议中明确双方的权利和义务及违约责任。

（2）证据的保全措施。证据保全是指在证据可能灭失或以后难以取得的情况下，法院根据当事人的申请或依职权，采取一定措施将证据加以固定和保护的制度。证据保全的目的是保护证据的完整性和真实性，防止证据被销毁或损坏。

1）诉前证据保全。诉前证据保全是指在提起诉讼之前，利害关系人因情况紧急而向法院申请对证据进行保全的制度。根据《民事诉讼法》第八十四条的规定，利害关系人可以向被保全财产所在地、被申请人住所地或者对案件有管辖权的人民法院申请采取保全措施。诉前证据保全的申请条件较为严格，需要申请人提供充分的证据和理由证明有关证据存在灭失或以后难以取得的风险。

2）诉中证据保全。顾名思义，诉中证据保全则是指在诉讼过程中，当事人向法院申请对证据进行保全的制度。与诉前证据保全相比，诉中证据保全的申请条件相对宽松一些。当事人可以根据案件的具体情况和需要向法院申请对证据进行保全，法院会根据证据的性质、重要性及可能灭失或以后难以取得的程度等因素进行综合考虑并作出是否保全的决定。

（3）证据收集中的法律风险与防范。在证据收集过程中，为有效防范可能存在的侵犯他人合法权利、侵犯商业秘密等风险，企业应当注意以下几点：

第一，严格遵守法律规定。在收集证据时，企业必须严格遵守法律规定，采取合法合规的措施收集证据，不得采取窃拍窃录、陷阱取证等非法手段获取证据，否则不仅可能导致证据无效，企业还可能需要承担法律责任。

第二，尊重他人合法权益。企业应当避免在证据收集过程中侵犯他人的隐私权、商业秘密等。采用非法的设备并且证据内容侵犯他人隐私时，该证据则将被依法认定为无效证据。如果必须收集涉及他人合法权益的证据，应当事先征得对方同意或依法取得相关授权。

第三，重视证据储存。在完成相关证据收集后，企业应当加强证据的管理和保存工作，避免证据被污染或损坏。

3. 证据的审查与判断

（1）证据的关联性、合法性与真实性。在诉讼中，证据的审查与判断至关重要，它决定了哪些证据能够成为法院认定案件事实的依据，其中必须严格审查的三个要素就是证据的关联性、合法性与真实性。

1）关联性。证据必须与案件事实具有客观联系，能够对案件事实起到证明作用。根据《最高人民法院关于民事诉讼证据的若干规定》（2019年修正）（以下简称《证据规定》（2019年修正）），只有与案件事实相关的证据才具有证明价值，那些与案件无关的信息将被排除在外。在收集证据时，企业必须仔细甄别，确保所收集的证据与案件事实存在直接或间接的联系，能够支持或反驳诉讼主张。关联性是一条纽带，将证据与案件事实紧密地联系在一起，成为证明案件事实的关键。

2）合法性。合法性是证据的生命线，证据的收集、提供和审查必须符合法律规定的程序和方式，这是证据被采纳的前提。《民事诉讼法》明确规定，通过非法手段获取的证据不得作为认定案件事实的根据。为避免收集到的证据具有合法性瑕疵，企业在收集过程中应避免采取侵犯他人合法权益、违反法定程序等非法手段，否则证据将面临被排除的风险，甚至可能因此败诉。

3）真实性。证据必须真实可靠，能够客观地反映案件事实。真实性是证据的核心价值所在，只有真实可靠的证据才能成为法院认定案件事实的依据，法院在审查证据时，会综合考虑证据的来源、形成过程、内容等因素，判断其是否真实可信。根据《最高人民法院关于适用〈中华人民共和国民事诉讼法〉的解释》，对于存在疑点的证据，法院可以要求当事人提供其他证据进行印证或说明。

（2）证据的证明力评估。证明力是指证据对案件事实的证明作用的大小和强弱。不同种类、不同来源、不同内容的证据往往具有不同程度的证明力，法院在对证据进行审查时，会考虑多重因素，综合评判某项证据的证明力。

书证和物证由于其直观性和客观性，通常具有较强的证明力，而证人证言和当事人陈述则可能受到主观因素的影响，其证明力相对较弱。企业在收集证据时，可以优先考虑收集那些客观性强、能最大限度反映真实案件事实的书证、物证等证据。

证据的来源越可靠，其证明力通常越强。由官方机构出具的证明文件通常比个人出具的证明文件具有更强的证明力，这是因为官方机构在出具证明文件时，会经过严格的审核和审查，其真实性和权威性都能够得到保障。

证据的内容越清晰、具体、完整，其证明力通常越强。模糊、笼统、残缺的证据由于不能完整证明待证事实，还容易影响法院对案件的判断，往往难以被其采纳。在向法院提供证据时，企业应尽量保证证据的清晰、具体、完整，以增强证据的证明力，帮助法官尽快辨明案件事实。

（3）证据间的矛盾与排除。在诉讼中，可能会出现多个证据相互矛盾的情况。此时，法院需要综合考虑各证据之间的关联性和可信度，排除矛盾或存疑的证据，以形成完整的证据链。

1）矛盾证据。矛盾证据是指在一个案件或者论证过程中，存在两个或多个证据之间相互冲突、不能同时成立的情况。这些证据就像是往不同方向拉扯的力量，让事实的认定变得更加复杂。例如，在盗窃案中，A证人说看到嫌疑人在案发时间进入了被盗房间，并且手里拿着一个类似被盗物品的袋子离开。但是另一个监控视频显示，嫌疑人在同一时间出现在了距离案发现场很远的另一个地方。这两个证据就是矛盾证据，它们对嫌疑人是否在案发现场这个关键事实给出了完全相反的描述。

矛盾证据使案件的真相变得模糊不清，给调查人员或者法官带来很大的困扰。因此，法官往往会根据证据的来源、取证方式、证明力大小等因素来决定矛盾证据的取舍。

2）存疑证据。存疑证据是指那些证据的真实性、关联性或者合法性存在疑问的证据。不像矛盾证据那样与其他证据直接冲突，存疑证据自身就具有不确定的因素。如果当事人不能对存疑证据进行合理的解释或者用其他证据补强，在判定案件事实时相关证据的作用可能会被削弱甚至不被采纳。

4. 特殊证据规则

（1）举证责任分配原则。举证责任是指当事人在诉讼中对自己提出的主张有责任提供证据加以证明的责任。举证责任的分配原则决定了当事人在诉讼中承担举证责任的方式和范围。

1）一般举证责任分配。根据《民事诉讼法》的规定，一般举证责任分配原则为“谁主张，谁举证”。也就是说，当事人在诉讼中对自己提出的主张有责任提供证据加以证明。如果当事人无法提供证据支持自己的主张，那么该主张可能不会被法院所采纳。

2）举证责任倒置。在某些特殊情况下，法律可能会规定举证责任倒置，即由对方当事人承担举证责任，这通常发生在环境污染、产品责任等特殊类型的案件中。在环境污染侵权诉讼中，原告只需证明存在污染行为和自己受到损害的事实，而由被告举证证明污染行为与损害结果之间不存在因果关系。这是因为污染侵权的因果关系往往涉及复杂的科学技术知识，污染者更有能力获取和掌握相关证据。

也就是说，在这些案件中，加害者往往具有优势地位，受害者因为举证能力限制或证据距离等问题，没有渠道获取足够的证据来支持自己的主张，法律也就因此规定在这种情况下由加害方承担举证责任，充分体现了法律对弱势群体的保护和公平正义的追求，要求加害方在诉讼中承担更多的举证责任，以减轻受害者的举证负担，确保诉讼程序和诉讼结果的公正性。

（2）证据排除规则。证据排除规则是指在诉讼中，某些证据因不符合法律规定或存在瑕疵而被排除在认定案件事实的依据之外的规则。

1）非法证据排除。根据《民事诉讼法》及《民诉法解释》，通过非法手段获取的证据不得作为认定案件事实的根据。非法证据排除规则是指对于那些通过违反法律禁止性规定或者侵犯他人合法权益的方法取得的证据，不能在民事诉讼程序中作为认定案件事实的依据而应当予以排除。从本质上来说，它是一种对证据资格的限制。就好像在一场比赛中，运动员必须遵守比赛规则才能获得有效成绩，证据在诉讼这个“比赛”中也必须是通过合法途径获得的，否则就失去了“参赛资格”。

非法证据包括违反法律禁止性规定获取的证据及侵犯他人合法权益获取的证据，前者是指收集证据的方式直接违反了法律的禁止性规定，包括窃听他人谈话等；后者是指证据的收集侵犯了他人的合法权益，采用威胁、利诱、欺骗等不正当手段，使他人在违背真实意愿的情况下提供证据就属于侵犯他人合法权益而获得的证据，应当予以排除。

2）瑕疵证据补正。对于存在瑕疵的证据，如果能够通过补正或合理解释消除瑕疵，那么该证据仍然有可能被法院采纳。根据相关法律规定，当事人在提供证据时应当注意证据的完整性和真实性，避免出现瑕疵。如果已经出现瑕疵，应当尽快采取措施进行补正或解释。瑕疵证据补正规则允许当事人在出现瑕疵后采取措施进行补救，以确保证据的有效性和诉讼的顺利进行。另外，瑕疵的补正或解释必须合理且充分，否则法院仍然可能将其排除在认定案件事实的依据之外。

（3）电子数据的特殊规则。随着信息技术的不断发展，电子数据在诉讼中的应用越来越广泛。为了规范电子数据的收集、存储和认定，法律对电子数据制定了特殊规则。

1）电子数据的收集与存储。根据《证据规定》（2019 年修正）的相关规定，电子数据的收集与存储应当符合法律规定的程序和方式。当事人应当确保电子数据的完整性、真实性和可追溯性，避免出现篡改、删除或丢失等情况。在收集电子数据时，可以采取截图、录屏、打印等方式进行固定和保存。

2）电子数据的真实性认定。电子数据的真实性认定是确保诉讼结果公正性的关键环节。在认定电子数据的真实性时，法院会综合考虑电子数据的来源、形成过程、存储方式等因素。如果电子数据存在被篡改、删除或伪造等嫌疑，法院可能会要求当事人提供其他证据进行印证或说明。在特殊情况下，法院也可能会委托专业机构对电子数据进行鉴定或检验，以确定其真实性。

二、合同管理风险与应对

（一）合同的订立

合同订立是企业日常运营中不可或缺的一环，它不仅是双方权利义务的法律依据，更是保障交易安全、维护市场秩序的重要工具。交易双方订立合同时，企业需从多个角度进行审慎审查，以确保合同的合法性、有效性和可执行性。

1. 要约与承诺的法律效力

要约与承诺是合同成立的基本要素，其法律效力直接关系到合同的成立和生效。

（1）要约。《民法典》第四百七十二条对要约的定义及法律效力作出了解释，要约是希望与他人订立合同的意思表示。简单来说，就是一个人向另一个人明确地表达出想要订立合同的意愿。例如，甲对乙说："我想以1000元的价格把我的手机卖给你。"这就是一个要约，甲通过这个表述表明了自己希望和乙达成一个手机买卖合同的意图。

要约应内容具体确定，并表明经受要约人承诺，要约人即受该意思表示约束。还是以手机买卖合同为例，要约中通常要包含商品的名称（手机）、价格（1000元）、数量（一部）等基本信息。如果只是说"我可能会卖手机给你，价格大概是1000元"，这样的表述因为内容不具体确定，就不符合要约的要求。甲发出要约后，如果乙表示接受这个价格，甲就不能反悔，必须按照自己提出的条件（1000元卖一部手机）和乙订立合同。

要约自到达受要约人时生效，要约人不得擅自撤回或变更要约。

（2）承诺。根据《民法典》第四百七十九条的规定，承诺是受要约人同意要约的意思表示。当一方（要约人）发出要约后，另一方（受要约人）对要约表示完全接受，这个接受的意思表示就是承诺。承诺通知到达要约人时生效。

承诺的内容应当和要约的内容完全一致，不能对要约的主要条款进行实质性的变更。如果受要约人对要约的内容进行了实质性的变更，比如在前面手机买卖的例子中，乙回复甲说“我同意购买，但价格我只愿意出800元”，这种情况下乙的回复就不是承诺，而是一个新的要约。

（3）要约与承诺的撤回与撤销。根据《民法典》的相关规定，要约可以撤回，但撤回要约的通知应当在要约到达受要约人之前或者同时到达受要约人。要约可以撤销，但撤销要约的通知应当在受要约人发出承诺通知之前到达受要约人。甲向乙发出购买某商品的要约，乙回复承诺后，在承诺通知尚未到达甲之前，乙发现商品有质量问题，于是及时通知甲撤回承诺，若该撤回通知先于或与承诺通知同时到达甲，则承诺被撤回，合同不成立；反之则承诺撤回失败，要约成立。

同时，有下列情形之一的，要约不得撤销：①要约人确定了承诺期限或者以其他方式明示要约不可撤销；②受要约人有理由认为要约是不可撤销的，并已经为履行合同做了准备工作。

2. 合同双方主体资格审查

合同主体是合同权利义务的承担者，其资格是否合法直接关系到合同的效力。因此，在合同订立前，务必对合同双方的主体资格进行审查。

（1）自然人主体。对于自然人，主要审查其是否具有完全民事行为能力。根据《民法典》第十八条，成年人为完全民事行为能力人，可以独立实施民事法律行为。若自然人为未成年人或精神病人等无民事行为能力或限制民事行为能力人，则需由其法定代理人代为签订合同。

（2）法人主体。《民法典》第七十六条规定：“以取得利润并分配给股东等出资人为目的成立的法人，为营利法人。营利法人包括有限责任公司、股份有限公司和其他企业法人等。”

与自然人不同，当企业与法人签订合同时则主要审查其是否依法成立并有效存续，是否具有签订合同的资格。企业在订立合同时应当将审查重点放在营业执照、税务登记证、组织机构代码证及特定行业所需的资质证书上。

（3）非法人组织。对于包含合伙企业、个人独资企业等在内的非法人组织，同样需通过审查其证照来核对其是否依法成立并有效存续，以确认其是否具有签订合同的资格。

（4）代理权审查。《民法典》第一百六十二条规定："代理人在代理权限内，以被代理人名义实施的民事法律行为，对被代理人发生效力。"

若合同由代理人代签，则需通过审查代理授权书，确认该代理人是否具有代理权限，是否超出代理期限，以及代理权限是否已终止。

3. 合同条款明确

合同条款明确，是指合同条款应当清晰、具体、无歧义，能够准确反映合同双方的真实意愿和交易内容。明确的合同条款有助于减少合同履行过程中的争议，提高合同履行的效率，降低交易成本，维护市场秩序。明确的合同条款也是合同具有法律约束力的基础，是合同双方依法行使权利、履行义务的依据。

（1）基本条款。《民法典》第四百七十条规定，合同一般包括当事人的姓名或名称和住所、标的、数量、质量、价款或报酬、履行期限、履行地点和方式、违约责任和解决争议方法等条款。这些条款作为基本要素，共同搭建起了一份完整的合同框架，在磋商合同条款以及签订合同时必须对其进行谨慎考虑、明确约定。

（2）交易内容。标的是合同双方当事人权利义务所指向的对象，也称为合同法律关系的客体。标的直接决定合同的性质和权利义务的内容，是合同首要的、绝对不可缺少的条款。其他条款都是对标的的质或量等问题所作的说明或限定，没有标的这一条款，就不会有其他条款，也不会有合同的存在。标的是合同成立的必要条件，没有标的，合同不能成立，合同关系无法建立。

所以合同应当明确交易的具体内容，包括标的物的名称、规格、型号、数量、质量等。对于复杂交易，还需明确交易的具体流程、技术要求等，确保合同双方对交易内容有清晰的认识，避免在合同履行过程中产生歧义。

（3）履行方式和期限。履行方式，是指合同义务人履行其义务的方式。履行合同义务的方式，根据不同的标准，可以划分为不同的方式。按履行合同义务的性质，可分为转换财产方式、提供劳务方式和完成一定工作的方式；按履行合同义务的期次，可分为一次履行方式和分期分批履行方式；按标的的交付方式，可分为送货方式、自提方式和代办托运方式；按运输工具的不同，运输合同的履行方式可分为公路运输、铁路运输、轮船运输、飞机运输及联合运输等多种履行方式；合同涉及价金结算的，结算方式可分为现金结算和转账结算，其中，转账结算又分为异地转账结算和同城转账结算，前者又可细分为托收承付、信用证、汇兑结算、委托收款四种方式，后者又可细分为托收承付、托收无承付、支票结算、委托银行付款、限额支票等方式。上述合同的履行方式主要是由合同的内容决定的。但是，转换财产方式、提供劳务方式和完成一定工作的方式，是由合同的性质决定的，当事人在合同中不能自由约定。

不同的合同对履行的期限有不同的要求，因而履行期限有不同的具体含义。如买卖合同出卖人的履行期限是指交货日期；承揽合同中承揽人的履行期限是指工作开始和完成的起止日期；而运输合同中承运方的履行期限是装货日期或交货日期。因此，在合同中应当明确规定所有日期的具体含义。

（4）违约责任。违约责任有支付违约金、赔偿金等形式。一般情况下当事人可以自由约定违约金。违约金又分为法定违约金和约定违约金两种，某些合同，法律规定违约方必须支付违约金，并且规定固定比例或浮动比例的违约金，当事人只能在法定的幅度内规定违约金的具体数目或计算方法。约定违约金是在法律、法规中没有规定，而是由合同双方当事人在合同中自由协商约定的违约金。

（5）争议解决。合同应明确争议解决的方式和程序，包括诉讼、仲裁等。在约定争议解决条款时首先应当明确采取仲裁还是诉讼的方式来解决纠纷，避免“或裁或审”条款的出现。若选择诉讼方式，还应当注意《民事诉讼法》及相关司法解释中关于管辖的规定，不得对级别管辖做出约定。约定管辖法院时尽量不要同时约定多个管辖法院，因为此时各方可能分别向不同法院起诉，增加诉讼成本。

在争议解决条款的用语上，避免使用“可以向××所在地法院提起诉讼”的表述，应表述为“应当向××所在地法院提起诉讼”。因为合同中

“可以”这一表述有表意不清之嫌，为避免不必要的争议，建议将诉讼管辖条款中的“可以”改为“应当”。

（二）常用合同类型

1. 运输合同

运输合同，是指承运人将旅客或者货物从起运地点运输到约定地点，旅客、托运人或者收货人支付票款或者运输费用的合同。该合同明确了双方的权利、义务，以及货物运输的具体细节，为整个运输过程提供了法律保障。在物流行业中，运输合同是物流企业与货主之间合作的基础，其重要性不言而喻。

根据运输方式的不同，运输合同可以分为多种类型，如公路运输合同、铁路运输合同、水路运输合同、航空运输合同以及多式联运合同等。每种类型的运输合同都有其特点和适用场景。例如，公路运输合同通常适用于短途、灵活的货物运输；铁路运输合同则以其大运量、长距离、低成本的优势而广受青睐。

运输合同具有有偿性、双务性、诺成性等特点。这意味着合同一旦成立即生效，双方均需严格遵守合同条款并且互负义务，即托运人按时交付货物并支付运费，承运人则提供运输服务并确保货物安全运输。

（1）运输合同的主要条款。一份完整的运输合同通常包含以下主要条款：

1）双方基本信息。包括双方的名称、地址、联系方式等，以便在合同履行过程中进行沟通和协调。

2）货物描述。详细列出货物的名称、规格、数量、重量、体积、包装方式、特殊要求等信息。

3）起运地与目的地。明确货物的起运地点和最终到达地点，以及可能的中转地点。

4）运输方式与期限。约定货物的运输方式（公路、铁路、水路、航空）和预计的运输时间。

5）运费与支付方式。明确运费的计算方式、金额、支付时间及支付方式（预付、到付、分期支付等）。

6）货物验收与交付。约定货物在起运地、中转地和目的地的验收标准和程序，以及货物的交付方式和时间。

7）保险与赔偿。明确保险责任、赔偿标准和程序等货物风险承担问题，以便在货物出现损坏时及时处理，以降低双方经济损失。

8）违约责任。明确约定双方在违反合同条款时应承担的违约责任。

9）争议解决方式。选择合同争议解决的方式，如协商、调解、仲裁、诉讼。

（2）货运合同的风险及防范。

1）主体资格风险。一些皮包公司可能在签订合约后，因资金链断裂等问题，无法正常履行合同义务，导致货物滞留、无法交付，而此时物流企业追讨损失困难重重。

企业签约前应当严格审查对方资质。要求托运人提供营业执照、法定代表人身份证明、经营许可证等证照原件与复印件，通过国家企业信用信息公示系统等渠道核实信息真实性、有效期及经营状态，评估履约实力，确保合作对象合法合规、具备履约根基。

2）货物信息风险。在合约签订过程中，托运人存在瞒报、错报货物性质、重量、体积、包装状况及特殊运输要求的风险。比如托运人未如实告知货物为易燃易爆危险化学品，以普通货物申报运输，一旦在运输途中引发事故，不仅车辆、货物损毁，企业还可能面临巨额行政处罚与民事赔偿；若货物重量、体积误报，可能导致运输车辆超载被罚、空间利用不合理增加成本，包装不善易使货物在搬运、运输过程中受损，引发货损纠纷。

企业应当提前制定一套通用、详细的货物托运清单模板，要求托运人如实填写货物名称、类别、特性、重量体积、包装形式（材质、防护措施等）及运输中的温湿度、防震等特殊需求，并签字盖章确认。企业还可以安排专门人员现场查验货物，对照清单核对，对疑问点及时沟通澄清，确保全面了解货物信息。

3）运输条款风险。模糊的运输时限、交付时间条款极易引发延迟交货责任争议，碰上不可抗力等特殊情况，对时间顺延界定不清，双方就可能对损失赔偿责任的承担相互推诿。模糊的运费结算条款（如未约定结算周期、支付方式、发票开具要求）可能导致托运人拖延付款、以发票问题克扣运费，影响企业资金周转的问题。

建议在合同中精确界定运输起止时间，考虑装卸货合理时长，结合运输方式（公路、铁路、航空对应不同时效标准）设定正常与最长运输期限，遭遇不可抗力等免责事由时，明确通知义务与时间顺延计算方式。

对于运费结算条款，应当准确约定付款期限、支付途径（银行转账、电子支付等，建议禁止现金支付以留痕）、开票时间节点与违约责任，保障运费按时回款。

4）责任划分风险。货损货差责任界定模糊是货运合同产生纠纷的重灾区。当合同未清晰划分货物在托运人交付、承运人运输、收货人签收各环节的风险转移节点，一旦出现货物损坏、数量短缺，就非常容易产生法律纠纷。

建议企业明确货损货差责任划分，以货物交付承运人时双方共同查验签字确认为起点，运输途中除非证明承运人故意或重大过失，一般遵循合理损耗免责原则，到货验收若发现异常，收货人需在规定时间（如签收前24小时）书面通知承运人并保留证据，依据运输前后货物状态对比、交接单据来厘清责任。此外，还可以通过合理约定免责条款来防范货损风险。

附：货运服务框架合同参考模板

货运服务框架合同

甲方（托运方）

名称：____________

统一社会信用代码：____________

乙方（承运方）

名称：____________

统一社会信用代码：____________

本合同各方经平等自愿协商，根据《中华人民共和国民法典》及相关法规，就甲方委托乙方提供运输服务事宜，签订本合同以共同遵守。

第一部分　专用条款

1　运输需求

1.1　以双方确认的《托运单》为准。

1.2　乙方提供的运输服务包括：

（1）运输方式：

____

（2）运输地域范围：

____

超出上述范围的运输服务需求乙方无法满足的，乙方不承担责任。

2　运输服务费用

2.1　运输服务费用标准

见《运输服务费用标准说明》。

2.2　**双方确认：订单中的单价不得偏离上述运输服务费用标准（单价）；订单中的单价偏离上述运输服务费用标准（单价）的约定无效，仍应按上述价格标准结算。**

2.3　结算付款方式

2.3.1　按月结算支付。

2.3.2　每月10日前结算支付上月已经完成的运输服务的服务费用。

2.3.3　乙方应向甲方提供结算账单（列明服务费用明细）；甲方应于收到后3个工作日内审核，如无异议则视为认可。

2.4　乙方指定收款账号：

户名：______________________________

账号：______________________________

开户行：______________________________

乙方未授权任何员工、第三方收款；付款方未向指定账号付款导致损失的，乙方不承担任何责任。

2.5 发票

本合同中约定的价款或交易金额为含税金额，乙方应向甲方提供正规足额增值税专用发票。发票信息如下：

名称：________________________________

纳税人识别号：________________________________

地址、电话：________________________________

开户行及账号：________________________________

货物或应税劳务名称：________________________________

增值税率：________________________________

3 托运

3.1 甲方通过电话、微信、电子邮箱等方式向乙方提出运输需求。

3.2 乙方根据甲方需求到起运地点装货，将货物运输至甲方指定地点交收货方。

3.3 双方同意以双方和收货方确认的托运单作为委托运输与结算运输服务费用的依据。

4 服务期限

4.1 服务期限：自　　年　　月　　日起（含当日）至　　年　　月　　日（含当日）。

4.2 合同到期前，双方可协商续延本合同。

4.3 服务期限届满后，如双方事实上仍有托运单产生，则仍按本合同约定执行；双方另有约定的除外。

5 赔偿责任限制

双方确认：

5.1 承运方提供了保价运输方式供托运方选择。

5.2 如托运方选择了保价运输方式，则乙方对货物损失赔偿金额不超过保价金额，超过保价金额部分的损失由甲方自行承担。

5.3 如托运方未选择保价运输方式，则乙方对货物损失赔偿金额不超过运输费用的________倍。

5.4 甲方对上述赔偿方式无异议。

5.5 由乙方故意或重大过失造成的货物损失，不受上述限制。

6 特别约定

6.1 如甲方对运输工具、运输人员及其他方面有特殊要求，应在本条明确写出；如无特殊要求，则乙方将按一般货物运输方式进行运输，对不宜采取一般货物运输方式而导致的货物损失及其他损失，乙方不承担责任。

6.2 运输工具要求：

（1）______________________________

（2）______________________________

6.3 其他特殊要求：

（1）______________________________

（2）______________________________

第二部分 通用条款

7 运输费用

7.1 如无特别约定，约定的运输服务费用已包括以下费用项目：

（1）车辆过路、过桥费。

（2）高速公路费。

（3）车辆停车费。

（4）车辆燃料费。

（5）驾驶人员服务费。

7.2 如需甲方补交费用，最晚应在交货后______个工作日内支付；双方另有约定的除外。

8 运输安排

8.1 装货

8.1.1 如无特别约定，装货应由甲方负责。

8.1.2 装货时，双方应配合签署托运单或装货单（以下简称“托运单据”），并以托运单据作为实际托运货物证明。

甲方人员不配合签署托运单据的，乙方有权拒绝运输，且无须承担违约责任。

8.1.3 如无特别约定，乙方无义务提供货物包装，甲方应自行负责提供包装并承担费用。

8.2 保险

如无特别约定，乙方无义务为运输货物购买保险，甲方应自行负责为运输货物购买适当保险。

8.3 交货

8.3.1 如无特别约定，乙方无特别卸货义务，仅负责将货物运送至指定交货地点。

8.3.2 交货时，收货人员应配合签署收货单据，作为收到货物的证明。

收货人员不配合签署托运单据的，乙方有权拒绝交货，且有权以收货人拒绝收货为由要求甲方承担违约责任。

乙方有权要求收货人员提供适当身份证件原件，并留存复印件；如收货人不能提供的，乙方有权拒绝交货。

8.3.3 如无特别约定，收货人员应在收货当时对货物数量与外观进行验收；如存在货物数量与外观瑕疵，应在收货单据上注明以作为凭证。

如无特别约定，收货人员应在收货后______个工作日内对所收到货物进行实质验收，如有异议，应在该期限内通过甲方向乙方提出异议。如未提出异议，则视为对所收到货物无异议。

8.4 除非有相反约定，乙方有权根据需要与其他承运人联合运输、部分转运，但乙方仍应对运输全程承担责任。

9 运输异常

9.1 变更货物送达地点或收货人

乙方将货物交付收货人之前，甲方有权要求乙方中止运输、返还货物、变更到达地或变更收货人，但应支付相应运输服务费用及额外产生的费用。

9.2 运输事故

9.2.1 乙方应保证货物在运输过程中完好无损，对运输过程中的货物毁损、灭失承担赔偿责任。

9.2.2 运输过程中发生货物泄漏、坠落等原因造成环境污染或人员伤亡的，乙方应承担全部责任。

9.3 收货异常

9.3.1 如货物送达后，乙方联系不上收货人，乙方应及时通知甲方，甲方有责任协助乙方及时通知收货人提货。

9.3.2 如因收货人不能及时收货导致需要再次运输的，由此增加的费用由甲方承担。

9.3.3 如因收货人导致货物不能及时取走的，自货物到达次日起，乙方有权收取保管费用。

9.4 甲方及收货人未按约定支付费用、款项的，乙方有权留置货物。

10 保密

10.1 乙方保证对在讨论、签订、履行本合同过程中所获悉的属于甲方及甲方关联方的且无法自公开渠道获取的文件及资料（包括但不限于商业秘密、公司计划、运营活动、财务信息、技术信息、经营信息及其他商业秘密）予以保密。未经甲方同意，乙方不得超出本合同约定的目的和范围使用该商业秘密，不得向任何第三方泄露该商业秘密的全部或部分内容。

上述保密义务，在本合同终止或解除之后仍须履行。

11 反商业贿赂

双方均不得向对方或对方经办人、工作人员或其他相关人员索要、收受、提供、给予合同约定外的任何利益，包括但不限于明扣、暗扣、现金、购物卡、实物、有价证券、旅游或其他非物质性利益等，否则构成重大违约。如该等利益属于行业惯例或通常做法，则须在本合同中明示，否则亦为重大违约。

12 合同的变更和解除

任何一方均不得提前解除本合同，法律另有规定或双方另有约定的除外。

13 双方其他权利义务

13.1 甲方其他权利义务

13.1.1 甲方有权检查乙方运输情况，对不符合约定的事项提出整改意见。

13.1.2 甲方有权检查乙方车辆情况，对安全设施不全或违反装卸车、拉运有关规定的，有权要求整改；乙方拒不整改的，甲方有权终止合同。

13.1.3　货物运输需要办理审批、检验等手续的，甲方应当将办理完的有关手续的文件提交乙方。

13.1.4　甲方托运危险物品的，应提前告知乙方并按国家有关危险物品运输规定对危险物品妥善包装，做出危险物的标志和标签。

13.1.5　按合同约定支付运输费用。

13.2　乙方其他权利义务

13.2.1　运输车辆应证件齐全并符合货运条件。

13.2.2　运输作业人员，应按国家有关法律法规持证上岗。

13.2.3　乙方运输危险品的，必须提供具备危险货物运输经营资质及相关证件。

13.2.4　未经甲方书面同意乙方不得擅自委托第三方进行运输。

13.2.5　乙方在甲方指定地点装运货物的，不应违反甲方有关安全、环保等方面的规章制度，否则，由此造成的损失和责任由乙方承担。

13.2.6　乙方在约定的期限内，将货物运到指定的地点，按时向收货人发出货物到达的通知。

13.2.7　乙方对托运的货物要负责其安全，保证货物无短缺、无损坏、无人为的变质，如有上述问题，应承担赔偿义务。

13.2.8　甲方应按约定向乙方交付相关服务费用。否则，乙方有权停止运输。

13.2.9　因发生自然灾害等不可抗力造成货物无法按期运达目的地时，乙方应将情况及时通知甲方，并取得相关证明，以便甲方与客户协商处理时使用。

13.2.10　乙方应定期检修用于运输服务的运输车辆，确保车辆处于适运状态。

14　违约责任

14.1　甲方逾期付款的，每逾期一天，应按逾期金额的__________向乙方支付违约金，同时仍应履行付款义务。

逾期超过______日的，乙方有权解除本合同。

14.2 乙方逾期提货或逾期交付的，应赔偿甲方损失，但非乙方原因导致逾期提货、逾期交付的除外。

非乙方原因的情形包括但不限于政府管控措施、线路封锁、严重交通堵塞等。

14.3 任何一方有其他违反本合同情形的，应赔偿守约方全部损失。

15 其他约定

15.1 不可抗力

15.1.1 不可抗力定义：指在本合同签署后发生的、本合同签署时不能预见的、其发生与后果是无法避免或克服的、妨碍任何一方全部或部分履约的所有事件。上述事件包括地震、台风、水灾、火灾、战争、国际或国内运输中断、流行病、罢工，以及根据中国法律或一般国际商业惯例认作不可抗力的其他事件。一方缺少资金非不可抗力事件。

15.1.2 不可抗力的后果：

（1）如果发生不可抗力事件，影响一方履行其在本合同项下的义务，则在不可抗力造成的延误期内中止履行，而不视为违约。

（2）宣称发生不可抗力的一方应迅速书面通知其他各方，并在其后的______天内提供证明不可抗力发生及其持续时间的足够证据。

（3）如果发生不可抗力事件，各方应立即互相协商，以找到公平的解决办法，并且应尽一切合理努力将不可抗力的影响降低到最低限度。

（4）金钱债务的迟延责任不得因不可抗力而免除。

（5）迟延履行期间发生的不可抗力不具有免责效力。

15.2 不得转让义务

除本合同另有约定，未经另一方事先书面同意，任何一方不应转让本合同项下的全部或部分义务。

16 合同联系方式

16.1 为更好地履行本合同，双方同意以本合同（含附件）中列明的联系方式（包括电子邮件）作为指定联系方式。

16.2 通过电子邮箱及其他电子方式送达时，发出之日即视为有效送达。

16.3 通过快递等方式送达时，对方签收之日视为有效送达；对方拒收或退回的，视为签收。

16.4 本合同（含附件）列明的联系方式同时作为有效司法送达地址。

16.5 一方变更联系方式，应以书面形式通知对方；否则，该联系方式仍视为有效，由未通知方承担由此而引起的相关责任。

16.6 本联系方式条款为独立条款，不受合同整体或其他条款的效力影响，始终有效。

17 争议解决

因本合同以及本合同项下订单/附件/补充协议等（如有）引起或有关的任何争议，可由合同各方协商解决，也可由有关部门调解。协商或调解不成的，应向______方所在地有管辖权的人民法院起诉。

18 附则

18.1 本合同一式二份，合同各方各执一份。各份合同文本具有同等法律效力。

18.2 本合同通用条款与专用条款不一致的，应以专用条款为准。

18.3 本合同项下《托运单》是本合同的一部分，具有与本合同同等的法律效力。

18.4 本合同经各方签名或盖章后生效。

签订时间：　　　　年　　月　　日

甲方确认：已经详细阅读了本合同及附件的全部条款及内容，乙方已经就本合同全部内容向甲方进行详细解释说明，特别是赔偿责任限制等违约责任条款。甲方完全了解且同意履行本合同全部内容，接受履行本合同所产生的全部收益及风险。

甲方（签名或盖章）：

乙方（盖章）：

法定代表人或授权代表：

2. 租赁合同

租赁合同，作为企业中常见的一种合同类型，是指出租人将特定财产

（仓库、车辆、设备等）交付承租人使用、收益，承租人支付租金的协议。租赁合同是物流企业运营过程中的常用合同，对于优化资源配置具有重要意义。

从法律角度来看，租赁合同属于《民法典》合同编中明确规定的有名合同之一。《民法典》第七百零三条规定，租赁合同是出租人将租赁物交付承租人使用、收益，承租人支付租金的合同，明确了租赁合同的基本法律特征及构成要件。

（1）租赁合同的主要条款。

1）租赁物的基本信息。合同中要明确租赁物的名称、数量、质量、用途、现状，以确保双方对租赁物有清晰的认识。

2）租赁期限。双方应在合同中明确约定租赁物的使用期限，包括起始日期和终止日期。根据《民法典》第七百零五条的规定，租赁期限不得超过20年，超过20年的，超过部分无效。

3）租金及支付方式。合同需要明确租金的金额、支付时间、支付方式。租金是租赁合同的核心要素之一，其约定应具体、明确，避免产生歧义。

4）租赁物的使用和维护。这部分重点在于约定承租人如何使用租赁物，以及租赁物的日常维护和保养责任，避免因租赁物使用及维修产生纠纷。

5）违约责任。明确双方在违反合同约定时应承担的法律责任。

6）争议解决方式。约定在合同履行过程中发生争议时采用协商、调解、仲裁或是诉讼的方式来解决。

7）其他条款。根据具体情况，还可以约定其他与租赁合同相关的条款，如租赁物的保险、转租、解除条件等。

（2）租赁合同风险点及防范。

1）租赁物瑕疵风险。在租赁合同的履行过程中，可能出现出租人提供的租赁物存在质量瑕疵或不符合约定的用途，导致承租人无法使用或收益的情况。这一风险在物流企业中尤为突出，因为仓库、车辆、设备等租赁物，直接关系到物流企业的运营效率，因此物流企业在订立租赁合同时更加需要注重瑕疵风险的承担条款。

为有效防范租赁物瑕疵风险，承租人应在签订租赁合同前，对租赁物的外观、性能、功能、安全性等方面进行详细的检查和评估，确保其符合约定的用途和质量要求。合同中应明确租赁物的质量标准、验收方式及验收期限，建议承租人在验收过程中详细记录租赁物现存的瑕疵和问题，在后续纠纷中作为责任划分依据。

合同中还应约定出租人的维修义务和维修期限。若租赁物在租赁期间出现质量瑕疵或故障，承租人应及时通知出租人，并要求其进行维修或更换。出租人应在合理期限内履行维修义务，确保租赁物恢复正常使用。若出租人未履行维修义务，承租人有权要求减免租金或解除合同，并追究出租人的违约责任。

承租人还应当核对租赁物的来源是否合法，以确定租赁物为出租人合法所有或有权出租，避免因租赁物存在法律纠纷而给承租人带来不必要的法律风险。

2）租金支付风险。租金支付风险，是指因合同中租金支付方式不明确而引发争议，甚至导致合同违约的风险。

在合同双方磋商时，应对租金的支付时间、支付方式和支付账户达成一致，并在合同正文中清晰列明。支付时间应具体到日，确保承租人按时支付租金。支付方式可选择银行转账、支票等安全、便捷的方式，避免现金交易带来的风险。合同中还应当明确列出收款账户，确保租金直接汇入出租人指定的账户。

在违约责任部分，则应当对租金支付进行限制。规定若承租人未按时支付租金，出租人有权要求承租人按约定比例支付违约金，并承担逾期支付期间的利息。

3）租赁物损坏或灭失风险。在租赁期间，租赁物可能因自然灾害、意外事件或承租人使用不当等损坏或灭失，给出租人和承租人带来经济损失。对物流企业来说，仓库、车辆、设备一旦损坏或灭失，将对企业的正常经营造成重大影响。

为将此风险降至最小，双方可以选择通过约定租赁物的保险责任来实现风险转移。可以在合同中约定出租人或承租人应投保相应的保险，并明确保险费用的承担，以此覆盖租赁物的损失赔偿、维修费用，以减轻因租赁物损坏或灭失带给合同双方的经济损失。

附：一般场地租赁合同参考模板

一般场地租赁合同

甲方（承租方）

名称：________________________

统一社会信用代码：________________________

乙方（出租方）

名称：________________________

统一社会信用代码：________________________

甲乙双方经平等协商，就甲方租赁乙方场地事宜，签订本合同以共同遵守。

1　租赁场地

1.1　租赁场地基本情况如下：

位 置：__________省__________市__________区__________路__________号__________

租赁场地范围说明：

产权人：________________________

面积：约________________________平方米（以实际面积为准）

1.2　场地包含下列地上物、设施（以列明为准），一并列入租赁范围。

设备设施名称	说明

1.3　场地外的下列配套设施不属于租赁范围，但甲方有权在租赁期限内与乙方、其他使用方共用，除非另有说明，甲方无须支付费用。

设备设施名称	使用说明

1.4　上述场地（含列明的地上物、设施），以下简称“场地”。

2　租赁用途

2.1　甲方承租该场地用于：____________。

2.2　甲方不得改变上述用途。

3　租赁期限

3.1　租赁期限：自　　　年　　　月　　　日起（含当日）至　　　年　　　月　　　日（含当日）。

3.2　其中租赁期限的前______天为免租期。场地在该期限内供甲方装修及使用，但不计算租金。

如甲方原因提前解除租赁的，除承担本合同约定的违约责任之外，甲方还需要按“实际租赁期限/约定租赁期限×免租期”相应向乙方补交免租期租金（按本合同约定的租金标准按天结算）。

4　租金与押金

4.1　租金标准：每月人民币（大写）　　　　元（¥　　　　元）。

4.2　押金标准：人民币（大写）　　　　元（¥　　　　元）。

租赁期满或合同解除后________天内，押金除抵扣应由甲方承担的费用、租金及甲方应承担的违约金及赔偿金外，剩余部分应如数返还甲方。

4.3　付款方式：

按季度付款，具体付款节点为：

首期租金与押金共计¥______元，于______年____月____日前支付；

第二期租金¥______元，于______年____月____日前支付；

第三期租金¥______元，于______年____月____日前支付；

第四期租金¥______元，于______年____月____日前支付；

以此类推。

4.4 租金调整

租赁期限内，租金标准不作调整。

4.5 乙方指定收款账号

户名：________________________________

账号：________________________________

开户行：________________________________

乙方未授权任何员工、第三方收款；付款方未向指定账号付款导致损失的，乙方不承担任何责任。

4.6 发票

本合同中约定的价款或交易金额为含税金额，乙方应向甲方提供正规足额增值税专用发票。发票信息如下：

名称：________________________________

纳税人识别号：________________________

地址、电话：________________________

开户行及账号：________________________

货物或应税劳务名称：____________________

增值税率：________________________________

5 其他费用

5.1 租赁期内，乙方承担下列费用：物业管理费、统一供暖费/中央空调费。

租赁场地内清洁卫生由甲方自行负责。

5.2 租赁期内，甲方承担下列费用：水费、电费、电话费、上网费、电视收视费、燃气费等。

水电燃气等费用采取充值方式的，根据租赁结束场地交付时的数值与租赁开始场地交付时的数值之差，根据租赁结束场地交付时的价格标准结算。如数值增加，则乙方向甲方退还相应费用；如数值减少，则甲方应补交相应费用，乙方可从押金中扣除。

5.3 除非本合同另有约定或乙方同意，租赁期限内因甲方使用场地或屋内设施而发生的费用由甲方自行承担。

6　场地交付与退还

6.1　场地交付：乙方应于租赁期限开始时将场地按约定条件交付给甲方。

双方签署交接手续后视为交付完成；虽未签署手续，但甲方已经开始实际使用该场地的，视为已经交付。

6.2　场地退还：租赁期满或合同解除后，甲方应返还该场地及其附属设施。

甲乙双方验收签署交接手续后视为场地退还完成。

6.3　场地退还时，甲方应将场地恢复原状；双方另有约定的除外。

场地退还时甲方遗留在场地内的任何物资，均视为甲方放弃所有权，乙方有权抛弃或其他方式自行处置。

7　工商登记

双方确认：该场地不可用于工商注册地址使用，甲方对此无异议。

8　场地改善

未经乙方允许，甲方不得进行装修，但对场地（含墙壁等）本身没有影响的家具、电器等添置由甲方自行决定、处理。

9　场地使用要求

9.1　甲方应合理使用并爱护该场地及其附属设施。因甲方保管不当或不合理使用，致使该场地及其附属设施发生损坏或故障的，甲方应负责维修或承担赔偿责任。如甲方拒不维修或拒不承担赔偿责任的，乙方可代为维修或购置新物，费用由甲方承担。

9.2　对于该场地及其附属设施因自然属性或合理使用而导致的损耗，甲方不承担责任。

10　出租方维护义务

10.1　双方同意，乙方按场地现状移交给甲方使用，除保证甲方有权按本合同约定使用场地以外，不对场地及设施（如有）提供其他维修、保养、保障服务及物业服务。

10.2　对于甲方的装修、改善和增设的他物，乙方不承担维修的义务。

11 转租

11.1 未经乙方书面同意，甲方不得将该场地部分或全部转租、转借给他人（无论是否收取租金）。

11.2 基于约定的租赁用途，甲方允许其用户使用场地，不属于转租，无须乙方同意。

12 优先购买权

甲方承诺放弃优先购买权。乙方有权自主决定将该场地进行转让、出售、抵押等处分，但不得影响租赁。如因此导致租赁不能履行的，视为乙方违约。

13 合同的解除

13.1 经甲乙双方协商一致，可以解除本合同。

13.2 有下列情形之一的，本合同终止，甲乙双方互不承担违约责任，押金相应退还，租金据实结算：

13.2.1 该场地因城市建设、政策等被拆迁、征收征用的。

13.2.2 因地震、火灾等不可抗力致使场地毁损、灭失或造成其他损失的。

13.3 乙方有下列情形之一的，甲方有权立即单方解除合同：

13.3.1 未按约定时间交付该场地达 10 日以上的。

13.3.2 交付的场地不符合合同约定严重影响甲方使用的。

13.3.3 不承担约定的维修义务致使甲方无法正常使用该场地的。

13.3.4 交付的场地危及甲方安全或者健康的。

13.4 甲方有下列情形之一的，乙方有权立即单方解除合同，收回该场地：

13.4.1 不支付或者不按照约定支付租金达______日以上的。

13.4.2 擅自改变该场地用途的。

13.4.3 擅自拆改变动或损坏场地主体结构的。

13.4.4 利用该场地从事违法活动的。

13.4.5 违反本合同约定转租、分租的。

13.5 一方原因导致合同提前解除或终止的，或一方违约提前通知解除本合同的，违约方应向守约方支付相当于______个月租金的违约金，但不再承担其他违约责任。

14　其他违约责任

14.1　付款方未按约定付款的，每逾期一日，应按逾期金额的______向收款方支付违约金。

14.2　租赁合同有效解除或终止，甲方仍拒绝交还场地的，甲方应承担场地占用费直至场地退还之日（但不再支付租金）。

场地占用费的标准为：本合同约定的租金标准的________，按天计算。

15　其他约定

15.1　部分无效处理

如任何法院或有权机关认为本合同的任何部分无效、不合法或不可执行，则该部分不应被认为构成本合同的一部分，但不应影响本合同其余部分的合法有效性及可执行性。

16　争议解决

因本合同以及本合同项下订单/附件/补充协议等（如有）引起或有关的任何争议，可由合同各方协商解决，也可由有关部门调解。协商或调解不成的，应向租赁场地所在地有管辖权的人民法院起诉。

17　附则

17.1　本合同一式二份，协议各方各执一份。各份协议文本具有同等法律效力。

17.2　本合同附件为本合同的一部分，具有与本合同同等的法律效力。

17.3　本合同经各方签字或盖章后生效。

（以下无合同正文）

签订时间：　　　　年　　　月　　　日

甲方（盖章）：

法定代表人或授权代表：

乙方（盖章）：

法定代表人或授权代表：

3. 仓储合同

仓储合同，又称仓储保管合同。根据《民法典》第九百零四条的规定，仓储合同是保管人储存存货人交付的仓储物，存货人支付仓储费的合同。根据《民法典》第三百八十二条及第九百零五条的规定，仓储合同作为双物有偿的诺成合同，自双方意思表示一致时即成立并生效，无须以存储货物的实际交付为成立要件。

（1）仓储合同的主要条款。

1）仓储物详情。列明货物名称、规格、数量以及货物的包装方式、包装材料、包装标准。若货物为易燃、易爆、有毒等物质，还应当在合同中特别提示，以便仓储方采取适当的存储措施。

2）损耗标准。约定仓储物的自然损耗标准及对损耗的具体处理办法。

3）储存场所与期限。约定仓库的地址、位置、面积，明确货物的存储时间，包括起始日期和终止日期，或约定以特定事件为仓储期限的结束条件。

4）仓储费用与支付方式。明确仓储费用的计算方式，如按面积、按重量、按时间计算。并且应当在合同中写明费用的支付时间、支付方式和支付账户。

5）验收与出入库。明确货物的验收方式、验收标准和验收时间，确保货物在入库前符合存储要求。详细约定货物的入库、出库时间和流程，包括货物的交接、签字确认等环节，确保货物的流向可追溯。

6）货物损坏赔偿。明确货物损坏、丢失的赔偿标准和计算方式，以及免责条款，明确双方的责任范围。如约定为仓储物办理保险的，还应注明保险金额、期限及保险人的名称。

（2）仓储合同的风险及防范。

1）仓库资质与设施风险。仓库的合法资质是其正常运营的基础。根据我国相关法律法规，从事仓储业务的企业必须持有相应的营业执照、仓储许可证，还需要具备消防安全证明。在签订仓储合同前，企业务必对仓库的资质进行严格的审核，避免因资质或消防问题导致意外事故发生。

仓库的设施条件也至关重要。一个合格的仓库应具备完善的仓储设施，包括货架、叉车、温湿度控制系统、消防设备等设施，以满足货物的存储和搬运需求，并确保货物能够在适宜的环境中存储，防止因环境变化导致的货物变质。在签订仓储合同时，应详细约定仓库的设施标准，并在合同中明确仓库的保管责任，确保其符合货物存储的特定需求。

2）货物损失风险。在仓储合同履行过程中，由于设施、场地或外来原因等，货物在存储过程中可能受损或丢失，从而产生货物损失风险。货物可能在搬运、堆码过程中受损，也可能由于设备故障而受到损坏甚至被盗，自然灾害如洪水、地震等不可抗力因素也可能对货物造成严重影响。

笔者建议企业通过以下措施对货物损失风险进行提前防范：一是加强仓库管理，确保货物的搬运、堆码等操作符合规范；二是建立严格的货物出入库管理制度，确保货物的流向可追溯；三是定期对仓库设备进行维护和检查，避免设备故障引发货物损坏；四是加强仓库的安全防范，包括安装监控设备、加强门禁管理等，防止盗窃事件的发生。

附：仓储合同参考模板

仓储合同

甲方（存货方）：

统一社会信用代码：

乙方（保管方）：

统一社会信用代码：

根据《中华人民共和国民法典》及其他法律文件规定，当事人双方经过友好协商，签订本合同。

1　仓储服务内容

1.1　合作模式，乙方为甲方提供货物仓储服务并收取保管费用，服务包括提供专门的仓库、设备及配备专业技术知识的人员负责管理，如必要还应向甲方提供储存、保管、运输等方面的技术资料。

1.2　仓储物信息，甲方委托乙方代为保管下列货物：

品名	品种规格	性质	数量	质量	包装	件数	标记

1.3 仓库信息，乙方提供专门的仓库供甲方使用，仓库具体信息为：

仓库地址：位于______省______市______区______街道______号。

划拨仓储区位：________________________。

仓库温度条件：________________________。

可用仓储面积：________________________。

1.4 货物装卸，乙方负责合同期间甲方货物的储存、卸车、短途运输。

1.5 保管期限，自____年____月____日起（含当日）至____年____月____日（含当日）。

2 仓储费用

2.1 仓库租金按月包库制，每天每平方米人民币（大写）________元（¥______元），合同期限内总计人民币（大写）______元（¥______元）。

2.2 保管费、装卸费、出入库费用由甲方承担。

2.3 甲方向乙方交纳相当于货值__________的保险费用，乙方负责处理向保险公司索赔的一切手续及相关事宜。

2.4 仓储费由甲方按月支付，具体支付方式为：

乙方于次月______日向甲方发送上月度账单。

甲方在______个工作日内进行确认。

乙方在收到确认后______个工作日内向甲方开具增值税专用发票。

甲方在收到发票后______个工作日内支付上月度仓储费用。

2.5 乙方开具的增值税发票信息如下：

名称：________________________________

纳税人识别号：________________

地址、电话：________________

开户行及账号：________________

货物或应税劳务名称：物流辅助服务

增值税率：6%

2.6　乙方收款账户信息如下：

户名：________________

账号：________________

开户行：________________

3　出入库管理

3.1　入库和出库的手续按照有关入库、出库的规定办理，如无规定，则按双方合同办理。

3.2　入库和出库时，双方代表或经办人都应在场，检验后的记录要由双方代表或经办人签字。该记录应视为合同的有效组成部分，当事人双方各保存一份。

3.3　甲方货物进入仓库时，乙方负责货物的卸车，并对货物进行清点、检验和接收工作。乙方根据合同规定的数量、质量、品种、规格等对入库货物进行清点、验收和接收。

3.4　货物验收的内容、标准包括以下方面：

（1）货物的品名、规格、数量、外包装状况，以及无须开箱拆捆直观可见可辨的质量情况。

（2）包装内的货物品名、规格、数量，以外包装或货物上的标记为准；外包装或货物上无标记的，以存货人提供的验收资料为准。

（3）散装货物按国家有关规定及甲乙双方约定所确定的标准验收。

3.5　甲方应当向乙方提供必要的货物验收资料，如未提供必要的货物验收资料或提供的资料不齐全、不及时，所造成的验收差错及贻误索赔期或者发生货物品种、数量、质量不符合合同规定时，乙方不承担赔偿责任。

3.6　乙方应按照合同规定的包装外观、货物品种、数量和质量，对入库物进行验收，如果发现入库货物与合同规定不符，应及时通知甲方。

因乙方未按规定的项目、方法和期限验收，或验收不准确而造成的实际经济损失，由乙方负责。

3.7 甲方未按合同约定标准对储存货物进行必要的包装，造成货物损坏、变质的，由甲方承担损失。

3.8 乙方验收无误后，向甲方开出仓单。

4 甲方其他权利义务

甲方为了防止货物在储存期间变质或受到其他损坏，有权利随时检查仓储物，但在行使检查仓储物的权利时，不得妨碍乙方的正常工作。

4.1 甲方应当按照合同约定的品种、数量、质量、包装等将货物交付给乙方入库，并在验收期间向保管人提供验收资料。

4.2 储存期届满，甲方或者仓单持有人应当凭仓单提取仓储物。甲方或者仓单持有人逾期提取的，应当加收仓储费；提前提取的，乙方应减收仓储费。

5 乙方其他权利义务

5.1 乙方应当按照合同约定的要求操作或储存。

5.2 在保管期间，乙方应按合同议定的储存条件和保管要求保管货物，并定期进行检查，使保管的货物不短缺、不损坏、不污染、不灭失，处于完好状态，乙方发现货物出现异状，应及时通知甲方处理。未经存货人允许不得委托第三方代管。

5.3 乙方对入库仓储物发现有变质或者其他损坏，危及其他仓储物的安全和正常保管的，应当催告甲方或者仓单持有人作出必要的处置。因情况紧急，乙方可以作出必要的处置，但事后应当将该情况及时通知存货人或者仓单持有人。

5.4 储存期届满，甲方或者仓单持有人不提取仓储物的，乙方可以催告其在合理期限内提取，逾期不提取的，乙方可以提存该物。

5.5 仓储物出现危险时，乙方有义务通知甲方或仓单持有人。包括以下情况：

5.5.1 如果第三人对其保管的货物主张权利而起诉或扣押时。

5.5.2 储存的货物发现有变质或其他损坏的。

5.6 乙方保证所提供仓库产权清晰，不存在任何权属争议或可能妨碍甲方正常使用的障碍，保证甲方使用该仓库不违反相关法律、法规的规定，以及不损害任何第三方的合法权益。

5.7　乙方应确保仓库内的货物权属不受侵害，不得将仓库内的全部或部分货物侵占、质押或转让给第三人，否则，乙方应赔偿甲方因此遭受的一切损失，同时，甲方有权要求乙方全额返还甲方已支付的费用，乙方并应按本合同项下仓储费用总额的______的标准支付违约金，甲方并有权解除本合同。

6　违约责任

6.1　甲方不能全部或部分按照约定入库储存货物的，应当承担违约责任。

6.2　甲方不得未经乙方允许自行存放易燃、易爆、易渗漏、有毒等危险货物，否则造成的货物毁损、仓库毁损或人身伤亡，均由甲方承担赔偿责任直至刑事责任。

6.3　按合同规定由乙方代运的货物，甲方未按合同约定及时提供包装材料或未按规定期限变更货物的运输方式、到站、接货人，应承担延期的责任和增加的有关费用。

6.4　在货物保管期间，未按合同约定的储存条件和保管要求保管货物，造成货物灭失、短少、变质、污染、损坏的，由乙方承担损害赔偿责任，按批发价格购买货物对甲方进行赔偿。

6.5　乙方原因造成退仓不能入库时，应赔偿甲方不能入库货物的往返运费。

6.6　由乙方负责发运的货物，不能按期发货，应赔偿甲方逾期交货的损失；错发到货地点，除按合同规定无偿运到规定的到货地点外，还应赔偿甲方因此而造成的实际损失。

6.7　甲方已通知出库或合同期已到，乙方的原因致使货物不能如期出库，由乙方承担损害赔偿责任。

6.8　任何一方有其他违反本合同情形的，应赔偿守约方全部损失。

本合同中的全部损失包括但不限于对守约方所造成的直接损失、可得利益损失、守约方支付给第三方的赔偿费用/违约金/罚款、调查取证费用/公证费/鉴定费用、诉讼仲裁费用、保全费用、律师费用、维权费用及其他合理费用。

7 争议解决

因本合同以及本合同项下订单/附件/补充协议等（如有）引起或有关的任何争议，由合同各方协商解决，也可由有关部门调解。协商或调解不成的，应按下列第（______）种方式解决：

（1）提交______仲裁委员会进行仲裁。仲裁裁决是终局的，对各方均有约束力。

（2）向______所在地有管辖权的人民法院起诉。

8 附则

8.1 本合同一式二份，合同各方各执一份。各份合同文本具有同等法律效力。

8.2 本合同未尽事宜，双方应另行协商并签订补充协议。

8.3 本合同经各方签名或盖章后生效。

（以下无合同正文）

签订时间：　　年　　月　　日

甲方（盖章）：

法定代表人或授权代表：

乙方（盖章）：

法定代表人或授权代表：

4. 劳动合同主要条款设计解读

劳动合同，作为企业与员工之间建立劳动关系的证明，是明确双方权利义务、保障双方合法权益的重要法律文件。根据《中华人民共和国劳动法》和《中华人民共和国劳动合同法》（以下简称《劳动合同法》）的规定，劳动合同的签订、履行、变更、解除和终止均需遵循法定程序和原则，确保劳动关系的和谐稳定。

劳动合同的本质是双方自愿、平等协商的结果，它规定了员工为企业提供劳动服务，企业向员工支付劳动报酬及其他福利待遇的基本框架。劳动合同的签订，在维护员工的合法权益的同时，也为企业提供了合法用工的依据，降低了用工风险。

（1）合同期限。根据《劳动合同法》的相关规定，劳动合同分为固定期限、无固定期限及以完成一定任务为期限的劳动合同，用人单位可根据个体的具体情况，根据不同岗位、不同级别选择签订不同类型的劳动合同。

在签订固定期限合同时应当注意合同到期日应较起始日减少一天，以避免期限计算上的误差。对于无固定期限合同，用人单位需建立精确的劳动合同信息管理体系，确保合同期限与次数的准确记录，避免违法签订。

根据《劳动合同法》第十四条的规定，无固定期限劳动合同的订立条件有五种（见图 2-8）。

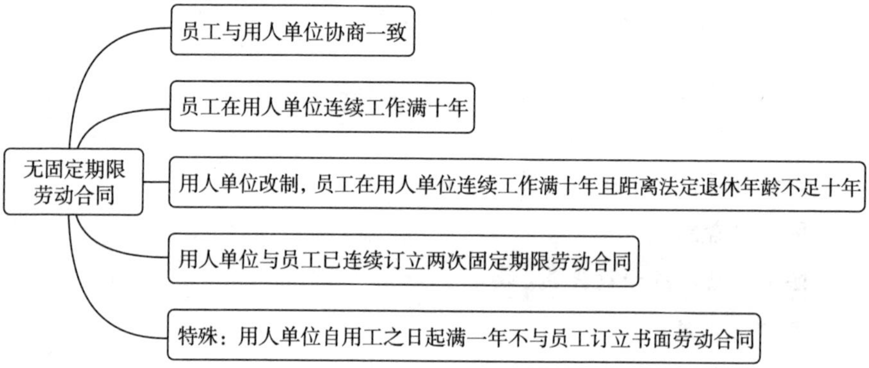

图 2-8　无固定期限劳动合同订立条件

因此，用人单位除注意在员工入职后一年内签订劳动合同外，还需关注员工是否已具备订立无固定期限劳动合同的条件，避免支付违法解除赔偿金。此外，为避免每年续签合同浪费企业人力物力，可以设计自动续签劳动合同的条款，对此法律并未禁止，司法实践中也大多认可其效力。

（2）试用期条款。试用期需根据劳动合同的期限长短设置，试用期限计入劳动合同期限。仅约定试用期的，试用期不成立，该期限为劳动合同期限。以完成一定任务为期限的劳动合同不得约定试用期。另外，需注意就试用期考核作出相关约定，考核方式需与用人单位的规章制度及员工岗位说明书配套使用，以免违法解除劳动合同。

试用期长短（见表 2-1）及适用条件应符合《劳动合同法》第十九条和第二十条的规定。试用期工资不得低于同岗位最低工资的 80%或约定工资的 80%，且不得低于当地最低工资标准。违法约定的试用期已经履行的，由用人单位以劳动者转正工资为标准，按已经履行的超过法定试用期的期间向劳动者支付赔偿金。转正工资高于试用期工资的，试用期超过法定期限后，视为劳动者已经转正，用人单位应补足工资差额，若仍按照试用期标准支付工资，则同时构成克扣工资，经行政部门责令限期支付后，仍逾期不支付的，用人单位按应付金额 50%以上 100%以下的标准向劳动者加付赔偿金。

对此，《劳动合同法》第八十三条规定：“用人单位违反本法规定与劳动者约定试用期的，由劳动行政部门责令改正；违法约定的试用期已经履行的，由用人单位以劳动者试用期满月工资为标准，按已经履行的超过法定试用期的期间向劳动者支付赔偿金。”建议企业在劳动合同中一律按照法定的最长期限约定试用期，同时在合同中明确，表现优秀的员工可通过提前转正缩短试用期，但需确保该条款符合法律规定。

表 2-1　试用期时长标准

<table>
<tr><th colspan="2">劳动合同期限/性质</th><th>试用期</th></tr>
<tr><td colspan="2">完成一定任务为期限的劳动合同</td><td rowspan="2">不得约定试用期</td></tr>
<tr><td rowspan="4">固定期限劳动合同</td><td>不满三个月</td></tr>
<tr><td>三个月以上不满一年</td><td>不得超过一个月</td></tr>
<tr><td>一年以上不满三年</td><td>不得超过两个月</td></tr>
<tr><td>三年以上</td><td rowspan="2">不得超过六个月</td></tr>
<tr><td colspan="2">无固定期限劳动合同</td></tr>
</table>

（3）工作报酬。劳动者报酬中相对固定薪酬部分应当纳入劳动合同，这也是劳动合同的必备条款之一，而浮动薪酬部分，以及福利部分，可以不在劳动合同中列明。员工的劳动报酬须在符合国家法律法规及当地政策原则下填写，具体而言需要注意以下几点：

1）不得低于当地最低工资标准。

2）建议填写“基本工资”，浮动工资部分另在薪资方案中予以明确。

3）明确是税前还是税后金额。

4）工资支付周期不得超过一个月。

5）如实际用工时间早于劳动合同订立时间的，双方需确认劳动合同签订之前用人单位已足额支付薪资报酬，不再另行支付。

另须关注工资支付的特殊情形，如扣除劳动报酬及提起异议等，以尽量减少争议。

（4）社会保险。为员工缴纳社会保险是法律的强制性规定，任何形式的放弃购买社保条款均为无效。社会保险的缴纳比例、基数应按照国家和省、市有关规定执行，不得低于当地最低标准。

社会保险风险重点也在于社保成本的优化，笔者认为对社保成本的优化可以从两个方面考虑：第一，社会保险缴费基数优化社保缴费基数优化需要和工资结构相结合，采用短期工资降低、长期工资加大的方式降低社保缴费基数。第二，以商业保险补充以工伤保险，工伤保险基金虽然可以报销大部分工伤费用，但仍有几项由企业本身承担，企业可以通过购买商业补充保险来减轻企业的赔付责任。

（5）竞业禁止。竞业禁止是一把“双刃剑”，既约束员工，也限制企业。对禁业禁止的约定，单位的着力点在竞业禁止约束范围和竞业禁止的解除两个方面。竞业禁止是对职工就业的约束，约定应当明确，明确竞业禁止的区域范围、行业范围、竞争性企业范围。如因约定不明造成员工违反竞业禁止协议，企业必然遭受无端损失。

竞业禁止的解除在最高院《关于审理劳动争议适用法律若干问题的意见四》（以下简称《意见》）中做出了明确规定，第八条规定了单位的默示解除，单位可以通过不作为方式即不支付竞业禁止补偿金满三个月的，构成竞业禁止的事实解除。这点主要针对单位对员工竞业禁止态度的变化，如员工已无竞业禁止的必要，则可以通过此种方式短期约束员工。

同时《意见》第九条规定了单位的单方解除权，单位可以在支付员工三个月竞业禁止补偿费用之后解除协议。本条同样适用于已经无须竞业禁止的员工，单位可以实时解除竞业禁止协议，降低单位支出。

5. 劳务合同

劳务合同是指提供劳务一方（劳务者）为接受劳务一方（雇主）提供特定服务的合同，这类合同主要以劳务行为作为合同的标的。根据《民法典》及相关司法解释，劳务合同作为民事合同的一种，应当遵循平等、自愿、公平、诚实信用的原则，且不得违反法律、行政法规的强制性规定，不得违背公序良俗。

劳务合同与劳动合同虽然只有一字之差，但法律意义大不相同。劳动合同是劳动者与用人单位确立劳动关系、明确双方权利义务的协议，受《劳动法》《劳动合同法》以及相关法律法规约束；劳务合同是平等主体的自然人之间、法人之间、自然人与法人之间，以提供劳务为内容而签订的协议，受《民法典》及相关法律法规约束。在劳务合同中，双方主体之间主要存在财产关系，不存在隶属关系。因此，劳务者无须成为用工单位的内部成员，劳务合同的争议解决也就无须再经过劳动仲裁前置程序，可以直接向人民法院提起诉讼。

劳务合同的主要包含如下内容。

（1）劳务内容。首先需明确劳务的具体内容，即劳务者需要提供的服务种类、范围、具体任务、工作标准等事项。此外还应说明劳务者的具体工作地点及工作时间。

（2）劳务期限。需要明确约定提供劳务的起始日期和终止日期，或清楚描述以完成特定工作任务为期限的条件，以及约定合同期满后的续签或终止程序。

（3）劳务报酬。约定报酬的计算标准，按每小时、每日、每周还是每月的报酬标准计算。还应当明确支付方式、支付时间、加班报酬、奖金、津贴和福利（如有）的具体内容。

（4）劳务条件。这部分主要包括劳务者的工作环境、劳动保护、健康检查等内容。

（5）保密条款。如劳务者接触或可能接触雇主的商业秘密，应明确保密义务、保密期限，以及违反保密义务的违约责任。

（6）知识产权归属（如有）。劳务者在提供劳务过程中如果可能产生知识产权问题，应当在合同中提前约定知识产权的归属。

附：个人劳务合同模板

个人劳务合同

甲方（雇佣方）：

统一社会信用代码：

乙方（劳务方）：

公民身份号码：

联系电话：

住址：

根据《中华人民共和国民法典》及相关法律法规，甲乙双方遵循平等自愿原则，经双方协商一致，签订本合同，明确双方的权利和义务，共同遵照执行。

1 合同期限

1.1 本合同从______年____月____日起（含当日）至______年____月____日（含当日）。

1.2 合同期限届满前30天，双方可协商续签合同，到期未续签的，合同权利义务终止。

2 工作内容

2.1 工作岗位：____________________________

2.2 工作内容：____________________________

2.3 工作过程中工作内容可能存在调整，具体以甲方要求为准。乙方应当服从甲方工作安排，按时完成规定的工作量。

3 劳务报酬

3.1 劳务报酬标准：每月人民币（大写）______元（¥______元）。

3.2 甲方于每月________日前结算支付上月费用。

3.3 本条约定之费用已包括乙方提供服务的全部成本费用及报酬，除此之外，甲方无须再向乙方支付其他任何费用。

3.4 甲方按该岗位的薪酬标准以货币的形式按月支付给乙方本人，以考勤机考勤时间为准，无考勤记录不发放工资。

3.5 本合同约定的价款金额为税前金额。付款方有权依法代扣代缴个人所得税。

4 工作时间

乙方的工作时间根据服务公司的具体工作岗位与工作内容要求调整，乙方同意且接受服务单位的工作时间安排，同意按不定时工作制的工作时间工作，并自愿学习与遵守服务单位的劳动纪律和规章制度。

5 合同解除条件

5.1 甲方有下列情形之一的，乙方可以随时通知甲方解除劳动合同：

（1）在试用期内，甲方超出协议服务内容的。

（2）甲方未按合同约定支付劳务报酬的。

5.2 乙方有下列情形之一的，甲方有权单方解除合同：

（1）服务期间被证明不符合录用条件的。

（2）服务单位书面要求更换人员的，或服务单位终止与甲方的服务合同。

（3）被公司巡查人员查到违纪两次以上的。

（4）严重违反客户单位规章制度的，失职、营私舞弊，对客户利益造成损害的。

（5）被依法受到治安处罚或追究刑事责任的。

（6）公司遇有上级规定停办或不可抗力自然灾害的。

（7）其他违反法律法规的行为。

5.3 其他

（1）乙方辞职，合同自动解除。但乙方须提前30天以书面形式通知甲方，并由公司主管领导签字同意，方可办理有关手续。

（2）乙方患病或非因公负伤，医疗期满后不能从事原工作的，本合同自动解除，乙方患病期间的工资甲方不负担。

（3）合同订立时所依据的客观情况发生重大变化，致使合同无法履行，经甲乙双方协商不能就变更合同内容达成协议的，本合同解除。

6 劳动纪律

6.1 乙方需持有有效的健康证，交公司办公室登记备案。

6.2 乙方必须有良好的职业操守，严格遵守甲方制定的劳动纪律及规章制度，服从管理，听从指挥，认真履行岗位职责，也应积极学习，提高思想觉悟和职业技能。乙方由于工作上违规、违法或非工作行为造成服务单位的声誉、经济损失及其他损失，由乙方承担一切责任与损失。

6.3　乙方若擅自脱离岗位，由乙方全部承担造成任何一方的人身损害、财产损失的赔偿。

6.4　甲方有权在本公司经营范围内调整乙方工作岗位，乙方应无条件服从。

6.5　乙方在甲方工作期间，个人社保及个税申报缴纳均由本人负责，甲方不承担任何费用。

7　确认与声明

7.1　甲方与乙方之间不建立劳动关系，不对乙方承担劳动法上的义务，不适用《劳动法》《劳动合同法》等劳动法规。如因服务需要，乙方需佩带甲方标志、办理员工卡或办理与甲方员工类似的手续，亦不代表双方建立劳动关系。

7.2　乙方在提供服务过程中受到人身损害或财产损失的，由乙方自行负责，甲方对此不承担任何责任。因乙方属于退休返聘人员的或从原有单位下岗的，甲方只能为其购买意外伤害险。若乙方在合同期内，出现意外伤害事故或伤亡，按甲方购买的商业保险理赔，超出的医疗费用由乙方自理，且医疗期内甲方不支付劳务费。

7.3　符合本合同第五条约定终止或解除本合同，双方互不支付违约金，甲乙双方任何一方因违反本合同约定解除合同，给对方造成损失的，可以要求违约方赔偿损失。

7.4　服务期限内如出现乙方个人疾病、个人原因受伤等情形，甲方不承担责任。

8　争议解决

因本合同以及本合同项下附件/补充协议等（如有）引起或有关的任何争议，双方友好协商解决，协商不成的，双方均有权向______方所在地人民法院起诉解决。

9　附则

9.1　本合同一式两份，双方各执一份，具有同等法律效力。

9.2 本合同自双方签名或盖章之日起生效。

签订时间：____年____月____日

甲方（盖章）：

法定代表人或授权代表：

乙方确认：已经详细阅读了本合同的全部条款及内容，对双方不构成劳动关系、自行承担责任等无异议，同意履行本合同。

乙方（签名捺印）：

三、行政合规风险与应对

（一）物流行业政策体系

物流是跨部门和跨行业的复合型服务产业，是国民经济的重要组成部分。“十二五”时期，加快建立社会化、专业化、信息化的现代物流服务体系是主要工作内容；“十三五”时期，行业的发展重点是基础设施建设及第三方物流、绿色物流、冷链物流等细分领域；“十四五”时期，物流枢纽基础设施建设和智慧物流为重点规划发展方向（见图 2-9）。表 2-2 为 2023～2024 年国家层面关于物流行业的政策汇总。

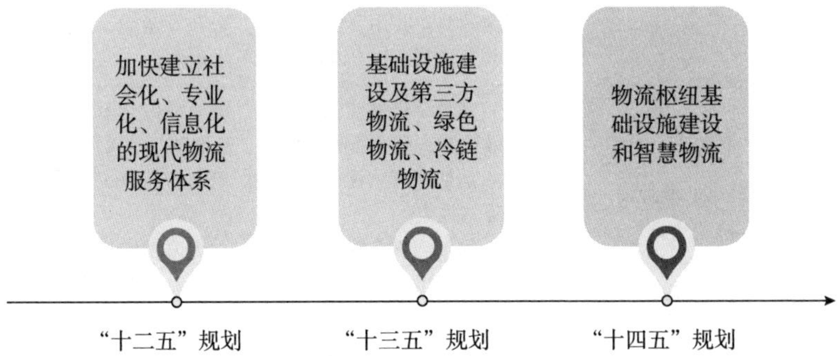

图 2-9 “十二五”规划、“十三五”规划和“十四五”规划中物流行业重点内容

表 2-2　国家层面关于物流行业的政策汇总（2023~2024 年）

发布时间	政策名称	重点内容
2023 年 2 月	《关于进一步做好交通物流领域金融支持与服务的通知》	（1）银行业金融机构要完善组织保障和内部激励机制，创新符合交通物流行业需求特点的信贷产品，切实加大信贷支持力度。鼓励银行合理确定货车贷款首付比例、贷款利率等，在疫情及经济恢复的特定时间内适当提高不良贷款容忍度，细化落实尽职免责安排。 （2）要加大对交通物流基础设施和重大项目建设的市场化资金支持，助力交通强国建设。加强政策性开发性金融工具投资交通物流项目的配套融资支持。鼓励金融机构为完善综合交通网络布局、落地“十四五”规划重大工程、加快农村路网建设、水运物流网络建设等提供支持
2023 年 11 月	《关于加快智慧港口和智慧航道建设的意见》	以国际枢纽海港为重点，推动建设面向全程物流链的“一站式”智慧物流协同平台，强化与航运、铁路、公路、船代、货代等数据互联共享，支撑发展多式联运“一单制”“一箱制”。支持铁路、公路、水路运输企业及船代、货代、第三方平台等企业组建多式联运经营主体。大力推广智能理货和智能闸口。巩固进口电商货物港航“畅行工程”成果，深入推进冷藏集装箱港航服务提升行动
2023 年 12 月	《“数据要素×”三年行动计划（2024—2026 年）》	推进国际化，在安全合规前提下，鼓励电子商务企业、现代流通企业、数字贸易龙头企业融合交易、物流、支付数据，提升供应链综合服务、跨境身份认证、全球供应链融资等能力
	《关于加快推进农村客货邮融合发展的指导意见》	（1）结合各地经济结构、人口分布和产业发展特点，立足农村出行、货运物流、邮政快递等运输需求，一县一策、分类梯次推进本地农村客货邮融合发展。 （2）加强农村客运、货运物流、邮政快递、养护、供销等资源的共建共用，完善仓储、分拣、运输、配送等环节集约共享机制，提升农村运输集约化水平
2024 年 3 月	《2024 年政府工作报告》	（1）实施降低物流成本行动，健全防范化解拖欠企业账款长效机制，坚决查处乱收费、乱罚款、乱摊派。 （2）加快国际物流体系建设，打造智慧海关，助力外贸企业降本提效。 （3）深入实施乡村建设行动，大力改善农村水电路气信等基础设施和公共服务，加强充电桩、冷链物流、寄递配送设施建设
2024 年 4 月	《关于延续实施〈港口收费计费办法〉的公告》	为保持稳定的港口经营服务性收费水平，持续规范港口经营服务性收费，保障行业健康稳定可持续发展，经交通运输部、国家发展改革委研究决定，《交通运输部　国家发展改革委关于修订印发〈港口收费计费办法〉的通知》（交水规〔2019〕2 号）有效期届满后继续施行

续表

发布时间	政策名称	重点内容
2024年5月	《关于做好2024年降成本重点工作的通知》	（1）实施降低物流成本行动。研究制定《有效降低全社会物流成本行动方案》，强化政策协同和工作合力，有力推动降低全社会物流成本，增强企业和实体经济竞争力。 （2）完善现代物流体系。稳步推进国家物流枢纽、国家骨干冷链物流基地建设，促进现代物流高质量发展。新增支持一批城市开展国家综合货运枢纽补链强链，推动跨运输方式一体化融合，持续实施县域商业建设行动，支持建设改造县级物流配送中心和乡镇快递物流站点，完善仓储、运输、配送等设施，加快补齐农村商业设施短板，健全县乡村物流配送体系

（二）行政处罚

行政处罚是国家行政机关依法对违反行政管理秩序的公民、法人或其他组织进行惩戒的行为，物流企业日常经营中，可能会因各种违规行为而面临行政处罚。了解行政处罚的种类，有助于企业更好地规避风险，确保合规经营。

1. 行政处罚的种类

《中华人民共和国行政处罚法》（以下简称《行政处罚法》）第九条规定，行政处罚的种类有警告、通报批评；罚款、没收违法所得、没收非法财物；暂扣许可证件、降低资质等级、吊销许可证件与执照；限制开展生产经营活动、责令停产停业、责令关闭、限制从业；行政拘留；以及法律、行政法规规定的其他行政处罚。

（1）名誉罚——警告、通报批评。警告是一种相对较轻的行政处罚方式，行政机关通过口头或书面形式向违法者发出警告，指出其违法行为，并告诫其立即改正。警告通常适用于初犯或轻微违法行为，起到教育和警示作用。

通报批评与警告类似，但通报批评的影响范围更广。行政机关会将违法者的行为及处理结果以书面形式在一定范围内进行公布，以示惩戒。这种处罚方式将对违法者的声誉造成损害，还可能影响其未来的业务合作。

（2）财产罚——罚款、没收违法所得、没收非法财物。罚款指的是行政机关对违法者进行经济处罚，要求其缴纳一定数额的金钱。罚款的数额通常根据违法行为的性质、情节和社会危害程度等来确定，但同一违法事项不得处以两次及以上罚款。罚款是一种通过经济制裁来遏制违法行为的常用的行政处罚手段。

没收违法所得中没收的是违法者通过违法行为获得的利益。对于违法者的非法所得，行政机关有权予以没收。

（3）资格罚——暂扣许可证、吊销许可证与执照、降低资质等级。暂扣许可证是指行政机关依法暂时剥夺违法者从事特定活动的资格，如运输许可证、仓储许可证等。暂扣许可证通常用于对违法行为的惩戒，并促使违法者改正错误，在暂扣期间，企业将无法从事相关活动。

吊销许可证与执照是一种最为严厉的行政处罚方式，这意味着行政机关依法永久剥夺违法者从事特定活动的资格。吊销许可证与执照通常适用于严重违法行为、多次违法或对社会造成较大危害的情况。一旦许可证或执照被吊销，企业将无法继续从事相关活动，面临巨大的经济损失和声誉损害。企业应高度重视合规经营，确保自身不触碰法律红线。

（4）行为罚——责令停产停业。责令停产停业是行政机关依法要求违法者停止生产经营活动，以纠正其违法行为。这种处罚方式通常适用于严重违法行为或可能对公共安全造成威胁的情况。责令停产停业会对企业的生产经营造成较大影响。

（5）人身罚——行政拘留。行政拘留是行政机关在一定期限内限制当事人人身自由的行政处罚，也是法律上认为相对于财产罚等其他处罚种类，对自然人最为严重的行政处罚。因此，一直以来我国对限制人身自由的行政处罚权的设定和实施主体限制很严格，规定只能由法律设定，同时只能由公安机关和法律规定的其他机关行使。在限制人身自由的行政处罚实施机关的法律规定上，新《行政处罚法》做了修订，由原来的“只能由公安机关行使”修订为“只能由公安机关和法律规定的其他机关行使”。

行政拘留作为对自然人最严重的行政处罚，一般不涉及法人或非法人组织。

（6）其他行政处罚种类。除了上述常见的行政处罚种类，还有一些其他处罚方式，如限制开展生产经营活动、责令关闭等，这些处罚方式通常根据具体违法行为的性质和情节来设定，旨在实现对违法行为的精准打击和有效惩戒。

2. 物流企业行政处罚案例

（1）违反道路运输管理规定（交通运输局执法范围）。

1）车辆超载超限运输。

案例：

2024 年 10 月 9 日 15 时 40 分左右，某市交通运输局执法人员在大学路与丰收路交叉口以西 200 米处依法对豫 C×××08（黄）/豫 J×××2 超（临牌）车辆实施行政检查。经查，某物流公司指派驾驶员李某驾驶该车辆从江中市装载减速机，准备送至太原市一公司，车辆途经 208 国道进入我市。该车辆为 6 轴以上货车，核定标准车货总质量不超过 49000 千克，经电子汽车衡检测，该车货总质量 109940 千克，超限 60940 千克；该车车货核定总高度不超过 4 米，实际车货总高度 4.2 米，超高 0.2 米；车货核定总宽度不超过 2.55 米，实际车货总宽度 3.25 米，超宽 0.7 米，属超限运输车辆。该车未取得超限运输车辆通行证，当事人因涉嫌违法超限运输不可解体件被交通运输执法人员查获。

经执法人员勘验，该车车货总重达 109940 千克，是名副其实的“百吨王”，同时又超高、超宽，但未办理超限运输车辆通行证，违法超限运输事实清楚，证据确凿。该违法行为有勘验笔录、讯问笔录、路面监控截图、现场照片、现场视听资料等证实，决定给予罚款 3 万元的行政处罚。

处罚依据：

《中华人民共和国公路法》第五十条第一款：超过公路、公路桥梁、公路隧道或者汽车渡船的限载、限高、限宽、限长标准的车辆，不得在有限定标准的公路、公路桥梁上或者公路隧道内行驶，不得使用汽车渡船。超过公路或者公路桥梁限载标准确需行驶的，必须经县级以上地方人民政府交通主管部门批准，并按要求采取有效的防护措施；运载不可解体的超限物品的，应当按照指定的时间、路线、时速行驶，并悬挂明显标志。

《超限运输车辆行驶公路管理规定》第三条第一款第（一）项、第

（二）项、第（八）项：本规定所称超限运输车辆，是指有下列情形之一的货物运输车辆：车货总高度从地面算起超过4米；车货总宽度超过2.55米；六轴及六轴以上汽车列车，其车货总质量超过49000千克，其中牵引车驱动轴为单轴的，其车货总质量超过46000千克。

《超限运输车辆行驶公路管理规定》第六条：载运不可解体物品的超限运输（以下称大件运输）车辆，应当依法办理有关许可手续，采取有效措施后，按照指定的时间、路线、速度行驶。未经许可，不得擅自行驶公路。

2）未经许可从事道路交通运营。

案例：

2024年3月13日17时30分，来宾市交通运输局执法人员在G322线石陵镇路段执法检查时发现，一辆重型仓栅式货车（桂R××××）从石陵镇陈村运载甘蔗至迁江糖厂从事道路货物运输经营活动，此趟运输活动收取（或者约定收取）运费220元。经查，此次经营活动由车辆所有人陈某组织实施，该车未取得道路运输证，且陈某未取得道路货物运输经营许可。当事人陈某未按规定取得道路货物运输经营许可，擅自从事道路货物运输经营，违法事实成立。执法机构依法对当事人陈某作出罚款3000元的行政处罚，并向当事人普及相关行业法律法规知识，告诫当事人要合法合规经营。

处罚依据：

《中华人民共和国道路运输条例》第二十四条第一款：申请从事货运经营的，应当依法向市场监督管理部门办理有关登记手续后，按照下列规定提出申请并分别提交符合本条例第二十一条、第二十三条规定条件的相关材料：（一）从事危险货物运输经营以外的货运经营的，向县级人民政府交通运输主管部门提出申请……

《中华人民共和国道路运输条例》第六十三条：违反本条例的规定，有下列情形之一的，由县级以上地方人民政府交通运输主管部门责令停止经营，有违法所得的，没收违法所得，并处罚款；构成犯罪的，依法追究刑事责任：（一）未取得道路运输经营许可，擅自从事道路普通货物运输经营，违法所得超过 1 万元的，没收违法所得，处违法所得 1 倍以上 5 倍以下的罚款；没有违法所得或者违法所得不足 1 万元的，处 3000 元以上 1 万元以下的罚款，情节严重的，处 1 万元以上 5 万元以下的罚款……

3）使用无道路运输证的车辆参加运输。

案例：

2024 年 7 月 15 日，八师石河子市交通运输综合行政执法支队执法人员在石河子新军旅救援服务有限公司对石河子市鑫××汽车运输有限公司新 C306××号重型自卸货车复核超载时发现，该车驾驶员未能出示车辆道路运输证或提供其他有效证明。经执法人员在交通运输部官网查询，该公司办理的道路运输经营许可经营范围为：货物专用运输（集装箱），道路普通货物运输，大型物件运输。但是，未查询到新 C306××号车道路运输证的相关信息。且该车驾驶员反映，该车已营运 10 天左右。执法支队认定，石河子市鑫××汽车运输有限公司存在已取得道路货物运输经营许可证的货物经营者，使用无道路运输证的车辆参加货物运输的行为。

当事人的行为违反了《道路货物运输及站场管理规定》的规定，结合《新疆生产建设兵团交通运输行政处罚裁量基准》第八十一条的规定，作出责令当事人改正违法行为，并处罚款 1000 元的行政处罚。

处罚依据：

《道路货物运输及站场管理规定》第二十三条：道路货物运输经营者应当要求其聘用的车辆驾驶员随车携带按照规定要求取得的道路运输证。道路运输证不得转让、出租、涂改、伪造。

《道路货物运输及站场管理规定》第五十七条：交通运输主管部门的工作人员在实施道路运输监督检查过程中，对没有道路运输证又无法当场提供其他有效证明的货运车辆可以予以暂扣，并出具《道路运输车辆暂扣凭证》。对暂扣车辆应当妥善保管，不得使用，不得收取或者变相收取保管费用。违法当事人应当在暂扣凭证规定时间内到指定地点接受处理。逾期不接受处理的，交通运输主管部门可依法作出处罚决定，并将处罚决定书送达当事人。当事人无正当理由逾期不履行处罚决定的，交通运输主管部门可申请人民法院强制执行。

（2）违反危险货物运输管理规定（交通运输局执法范围）。

1）危险货物运输车辆及设备不符合要求。

案例：

2023 年 7 月 12 日 16 时 40 分，海东市平安区交通运输执法部门在执法检查时发现，李某驾驶青 BG××31 厢式货车从事道路危险货物运输经营活动。经现场检查，该车载有液化气罐共 22 罐，其中 5 罐为空罐，17 罐为实罐，液化气站充气充装登记表 5 份，液化气收据 126 份，且未办理道路危险货物运输经营许可和相关证明，涉嫌未取得道路危险货物运输许可，擅自从事道路危险货物运输。

李某的行为违反了《道路危险货物运输管理规定》第五十五条第（一）项的规定，交通运输执法部门依据规定，给予当事人李某罚款 30000 元的行政处罚。

处罚依据：

《中华人民共和国道路运输条例》第六十三条第（三）项：违反本条例的规定，有下列情形之一的，由县级以上地方人民政府交通运输主管部门责令停止经营，并处罚款；构成犯罪的，依法追究刑事责任：……（三）未取得道路运输经营许可，擅自从事道路危险货物运输经营，违法所得超过 2 万元的，没收违法所得，处违法所得 2 倍以上 10 倍以下的罚款；没有违法所得或者违法所得不足 2 万元的，处 3 万元以上 10 万元以下的罚款。

《道路危险货物运输管理规定》第五十五条第（一）项：违反本规定，有下列情形之一的，由交通运输主管部门责令停止运输经营，违法所得超过2万元的，没收违法所得，处违法所得2倍以上10倍以下的罚款；没有违法所得或者违法所得不足2万元的，处3万元以上10万元以下的罚款；构成犯罪的，依法追究刑事责任：（一）未取得道路危险货物运输许可，擅自从事道路危险货物运输……

2）未按规定制作危险货物运单或保存期限不符要求。

案例：

南宁市交通运输综合行政执法支队应用广西交通运输综合执法系统对辖区危货运输企业车辆轨迹情况进行日常检查时，发现广西某物流有限公司所属一辆重型罐式货车在2024年5月2日至5日有高速通行记录，但无动态监控行驶轨迹。针对该车的异常现象，执法人员对其公司进行现场核查。经调查，当事驾驶员黄某从钦州装载柴油运输至南宁，有危险品货物运输经营行为。黄某称，因出车比较急，没有填写危险货物道路运输电子运单，并将车辆智能视频监控装置关闭以逃避监管。

执法人员向公司负责人及驾驶员告知：未按照规定制作危险货物运单和关闭车辆智能视频监控装置的行为，违反了《危险货物道路运输安全管理办法》《中华人民共和国安全生产法》的规定，对公司分别作出罚款5000元和2000元的行政处罚。

处罚依据：

《危险货物道路运输安全管理办法》第二十四条：危险货物承运人应当制作危险货物运单，并交由驾驶人随车携带。危险货物运单应当妥善保存，保存期限不得少于12个月。

《危险货物道路运输安全管理办法》第六十条：危险货物承运人违反本办法第二十四条，未按照规定制作危险货物运单或者保存期限不符合要求的，交通运输主管部门应当责令改正，处2000元以上5000元以下的罚款。

《中华人民共和国安全生产法》第三十六条：生产经营单位不得关闭、破坏直接关系生产安全的监控、报警、防护、救生设备、设施，或者篡改、隐瞒、销毁其相关数据、信息。

《中华人民共和国安全生产法》第九十九条：生产经营单位关闭、破坏直接关系生产安全的监控、报警、防护、救生设备、设施，或者篡改、隐瞒、销毁其相关数据、信息的，责令限期改正，处5万元以下的罚款；逾期未改正的，处5万元以上20万元以下的罚款，对其直接负责的主管人员和其他直接责任人员处1万元以上2万元以下的罚款；情节严重的，责令停产停业整顿；构成犯罪的，依照刑法有关规定追究刑事责任。

（3）违反快递市场管理规定（邮政管理局执法范围）。

1）未经许可经营快递业务。

案例：

盐城市某某运输有限公司于2021年2月开办，2022年8月开始经营快递业务，至检查当日一直在持续经营，但未取得快递业务经营许可证，涉嫌未经许可经营快递业务。盐城市邮政管理局于2023年9月11日前往盐城市某某运输有限公司现场调查，经查，该公司未经许可经营快递业务属实。根据《中华人民共和国邮政法》第五十一条、第七十二条，盐城市邮政管理局对该公司作出责令改正，并处罚款10万元的行政处罚。

处罚依据：

《中华人民共和国邮政法》第五十一条：经营快递业务，应当依照本法规定取得快递业务经营许可；未经许可，任何单位和个人不得经营快递业务。

《中华人民共和国邮政法》第七十二条：未取得快递业务经营许可经营快递业务，或者邮政企业以外的单位或者个人经营由邮政企业专营的信件寄递业务或者寄递国家机关公文的，由邮政管理部门或者工商行政管理部门责令改正，没收违法所得，并处5万元以上10万元以下的罚款；情节严重的，并处10万元以上20万元以下的罚款；对快递企业，还可以责令停业整顿直至吊销其快递业务经营许可证。

2）超地域范围经营快递业务。

案例：

2023 年 1 月 6 日，根据有关线索，湛江市邮政管理局执法人员对广东圆通速递有限公司（圆通快递广东省内总部）的下属企业吴川市××物流有限公司开展执法检查。检查发现，吴川市××物流有限公司的快递业务经营许可证已过期（有效期至 2022 年 5 月 26 日），但该公司在 2022 年 5 月 27 日后仍继续在湛江市辖区内经营圆通品牌快递业务。同时，截至 2023 年 1 月 6 日，广东圆通速递有限公司的快递业务经营许可证显示其经营地域范围不包括湛江市，但其下属企业仍在湛江市辖区内经营快递业务。上述行为违反了《快递市场管理办法》第十条第二款。湛江市邮政管理局依据《快递市场管理办法》第四十一条规定责令广东圆通速递有限公司立即停止超地域范围经营快递业务行为，并处罚款 18000 元。

处罚依据：

《快递市场管理办法》第十条第二款（新法第十八条）：经营快递业务的企业应当在快递业务经营许可范围内依法经营快递业务，不得超越许可的业务范围和地域范围。

《快递市场管理办法》第四十一条（新法第五十一条）：经营快递业务的企业不按照公示、公布的服务地域投递快件的，由邮政管理部门责令改正，予以警告或者通报批评，可以并处快递服务费金额 1 倍至 10 倍的罚款。

3）未严格执行收寄验视制度。

案例：

2023 年 5 月，韶关市新丰县公安局在侦办一起假币案中发现新丰县××速递有限公司在收寄过程中涉嫌不执行收寄验视制度，遂将案件线索移交属地邮政管理部门。经查，2023 年 1 月至 2023 年 2 月，涉案企业共收寄王某以“练功券”“影视道具”等名义寄出掺夹假币的快件达469件，涉案企业在收寄该批快件时未执行收寄验视制度。上述行为违反了《中华人民共和国邮政法》第二十五条的规定，构成不执行收寄验视制度的违法行为。韶关市邮政管理局依据《中华人民共和国邮政法》第七十五条的规定，对该公司作出停业整顿10天的处罚。

处罚依据：

《中华人民共和国邮政法》第二十五条：邮政企业应当依法建立并执行邮件收寄验视制度。对用户交寄的信件，必要时邮政企业可以要求用户开拆，进行验视，但不得检查信件内容。用户拒绝开拆的，邮政企业不予收寄。对信件以外的邮件，邮政企业收寄时应当当场验视内件。用户拒绝验视的，邮政企业不予收寄。

《中华人民共和国邮政法》第七十五条：邮政企业、快递企业不建立或者不执行收件验视制度，或者违反法律、行政法规以及国务院和国务院有关部门关于禁止寄递或者限制寄递物品的规定收寄邮件、快件的，对邮政企业直接负责的主管人员和其他直接责任人员给予处分；对快递企业，邮政管理部门可以责令停业整顿直至吊销其快递业务经营许可证。

3. 行政处罚的程序

（1）立案阶段。立案是行政处罚程序的起点。当行政机关发现公民、法人或其他组织可能存在违法行为或者接到相关举报后，需要对案件进行初步审查，以确定是否满足立案条件。行政机关在作出是否立案的决定前通常会考虑违法行为是否存在、违法主体是否明确，以及处罚机关是否具有管辖权等要素，以审查立案的必要性，避免浪费执法资源、对无辜者进行不必要的调查。

《行政处罚法》第五十五条明确规定，立案应当制作立案决定书，并载明案件来源、当事人基本情况、涉嫌违法事实、立案依据等内容。

（2）调查阶段。立案后，行政机关需要收集案件证据，以查明基本事实。在进行调查的过程中，执法人员应当根据《行政处罚法》第五十五条的规定，主动向当事人或者有关人员出示执法证件，当事人也有权要求执法人员出示执法证件。若执法人员不出示执法证件，当事人或者有关人员有权拒绝接受调查或者检查。

执法人员在调查过程中必须遵守法定程序，确保其合法性和公正性。调查取证应当全面、客观、公正，不得以利诱、欺诈、胁迫、暴力等不正当手段收集证据。调查人员有权要求当事人提供有关资料，进行现场检查、询问、勘验、鉴定等，调查人员也有义务保护当事人的商业秘密和个人隐私。调查结束后，调查人员需要制作调查报告，详细记录调查过程和结果，为后续处罚决定提供依据。

（3）决定阶段。调查结束后，行政机关应当基于调查过程中获得的相关证据，对案件进行审理，并依法作出处罚决定。行政机关在作出调查决定前，还应当根据《行政处罚法》第四十四条和第四十五条的规定，告知当事人拟作出的处罚决定及其事实、理由和依据，并听取当事人的陈述和申辩。处罚决定应当载明违法事实、处罚依据、处罚种类、处罚幅度、处罚履行方式和期限等内容。

在某些特定的行政处罚决定作出前，行政机关应当主动告知当事人其具有要求听证的权利，且当事人不负担听证费用。根据《行政处罚法》第六十三条的规定，这些特定的行政处罚包括：较大数额罚款；没收较大数额违法所得、没收较大价值非法财物；降低资质等级、吊销许可证件；责令停产停业、责令关闭、限制从业；其他较重的行政处罚；以及法律、法规、规章规定的其他情形。听证程序应当公开、公正，确保当事人的合法权益得到充分保障。听证结束后，行政机关应当根据听证笔录和调查结果，依法作出处罚决定。

（4）执行阶段。处罚决定作出后，当事人应当自觉于行政处罚决定书载明的期限内予以履行。《行政处罚法》第七十二条规定，如果当事人逾期不履行，行政机关可以采取划拨存款、拍卖财物等强制措施，以确保处罚决定的执行。若行政机关在强制执行的过程中存在不遵守法定程序、超越职权或滥用职权的情况，当事人也有权在执行过程中提出陈述和申辩，或者申请行政复议、提起行政诉讼。

（三）行政复议

行政复议作为一项行政系统内部的自我纠正制度，其目的在于监督行政机关依法行政、保障行政相对人的合法权益。行政复议与行政诉讼一样，都需要遵循严格的程序，对于初次接触复议的行政相对人来说具有一定复杂性。因此，笔者将从行政复议的适用范围与条件、管辖、提起与受理等方面，系统解析行政复议的相关规定。

1. 行政复议的适用范围

行政复议的适用范围十分广泛，涵盖了行政机关作出的绝大多数具体行政行为。根据《中华人民共和国行政复议法》（以下简称《行政复议法》）的相关规定，公民、法人或者其他组织在下列情形下，可以依法申请行政复议：

（1）对行政处罚决定不服。对行政机关作出的警告、罚款、没收违法所得、没收非法财物、责令停产停业、暂扣或者吊销许可证、暂扣或者吊销执照、行政拘留等行政处罚决定不服的。

（2）对行政强制措施决定不服。对行政机关作出的限制人身自由或者查封、扣押、冻结财产等行政强制措施决定不服的。

（3）对行政许可等决定不服。对行政机关作出的有关许可证、执照、资质证、资格证等证书变更、中止、撤销的决定不服的。

（4）对自然资源所有权或使用权决定不服。对行政机关作出的关于确认土地、矿藏、水流、森林、山岭、草原、荒地、滩涂、海域等自然资源的所有权或者使用权的决定不服的。

（5）认为行政机关侵犯合法的经营自主权。认为行政机关变更或者废止农业承包合同，侵犯其合法权益的；认为行政机关违法集资、征收财物、摊派费用或者违法要求履行其他义务的。

（6）认为行政机关未依法履行职责。认为符合法定条件，申请行政机关颁发许可证、执照、资质证、资格证等证书，或者申请行政机关审批、登记有关事项，行政机关没有依法办理的；申请行政机关履行保护人身权利、财产权利、受教育权利的法定职责，行政机关没有依法履行的；申请行政机关依法发放抚恤金、社会保险金或者最低生活保障费，行政机关没有依法发放的。

（7）认为行政机关的其他具体行政行为侵犯其合法权益。这是一个兜底条款，涵盖了除上述情形外，行政相对人认为行政机关的其他具体行政行为侵犯其合法权益的情形。

除了上述适用范围，申请行政复议还需满足以下条件：

（1）申请人必须是与该行政行为具有法律上利害关系的行政相对人。只有在行政行为直接影响到了申请人的合法权益，比如行政处罚使当事人的财产权受到影响，行政许可的颁发与否关系到当事人能否从事特定活动时，当事人才有资格提出行政复议申请。

（2）行政行为存在且已产生实际影响。如果行政机关只是有作出某种行为的意向，还没有真正实施，或者实施了但没有对相对人的权利义务造成任何实际改变，那就不满足行政复议的条件。比如，行政机关只是口头告知要进行某项处罚，但没有正式下达处罚决定书，这种情况下就不能申请行政复议。

（3）申请人必须在知道或应当知道该行政行为之日起60日内提出复议申请。因不可抗力或者其他正当理由耽误法定申请期限的，申请期限自障碍消除之日起继续计算。

（4）复议申请必须符合行政复议法规定的形式要求，包括提交复议申请书、相关证据材料等（后文附复议申请书模板）。申请人要提交复议申请书，清晰地写明申请复议的请求、事实和理由等内容，同时还要提供相关证据材料，用来支持自己的主张。

2. 行政复议的管辖

（1）级别管辖。行政复议级别管辖主要根据行政机关的层级和案件的重大复杂程度来确定。具体规定如下：

1）对县级以上地方各级人民政府工作部门的具体行政行为不服的，由申请人选择，可以向该部门的本级人民政府申请行政复议，也可以向上一级主管部门申请行政复议。例如，对于南昌市自然资源和规划局作出的行政处罚决定不服的，可以向南昌市政府申请复议，也可以向江西省自然资源厅申请复议。

2）对海关、金融、国税、外汇管理等实行垂直领导的行政机关和国家安全机关的具体行政行为不服的，可以向上一级主管部门申请行政复议。

3）对地方各级人民政府的具体行政行为不服的，可以向上一级地方人民政府申请行政复议。

4）对省、自治区人民政府依法设立的派出机关所属的县级地方人民政府的具体行政行为不服的，可以向该派出机关申请行政复议。例如，在新疆维吾尔自治区，巴音郭楞蒙古自治州人民政府是新疆维吾尔自治区人民政府依法设立的派出机关，巴音郭楞蒙古自治州下辖库尔勒市、轮台县、尉犁县等多个县级行政区。若轮台县人民政府对某个体工商户作出了吊销营业执照的行政处罚，该个体工商户对此不服，就需要向巴音郭楞蒙古自治州人民政府申请行政复议。

5）对国务院部门或者省、自治区、直辖市人民政府的具体行政行为不服的，向作出该具体行政行为的国务院部门或者省、自治区、直辖市人民政府申请行政复议，这是平级复议的特殊情况。

6）对于县级以上地方人民政府依法设立的派出机关（如行政公署、区公所、街道办事处等）及政府工作部门依法设立的派出机构（如公安分局、地税分局等）作出的具体行政行为不服的，申请人应当向设立该派出机关或派出机构的政府或部门申请行政复议。例如，某市公安局设立了A区公安分局，A区公安分局对某公民作出了行政拘留的处罚决定，该公民认为自己的行为不应当受到这样的处罚，不服该决定。此时，该公民应向设立A区公安分局的市公安局申请行政复议。

（2）地域管辖。一般情况下，申请人可以向作出行政行为的行政机关所在地或该机关的上一级行政机关所在地提出复议申请。如果涉及不动产的复议案件，如土地、房屋等不动产的所有权或使用权争议，申请人应当向不动产所在地的行政复议机关提出复议申请。

对于被撤销的行政机关在撤销前作出的具体行政行为，申请人应当向继续行使该行政机关职能的行政机关的上一级行政机关申请行政复议。这是因为被撤销的行政机关已经不存在，但其职能可能由其他行政机关继续行使，因此应当由继续行使职能的行政机关的上一级行政机关进行审查和纠正。

需要注意的是，行政复议机关已经依法受理的复议案件，或者法律、法规规定应当先向行政复议机关申请行政复议、对行政复议决定不服再向人民法院提起行政诉讼的（复议前置案件，包括自然资源权属争议、纳税争议、反垄断案件），在法定行政复议期限内不得向人民法院提起行政诉讼。同样，公民、法人或者其他组织向人民法院提起行政诉讼，人民法院已经依法受理的，不得申请行政复议。如果申请人就同一事项向两个或者两个以上有权受理的行政机关申请行政复议的，由最先收到行政复议申请的行政机关受理；如果同时收到行政复议申请的，则由收到行政复议申请的行政机关在 10 日内协商确定受理机关；协商不成的，则由其共同上一级行政机关在 10 日内指定受理机关。这体现了行政复议机关之间的协作和配合，以及避免重复处理的原则。

行政复议的管辖制度是一个复杂而精细的系统，它根据行政机关的层级和案件的重大复杂程度及行政行为发生地和复议机关所在地来确定复议机关的受理权限和分工，保证行政复议的公正、高效和便捷。

3. 行政复议的提起

（1）提起时限。公民、法人或其他组织认为具体行政行为侵犯其合法权益的，可以自知道该具体行政行为之日起 60 日内提出行政复议申请。如果法律规定的申请期限超过 60 日，则按照法律规定执行。例如，《专利法》规定的提起行政复议的期限为 3 个月。

（2）提起方式。申请人可以书面申请行政复议，也可以口头申请。书面申请需要提交行政复议申请书，载明申请人的基本情况、行政复议请求、申请行政复议的主要事实、理由和时间等。口头申请的，行政机关应当当场记录申请人的基本情况、行政复议请求、申请行政复议的主要事实、理由和时间等。

复议申请书应当载明以下内容：

1）申请人的基本情况，包括姓名、性别、年龄、职业、住址（法人或者其他组织的名称、地址、法定代表人或者主要负责人的姓名、职务）等。

2）被申请人的基本情况，包括名称、地址、法定代表人或者主要负责人的姓名、职务等。

3）明确的复议请求。明确表述申请人要求复议机关解决的问题和目的。

4）事实和理由。详细阐述申请人认为行政行为违法或不当的事实和理由，以及申请复议的法律依据。

5）申请日期。注明申请人提出复议申请的日期。

除了提交复议申请书，申请人还需要提交相关证据材料，如身份证明、行政行为决定书、相关证据等，并确保以上材料的真实、合法、有效。

附：行政复议申请书模板

行政复议申请书

申请人：__________，性别：______，出生年月：________________

身份证（其他有效证件）号码：____________________

工作单位：__________________________________

住址（联系地址）：______________________________

邮政编码：______________，电话：____________________

申请人（法人或其他组织名称）：____________________

住所地（联系地址）：______________________________

邮政编码：______________，联系电话：____________________

法定代表人或主要负责人：__________，职务：________________

委托代理人（姓名）：______，性别：______，出生年月：________

身份证（其他有效证件）号码：____________________

工作单位：__________________________________

住址（联系地址）：______________________________

邮政编码：__________，电话：____________________

被申请人（名称）：____________________

行政复议请求：申请人不服被申请人作出的（行政行为）________，请求（撤销/变更）该行政行为或请求确认该行政行为（违法/无效）。

事实和理由：申请人于________年______月______日通过______方式得知该行政行为，特申请行政复议，主要事实和理由如下：____________
______________________。

此致

（行政复议机关）

附件：1. 行政复议申请书副本________份

2. 申请人身份证明材料复印件

3. 其他有关材料________份

4. 授权委托书（有委托代理人的）

申请人（签名或盖章）：

______年______月______日

---

4. 行政复议的受理

（1）受理机关。具有管辖权的行政复议机关收到行政复议申请后，应当在5日内进行审查，并作出是否受理的决定。

（2）审查内容。行政复议机关在受理行政复议申请前，需要对申请进行形式审查。审查内容包括以下几个方面：

1）复议申请是否在法定期限内提出。申请人是否在知道或应当知道该行政行为之日起60日内提出复议申请。

2）复议申请是否符合法定形式。复议申请书是否载明规定的内容，是否提交相关证据材料等。

3）是否有其他救济手段排除了行政复议。对于法律不要求必须经行政复议后即可起诉的事项，应当审查行政相对人是否向人民法院提起行政诉讼，以及人民法院是否已经受理，若已受理，则不能再受理复议申请。

4）是否重复提起行政复议申请。申请人是否就同一事项向同一复议机关或不同复议机关重复提出复议申请。

5）是否符合行政复议法的其他规定，如申请人资格、行政行为是否存在且已产生实际影响等。

经审查，符合法定条件的复议申请，复议机关应当决定予以受理，并制作受理通知书送达申请人；不符合条件的复议申请，复议机关应当决定不予受理，并制作不予受理决定书送达申请人。不予受理决定书应当载明不予受理的理由和法律依据。如果行政复议申请符合行政复议法规定，但不属于本机关受理的，行政复议机关将告知申请人向有关行政复议机关提出。

对于不属于行政复议范围的事项，如行政处分或其他人事处理决定、对民事纠纷的处理等，复议机关应当告知申请人不予受理，并告知其可以依法通过其他途径解决。

（3）受理后的程序。一旦行政复议申请被受理，行政复议机关将向被申请人发送行政复议申请书副本或行政复议申请笔录复印件，并要求其在一定期限内提出书面答复，并提交当初作出具体行政行为的证据、依据和其他有关材料。

行政复议机关将依法对被申请人作出的具体行政行为进行审查，并根据审查结果依法作出行政复议决定。

（4）受理后的处理。行政复议机关将在受理申请之日起 60 日内作出行政复议决定。情况复杂的，经行政复议机关的负责人批准，可以适当延长，但延长期限最多不超过 30 日。

如果申请人对行政复议决定不服，可以依法向人民法院提起行政诉讼。如果行政复议已经被依法受理，则当事人在法定复议期限以内不得提起诉讼。

四、其他风险防控措施

（一）风险识别与评估

在复杂的商业环境中，企业往往面临着来自内外部的诸多风险，直接关系到企业的生存与发展。为提高风险抵御能力，建议企业构建一套科学、全面且实操性强的风险评估体系，以迅速识别风险，延长企业应对风险的缓冲时间。

1. 风险识别

风险识别作为风险评估的起点，是企业洞察潜在威胁的窗口，更是制定有效应对策略的前提。为确保风险识别工作能够全方位、多层次地展开，企业需要从内部风险识别和外部风险识别两个层面共同着手，尽量使风险识别全方位、无遗漏。

内部风险识别，是物流企业的自我审视，挖掘企业运营管理中潜藏的威胁。对物流企业来说，主要包括操作风险、财务风险、人力风险与信息技术风险。操作风险作为物流行业的痼疾，在装卸、运输、仓储等各个环节，均存在因人为操作失当或既有流程瑕疵而诱发风险的可能性。诸如操作不慎引发的货物损坏、管理不善导致的货物丢失，以及流程衔接不畅造成的货物延误交付等问题，这些负面情形将直接对客户满意度及企业的市场信誉造成冲击，进而影响企业的可持续发展。财务风险则是企业维系生存与发展的“生命线”。资金作为企业运营的血液，资金链断裂意味着供血不足。成本失控会蚕食企业利润，坏账烂账则使资金回笼受阻，极易诱发企业财务危机，危及企业根基。员工频繁离职、专业人才储备短缺及团队内部协作阻滞等人力风险，一方面会致使工作效率大打折扣，使企业产出效能低于预期；另一方面更将侵蚀企业的核心竞争力，阻碍企业在市场中脱颖而出，难以实现长远发展目标。信息技术风险是伴随物流信息化而产生的新兴风险。在当今数字化时代，信息系统的稳定性及数据的安全性已然成为物流企业面临的全新挑战。一旦信息系统突发故障，致使业务流程中断，或是发生数据泄露事件，导致企业商业机密、客户信息外流，都将给企业带来难以估量的灾难性后果，令企业在市场竞争中处于被动挨打的局面。

外部风险识别，则是物流企业洞察市场动态的“望远镜”，帮助企业提前看清尚未发生的风险，主要包括市场风险、法律风险、供应链风险。市场风险，像市场需求方面时不时地发生变化、竞争对手突然调整经营策略，以及价格频繁波动等情况，都会直截了当地对物流企业的市场份额还有盈利能力造成影响。企业如果不能及时洞悉市场需求是在扩张还是萎缩，不清楚竞争对手推出了什么新举措来争抢客源，也不了解价格波动趋势，很可能就会在市场竞争中败下阵来，利润也会随之大打折扣。如今物流行业发展迅猛，与之相关的法律法规处于持续更新完善的过程中。物流企业必须时刻紧盯政策走向，要是稍有疏忽，没有做到合规经营，就极有可能陷入法律纠纷，甚至遭受处罚。物流企业身处供应链之中，上下游企业的运营状况好不好、会不会遭遇自然灾害，以及政治经济环境出现变动等因素，都可能给供应链带来不稳定因素，进而影响企业自身业务的连续性。若是上游供应商的原材料供应不足，下游经销商销售受阻，又或者碰上地震、海啸等自然灾害，还有国际政治局势紧张引发的贸易限制等，都可能让物流企业的业务难以为继。

风险识别工作绝非一劳永逸、一蹴而就的事，对于物流企业而言，它是一场需要持之以恒投入精力的“马拉松”。无论是内部操作、财务、人力资源、信息技术等层面潜藏的隐患挖掘，还是外部市场、法律法规、供应链及自然灾害等方面的潜在威胁，都处于动态变化之中。市场需求不会一成不变，竞争对手的策略随时可能翻新，法律法规持续推陈出新，供应链上下游企业的状况起伏不定，自然灾害更是难以捉摸。所以，物流企业务必建立常态化的风险识别机制，将风险识别融入日常运营的每一个环节、每一个时段，安排专人定期对各业务板块进行风险排查，时刻保持对市场、法规、环境变化的敏锐嗅觉，唯此才能在复杂多变的商业浪潮中，及时发现风险、应对风险，保障企业稳健前行。

2. 量化评估

在风险识别的基础上进行量化评估是将潜在风险从抽象概念转化为具体数据的桥梁，在量化评估的基础上才能够更科学地制定风险应对策略、优化资源配置。量化评估要求物流企业运用科学的方法和工具，对风险的影响程度和发生概率进行精准测量，从而为风险管理提供数据支撑和决策依据。

企业首先要对风险影响程度量化。物流企业面临的风险往往涉及财务损失、运营中断、品牌声誉等多个维度。因此，在进行影响程度评估时，企业需采用多维度的评估模型，如风险矩阵法，综合考虑风险在不同维度上的影响大小。企业可通过历史数据分析、成本效益分析等方法，预测风险可能带来的直接和间接经济损失、评估风险对财务的影响；通过评估风险对物流网络、供应链稳定性及客户服务能力的影响，以判断风险对业务连续性的潜在威胁；通过市场调研、客户反馈等方式，评估风险对企业形象和品牌价值的潜在负面影响。

风险矩阵法主要包括以下几个方面：

（1）风险发生的可能性：评估风险发生的概率，通常分为不同的等级，如经常发生、偶尔发生、极少发生等。

(2) 风险的影响：评估风险发生后对项目或系统的潜在影响，包括经济损失、人员伤害、声誉损害等。

(3) 事件危害性：评估事件本身的严重程度，包括对人员、财产、环境等方面的影响。

(4) 后果严重性：评估风险发生后可能导致的最坏结果，如人员伤亡、财产损失等。

(5) 防控难易程度：评估采取措施预防或减轻风险影响的难易程度。

其次要对风险发生概率进行量化。由于风险具有不确定性和随机性，其发生概率往往难以准确预测。然而，这并不意味着企业可以忽视对风险发生概率的评估。相反，企业应综合运用历史数据、行业趋势、专家判断等多种信息来源，采用统计分析和概率预测等方法，对风险的发生概率进行合理估计。同时，关注风险之间的关联性和相互影响，以及外部环境的变化趋势，以动态调整风险发生概率的评估结果。

量化评估的结果通常以风险矩阵图的形式呈现（见图2-10），有利于直观展示风险的分布情况和优先级排序。风险矩阵图将风险的影响程度和发生概率分别作为横纵坐标，将风险划分为不同等级，如高风险、中风险、低风险等，以企业快速识别出需要优先关注和应对的风险，为制定风险应对策略提供直观依据。

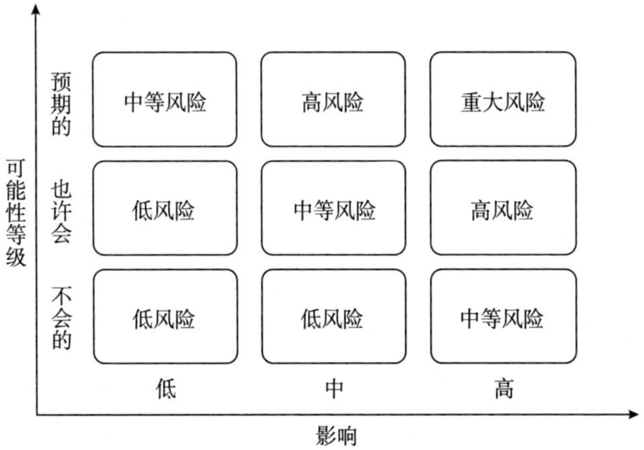

图2-10 风险矩阵图

量化评估要求企业具备强大的数据收集、处理和分析能力，因此，企业需重视企业内部数据治理，提升数据质量，积极引入外部数据资源，丰富风险评估的数据基础。

3. 动态调整

动态调整的核心在于“灵活”与“持续”。“灵活”意味着企业需具备对市场动态、法律法规、供应链状况等外部环境变化的敏锐感知能力。当市场出现新的竞争格局或客户需求变化时，企业需迅速调整风险应对策略，以抓住市场机遇、应对市场风险。当法律法规或行业标准发生更新时，企业也需立即评估其对自身运营的影响，采取相应的合规措施，以降低法律风险。

“持续”，则强调风险管理机制的动态性和迭代性。企业需定期对风险管理策略进行评估和复审，包括对风险识别清单的更新、风险量化评估模型的优化、风险应对策略的调整等。复审周期的长短根据企业的规模、业务复杂度及外部环境变化速度等因素灵活设定。对于规模较大、业务复杂的物流企业而言，建立月度或季度的风险管理复审机制可能更为合适。

在动态调整的过程中，企业还需建立风险预警机制。风险预警机制是风险管理的“前哨”，它能够在风险发生前或初期阶段提供预警信号，为企业争取宝贵的应对时间。企业可以结合历史数据和行业趋势，设定关键风险指标（KRI）和预警阈值，一旦指标达到或超过预警阈值，立即启动应急响应程序，采取必要的预防措施或应对措施，以降低风险带来的损失。

（二）企业合规管理

1. 合规管理的重要性

合规管理作为一座指引企业稳健前行的“灯塔”，不仅是企业信誉与责任感的体现，更关乎企业的生存与发展。在复杂多变的商业环境中，合规运营有利于企业在激烈的市场竞争中打下稳固地基。

在市场经济背景下，企业有权采取多种方式累积财富、扩大贸易，但必须时刻谨记不能跨越法律法规这条规范企业的行为边界的红线。物流企业作为连接生产与消费的桥梁，业务范围涉及国际贸易、海关监管、数据安全、环境保护等多个领域，每一环节都需严格遵守相关法律法规。合规运营，意味着企业在业务开展过程中，应始终将法律作为不可逾越的红线，确保所有经营活动合法合规，避免因违法违规行为而遭受法律制裁，维护企业的合法权益。

合规管理是提升企业品牌形象的关键。在信息不对称的市场环境中，企业的合规表现往往成为消费者和合作伙伴评估其信誉的重要指标。一个注重合规、诚信经营的企业，通常更能够赢得客户和市场的广泛认可，树立良好的品牌形象。反之，一旦企业被曝出合规问题，将引发信任危机，严重损害其品牌形象，甚至将导致客户流失、合作伙伴疏远的问题，影响企业的长期发展。

合规管理也是企业国际化战略的基石。随着全球贸易的加速发展，物流企业纷纷踏上国际化征程。然而，不同国家和地区的法律法规、文化习俗、商业惯例差异巨大，合规管理成为企业跨越国界、融入当地市场的关键。通过加强合规管理，企业能够迅速适应不同市场的法律法规要求，降低合规风险，为企业的国际化战略提供有力支撑。

2. 合规管理的具体措施

企业合规管理的重点就在于合规风险管理，而合规风险管理中最为重要的，就是对于企业合规风险的识别、评估、预警、监测和具体应对。简言之，就是对企业自身架构、运营方式、决策程序、财务管理等企业自身事宜进行梳理，并根据可能发生的违规系数进行识别和汇总，并逐一落实预警机制和处理方法，以便在实际工作中应对自如。实务中，企业遇到的合规风险是多方面的，主要包括合同风险、反贿赂风险、财税风险、知识产权风险、人事风险、数据安全风险、反垄断风险、品牌宣传风险等八个重要部分。

（1）搭建合规体系。要实现企业运营稳健、法律风险可控，企业需搭建一个全面且高效的合规体系，也就是从组织架构、政策制定及流程优化、外部合作三个维度共同推进，形成一个内外结合、上下联动、闭环管理的生态。

从组织架构层面出发，企业可以设立由高层领导挂帅的合规管理委员会，并下设独立的合规管理部门，作为合规管理的核心执行机构。这一部门需配备具备深厚的法律背景，并熟悉物流行业业务流程的专业合规管理人员，以确保合规要求能够精准嵌入企业运营的每一个环节。合规管理部门需与其他业务部门保持密切沟通，保证所制定的合规政策及其落地实施能够贴合业务实际，避免合规与业务“两张皮”的现象。

在政策制定及流程优化方面，企业应依据国家法律法规、行业标准及企业实际情况，对现有业务流程进行梳理，识别合规风险点，从而制定一套涵盖合同管理、信息安全、财务操作、客户服务、环境保护等多方面的操作流程，并明确违规责任，为员工提供清晰的指引。此外，还需定期评估合规管理的效果，及时发现并纠正合规问题。

有条件的企业还可以积极寻求与专业法律、财务、信息安全等第三方机构的合作，解读最新的法律法规，获取专业的合规咨询和服务，以第三方的视角审视企业的合规管理体系，发现潜在风险，推动合规管理的持续改进。

（2）精细化执法。精细化执法的目的在于确保风险得到精准防控、合规政策得到有效执行。企业可以通过内部自查自纠、专项检查整改、跨部门协同等手段来建构一套精细化的合规监管网络。

自查自纠机制包括自查自纠的流程、标准和奖励措施，鼓励员工在发现合规问题时，能够迅速、准确地向上级报告，并及时采取纠正措施，形成“人人都是合规监督员”的良好氛围。

专项检查整改针对的是财务管理、信息安全、客户服务等合规管理的重点领域。企业可以选择定期请专业合规管理人员或第三方机构执行专项检查，也可以自纠自查。对检查中发现的问题，企业应制订详细的整改计划，明确责任人和整改期限，并对整改情况进行定期评估。

合规管理并非单一部门的责任，而是需要企业各个部门的共同参与和协作。因此，加强合规管理部门与其他业务部门之间的沟通与协作是保证合规政策科学合理、保障合规工作正确高效的前提条件。在合规管理过程中，企业应注重实现合规信息的共享和互通，以形成部门合力。

（3）加强合规培训。合规培训旨在深化员工对法律法规、行业准则及企业内部规章制度的理解，确保企业运营活动始终在合法合规的轨道上前行。合规培训需要详细的培训计划，明确培训对象、内容、时间及方式，确保培训覆盖所有层级与岗位。像财务这种高风险领域的关键岗位人员，更应接受深入和频繁的合规教育。培训内容应紧跟法律法规更新与行业发展趋势，还可以通过多元化教学等手段，增强学习的互动性和时效性。

为激发员工的学习热情，高层管理人员应率先垂范，将合规文化融入企业决策与日常管理中，形成自上而下的合规氛围。通过合规激励与问责，表彰合规行为，对违规行为实施严格惩处，以此提升员工的自觉性和主动性，让合规成为企业持续成长的内生动力。

第三章　物流保险与理赔

第一节　物流保险种类和承保范围介绍

一、货物运输保险及附加险

货物运输保险及附加险包括物流保险、货物运输保险、货物运输预约保险等，及其附加盗窃险、提货不着险等。

（一）物流保险

物流保险作为一种保险形式，涵盖了与物流活动相关的各个方面，其重要性在当今经济体系中越发凸显。根据张良卫在其著作《物流保险》中所提供的深入分析，物流保险不仅仅是对物品运输过程中的风险进行保障，更是一个系统化的保险体系，其内涵丰富且多元，涉及多个维度。物流保险的核心作用在于保障物品在从供应地点到接收地点的整个实体流动过程中所面临的风险。这一过程不仅包括对财产与货物运输的保障，还延伸至机器设备损坏、运输工具及车辆安全性、人身安全保障等多方面的内容。物流保险还涵盖了与雇员忠诚度相关的承诺，体现了对人力资源管理的重视。物流保险的内容不仅限于传统的财产保险，还包含了对企业在物流活动中可能面临的多种风险的综合防范。由此得出，物流保险的真实概念：物品从供应地向接受地的实体流动过程中对财产、货物运输、机器损坏、车辆及其他运输工具安全、人身安全保证、雇员忠诚保证等一系列与物流活动发生关联的保险内容，其中还包括可预见的和不可预见的自然灾害。

物流保险的保障范围并不局限于可预见的风险，还包括由自然灾害所引发的不可预见的风险。这意味着，诸如洪水、地震等自然因素在物流活动中可能造成的损失，均在物流保险的保障之列。这一特性使物流保险不仅是对具体财产的保护，更是对整个物流链条中潜在风险的全面覆盖。因此，物流保险的性质决定了其并非一个孤立的险种，而是构成了一个综合性的保险体系，涵盖了所有与物流活动相关的保险形式。

在众多的保险类型中，货物运输保险是物流企业所投保的主要险种之一，该险种在整个物流保险市场中占据着举足轻重的地位。根据市场数据的分析，货物运输保险主要针对运输过程中可能出现的货物损失、损坏等风险，旨在为货物的安全运输提供保障。物流保险的广泛涵盖范围及其对物流活动各个方面的重要性不容小觑。通过对物流保险的深入剖析，我们不仅能够更好地理解其在现代物流行业中所扮演的关键角色，还能进一步认识到其在保障物流活动顺利进行中的不可替代性。物流保险作为风险管理的重要工具，为物流企业在复杂多变的市场环境中提供了强有力的支持，助力其在激烈的竞争中立于不败之地。

（二）货物运输保险

货物运输保险作为一种特定的财产保险，其保险标的是在运输过程中所涉及的货物。其主要目的在于对被保险货物因自然灾害或意外事故所导致的经济损失进行补偿，从而增强对运输货物的安全防范和损失控制措施。这一保险形式不仅是对货物本身的保障，更是对整个物流链条中潜在风险的有效管理。

货物运输保险的特性在于其与其他类型的财产保险存在显著差异，尤其体现在其保险合同的可转让性上。根据《中华人民共和国保险法》（以下简称《保险法》），货物运输保险合同的转移是随保险标的及保险利益的转移而自动进行的，这一过程无须事先通知保险人，也不必征得保险人的同意。这一特性赋予了货物运输保险极大的灵活性，使在货物交接过程中，保险合同能够随货物的转移而自动生效。在货物运输的交接过程中，货物运输保险可以直接转移至下一位交接人员手中，而不需要经过烦琐的通知程序。这一机制有效地减少了保单转让过程中的复杂性，极大地便利了保险的实际应用。通过这种方式，货物运输保险能够在货物运输过程中持续有效地分散可能出现的自然灾害或意外事故所带来的经济风险，从而为物流企业提供了更为全面的保障。货物运输保险在风险管理方面的优势还体现在其能够快速适应市场需求的变化。随着全球贸易的不断发展，货物运输的方式和途径日益多样化，货物运输保险的灵活性使其能够满足不同客户和市场的需求。在面对复杂多变的物流环境时，货物运输保险能够通过其可转让性为企业提供持续的风险保障，确保货物在运输过程中的安全性。

货物运输保险不仅是对运输过程中货物的经济损失的补偿机制，更是一个灵活、高效的风险管理工具。其保险合同的可转让性极大地便利了货物交接过程中保险权益的转移，为物流行业的健康发展提供了重要支持。通过加强对运输货物的保障，货物运输保险在现代物流体系中发挥着不可或缺的作用。

（三）货物运输预约保险

1. 预约保险合同概念及适用

预约保险合同制度起源于海上货物运输领域，其产生具有深刻的历史背景和现实需求。在传统海上贸易中，由于货物运输周期长、风险因素复杂，且运输批次频繁，逐批投保的模式既增加了交易成本，又难以满足商业效率的需求。因此，作为一种创新的保险商业模式，预约保险合同（Open Policy）应运而生，旨在为长期、大规模的海上货物运输提供系统性的风险保障机制。

从制度功能来看，预约保险合同具有以下价值：其一，通过预先约定保险条件，降低了单次缔约成本；其二，为被保险人提供持续性的风险保障，避免因漏保而产生的法律风险；其三，有利于保险人建立稳定的业务来源，实现风险的有效分散。

《保险法》未见相关预约保险的规定，而《中华人民共和国海商法》（以下简称《海商法》）第二百三十一条至第二百三十四条在“海上保险合同”一章下的“合同订立”一节对预约保险进行了规定，“被保险人在一定期间内分批装运或者接受货物的，可以与保险人订立预约保险合同。预约保险合同应当由保险人签发预约保险单加以确认”，但没有明确预约保险的概念。相关条文较为简略，没有明确预约保险的概念。司玉琢在其著作《海商法专论（第三版）》中认为“预约保险合同是保险人与被保险人之间的一种长期协议，应当定明预约的保险责任范围、保险财产范围、每一保险或每一地点的最高额保险金额（Locality Clause）和保险费结算办法等”。在交通运输部2018年11月5日公布的《中华人民共和国海商法（修订征求意见稿）》（以下简称《海商法征求意见稿》）中，对预约保险的定义进行了增补，即第二百五十九条：“预约保险合同，是指保险人按照约定对于被保险人将来一定期间内分批运输的货物承担保险赔偿责任，而由被保险人支付保险费的合同。”如该条在未来修改《海商法》时得到采纳，将成为预约保险合同最为权威的定义。

综合《海商法》及《保险法》的相关规定，预约保险合同指保险人与被保险人就特定期间内分批运输或接收的货物所订立的一种持续性保险协议。此种合同具有以下显著法律特征：从合同主体来看，预约保险合同的双方当事人分别为具有相应资质的保险机构与具备保险利益的被保险人。就合同标的而言，其针对的是未来特定期间内分批运输的货物，具有不确定性和连续性。从合同内容分析，其通常包含保险标的范围、承保险别、保险期间、保险费率及收取方式等核心条款。

2. 预约保险合同运行机制的三重维度

（1）法律维度。预约保险合同的法律维度主要涉及合同的法律效力、法律约束力及相关法律条款的解释和适用。预约保险合同作为一种特殊的合同形式，其法律效力首先体现在合同的成立和生效上。根据《民法典》和《保险法》的相关规定，预约保险合同自双方达成合意时成立，并在约定的条件满足时生效。这意味着，预约保险合同不仅需要具备一般合同的基本要素，如当事人、标的、数量、质量、价款或报酬、履行期限、地点和方式等，还需要符合保险合同的特殊要求，如保险利益、保险标的、保险责任等。在法律约束力方面，预约保险合同对双方当事人具有同等的法律约束力。投保人和保险人必须按照合同约定履行各自的义务，否则将承担相应的法律责任。例如，投保人必须按照合同约定的时间和方式支付保险费，保险人则必须在保险事故发生时按照合同约定进行赔付。这种法律约束力不仅保障了合同的履行，也为解决合同纠纷提供了法律依据。

在相关法律条款的解释和适用上，预约保险合同涉及的法律问题较为复杂。例如，在保险标的的确定、保险责任的界定、保险事故的认定等方面，往往需要结合具体的法律条款进行解释和适用。此外，预约保险合同还可能涉及其他法律法规，如《中华人民共和国消费者权益保护法》《中华人民共和国反不正当竞争法》等，这些法律法规的适用也会对合同的效力产生影响。

（2）经济维度。预约保险合同的经济维度主要涉及保险费的确定、保险金额的计算及保险赔付的经济影响。保险费的确定是预约保险合同经济维度的核心问题之一。保险费的计算通常基于保险标的的价值、风险程度、保险期限等因素。在预约保险合同中，保险费的确定还需要考虑预约期限、预约数量等特殊因素。例如，长期预约保险合同可能会享受一定的费率优惠，而大额预约保险合同则可能需要支付更高的保险费。

保险金额的计算也是预约保险合同经济维度的重要内容。保险金额通常根据保险标的的实际价值确定，但在预约保险合同中，保险金额的计算可能更为复杂。例如，在预约货物运输保险中，保险金额可能需要根据预约货物的数量、价值、运输方式等因素进行动态调整。这种动态调整不仅能够更好地反映保险标的的实际风险，也能够提高保险合同的灵活性和适用性。

保险赔付的经济影响是预约保险合同经济维度的另一个重要方面。保险赔付不仅直接影响到保险人的经济利益，也会对投保人的经济状况产生重要影响。例如，在发生保险事故时，及时的保险赔付能够帮助投保人迅速恢复生产和经营，减少经济损失。而对于保险人来说，合理的赔付不仅能够维护其市场信誉，也能够促进其业务的可持续发展。

（3）风险管理维度。预约保险合同的风险管理维度主要涉及风险评估、风险控制及风险转移和分散。风险评估是预约保险合同风险管理的基础。在签订预约保险合同之前，保险人需要对保险标的的风险进行全面评估。这种评估通常包括对保险标的的自然风险、市场风险、操作风险等方面的分析。例如，在预约货物运输保险中，保险人需要评估货物的运输路线、运输工具、运输环境等因素，以确定货物的风险程度。

风险控制是预约保险合同风险管理的重要手段。在预约保险合同中，保险人通常会采取多种措施来控制风险。例如，在预约货物运输保险中，保险人可能会要求投保人采取一定的安全措施，如使用合格的运输工具、遵守运输规程等。此外，保险人还可能通过设置免赔额、赔偿限额等方式来控制风险。这些措施不仅能够降低保险事故的发生率，也能够减少保险赔付的金额。

风险转移和分散是预约保险合同风险管理的另一个重要方面。在预约保险合同中，保险人通常会将部分风险转移给再保险公司，以分散风险。例如，在预约货物运输保险中，保险人可能会将部分高风险货物运输业务转移给再保险公司。这种风险转移和分散不仅能够降低保险人的风险承担，也能够提高保险合同的稳定性和可靠性。

国内公路货物运输预约险二审案

基本案情：

2012 年 7 月 16 日 7 时 42 分，冉某驾驶闽 A×××、闽 A×××沿 G25 长深高速往××方向行至 2216.3 千米处时车头碰撞高速公路右侧护栏，冲破护栏翻下高速公路边沟，造成承运车受损、路产损失及车上货物毁坏的交通事故，经高速交警认定为单方事故（驾驶员低头在车内捡东西，负事故的全部责任）。后某物流公司向某保险公司报案，本次事故所造成的货物损失某保险公司委托某公估公司进行公估，公估鉴定货物损失为 323881.84 元（其中酒类物品货损金额为 229154.14 元，已扣除残值 144.09 元），并支付鉴定费 26292.27 元。某保险公司于 2014 年 11 月 14 日支付了案款和鉴定费。某物流公司承运该批零担货物后，委托某运输公司运往××南部。某运输公司向某保险公司对讼争事故车辆投保道路货运承运人责任保险，被保险人为某运输公司，约定每车每次事故责任限额为 80 万元，保险时间自 2011 年 10 月 29 日至 2012 年 10 月 28 日。承运货物为普通货物，普通货物不包括酒类。保险条款第七条约定，保险事故发生时，存在以下情形之一的，保险人不负责赔偿：驾驶人员、押运人员、装卸人员不具备相应的资格或违反相关操作规程。2016年8月30日，某保险公司向某运输公司发送拒赔通知书，以驾驶人员违反保险条款约定的操作规程不属于保险责任为由拒绝某运输公司的理赔请求。另查明，本案讼争事故车辆的登记车主为交通货运公司。邱某系某运输公司的法定代表人。2012年1月1日，邱某代表某运输公司与交通货运公司签订了一份《货运车辆挂靠合同》，约定某运输公司将本案讼争车辆在内的106辆车头、121辆挂车挂靠在交通货运公司名下进行运营。再查明，交通货运公司于2016年1月7日向石狮市工商局办理公司清算备案，并于2016年1月13日在海峡都市报刊登清算公告。交通货运公司已于2017年10月25日办理工商注销手续。

裁判结果：

一审法院认为，某物流公司与某保险公司之间的国内公路货物运输保险关系是双方当事人的真实意思表示，没有违反法律的强制性规定，应认定合法有效。本案讼争车辆在行驶过程中发生事故，某保险公司按照相关保险条款规定，已对投保人某物流公司就讼争受损货物进行保险赔付。按照《中华人民共和国保险法》第六十条的规定，“因第三者对保险标的的损害而造成保险事故的，保险人自向被保险人赔偿保险金之日起，在赔偿金额范围内代位行使被保险人对第三者请求赔偿的权利”，某保险公司有权代为行使被保险人某物流公司对第三者请求赔偿。根据交通事故责任认定书对讼争事故的责任认定可以体现，本案讼争事故系因驾驶员有其他妨碍安全行车行为的过错（低头在车内捡东西），负事故的全部责任，由于事故的发生系讼争车辆所导致，因此，某保险公司有权向讼争车辆的实际权利人进行追偿。虽然讼争车辆的登记车主为交通货运公司，但交通货运公司提供了一份《货运车辆挂靠合同》予以证明讼争车辆的实际车主为邱某，但邱某作为某运输公司的法定代表人，其有权代表某运输公司与交通货运公司签订《货运车辆挂靠合同》，且某运输公司也对邱某的行为予以认可，因此，应当认定讼争车辆的实际车主为某运输公司，某运输公司将讼争车辆挂靠在交通货运公司进行运营。根据《最高人民法院关于审理道路交通事故损害赔偿案件适用法律若干问题的解释》第三条的规定，“以挂靠形式从事道路运输经营活动的机动车发生交通事故造成损害，属于该机动车一方责任，当事人请求由挂靠人和被挂靠人承担连带责任的，人民法院应予支持”，交通货运公司作为讼争车辆的被挂靠人，依法应当对该货损与某运输公司承担连带责任。某保险公司无权要求邱某承担赔偿责任。但由于交通货运公司在诉讼过程中已办理工商注销登记，其主体资格已不存在，故某保险公司无权在本案中直接要求交通货运公司承担保险赔付款的赔偿责任，可另行向相关责任承担主体主张权利。某运输公司已就讼争车辆向某保险公司投保道路货运承运人责任保险，本案讼争事故恰好发生在该道路货运承运人责任保险期间，虽然本案系保险追偿权纠纷，而某运输公司与某保险公司之间系保险赔偿关系，二者属于不同的法律关系，但为节省诉讼资源，一审法院依法于本案中一并进行处理。根据某运输公司与某保险公司签订的道路货运承运人责任保险合同条款第七条第二款的约定，驾驶人员违反相关操作规程的，保险人不负责赔偿，虽然某运输公司明确提出该保险条款某保险公司未明确进行提示，但根据某保险公司及某运输公司均有提供的投保单上清楚体现，某运输公司已在投保人声明处加盖公章，确认某保险公司已对保险条款包括责任免除条款进行了明确说明，且相关保险条款中该部分内容也明确以加黑加粗方式进行了提示，因此，某运输公司有关某保险公司未对保险条款进行提示的抗辩不能成立。同时，虽然某保险公司抗辩主张本案讼争事故的发生系因驾驶员违反相关操作规则导致，按照免责条款的约定，某保险公司无须承担赔偿责任，但由于该保险条款系某保险公司提供的格式条款，未对属于违反操作规程的具体情形进行列明，且交通事故责任认定书中也未明确讼争事故的发生系驾驶员违反操作规程所致，因此，按照不利解释原则，某保险公司应承担相应不利的法律后果，一审法院依法认定讼争事故属于某运输公司与某保险公司约定的保险事故，某保险公司应按照保险合同的约定履行赔付义务。按照《中华人民共和国保险法》第二十六条的规定“人寿保险以外的其他保险的被保险人或者受益人，向保险人请求赔偿或者给付保险金的诉讼时效期间为二年，自其知道或者应当知道保险事故发生之日起计算”，某保险公司明确提出诉讼时效抗辩，虽然本案讼争事故发生的时间为 2012 年 7 月 16 日，某保险公司于 2016 年 8 月 30 日才出具拒赔通知书，但根据庭审过程中某保险公司的陈述，在事故发生后某保险公司有到现场进行查勘，应当视为某运输公司在事故发生时即已知道事故情形，有向某保险公司进行报案要求保险理赔，并要求某保险公司进行现场查勘及定损，因此，某运输公司要求某保险公司进行保险理赔的请求并未超过诉讼时效。由于事故发生后，某运输公司仅是要求某保险公司进行现场查勘，自己并未直接参与查勘和定损，而某保险公司又系基于其所陈述的“现场货物较为零散，事后分散到各处”的原因而未尽定损义务，直接导致本案货损仅能按照某保险公司的单方委托进行公估定损，现本案已不具备重新公估定损的条件，因此，某运输公司、某保险公司应对自己未参与货物公估定损的行为承担相应不利法律后果。一审法院依法对某保险公司提交的某公估公司评估报告书予以确认，可以认定讼争货物货损数额为323881.84元（其中酒类物品货损金额为229154.14元）及某保险公司已支付了公估费用26292.27元。由于本案某保险公司进行保险赔付的时间为2014年11月12日，又系保险追偿权纠纷，因此，某保险公司的追偿权诉讼请求的诉讼时效应自其赔付之日起计算两年，而某保险公司系在2016年11月3日提起本案诉讼，其要求赔偿保险理赔款及支付相关公估费用的请求并未超过法定的诉讼时效。虽然某保险公司应承担相应的保险赔付责任，但根据某保险公司与某运输公司所签订的保险合同条款明确体现，某保险公司仅对普通货物进行承保，不包括酒类物品，而本案货损清单中酒类物品的最终定损金额为229154.14元，该部分款项某保险公司无须进行赔付，因此，某保险公司仅需对94727.72元（323881.84元-229154.12元）的货损承担赔付责任。综上，某保险公司诉讼请求部分可以成立，一审法院予以支持。交通货运公司、邱某经传票传唤无正当理由拒不到庭参加诉讼，一审法院依法缺席审理。据此，一审法院依照《中华人民共和国保险法》第二十六条、第六十条，《最高人民法院关于审理道路交通事故损害赔偿案件适用法律若干问题的解释》第三条，《中华人民共和国民事诉讼法》第六十四条、第一百四十四条、第二百五十三条之规定，判决：第一，某运输公司应于判决生效之日起十日内偿付某保险公司垫赔的保险赔偿款人民币323881.84元及支付的公估费26292.27元，合计金额为350174.11元；第二，某保险公司应在其承运人责任保险94727.72元的范围内对上述第一项债务承担清偿责任；第三，驳回某保险公司的其他诉讼请求。案件受理费 6552 元，由某运输公司负担 4780 元，由某保险公司负担 1772 元。

对于原审查明的事实，某保险公司主张：某保险公司在保单中有另外约定，一审查明事实遗漏了免赔率。某运输公司称：实际上整车货损未扣残值是 597270. 83 元，扣减残值后是 581038. 11 元。某保险公司称：同意某运输公司意见。

某保险公司上诉请求：①不服保单合同中保险赔付责任的认定，请求重新判决；②二审诉讼费用由某保险公司承担。事实和理由：第一，一审判决缺乏法律依据，且与事实不符；第二，一审法院对保险赔款金额的判定错误；第三，对承担诉讼费有异议。

某保险公司辩称：①一审法院认定事实清楚、适用法律正确；②某保险公司对于一审判决的一、二两项理解有误，上诉理由不成立。

某运输公司辩称：①某保险公司提出免除保险赔偿责任的理由不能成立。第一，保险人对保险条款中的免责条款没有向投保人做明确的告知和提示，该免责条款无效，对投保人没有法律上的约束力。第二，交通事故认定书认定的事故原因系驾驶员冉某违反车辆安全行驶规则造成事故发生，并没有认定驾驶员违反装卸货的操作规程，某保险公司认为交警部门的交通事故认定书认定冉某违反相关操作规程缺乏事实依据。第三，依据保险条款第七条第（二）项，条款所谓的操作规程是指装卸的操作规程而非交通规则，某保险公司将保险合同条款“操作规程”扩大解释为道路安全交通法规定的交通规则是错误解释。本案中，驾驶员因在车辆行驶过程中捡拾驾驶室内的东西违反道路交通安全法相关规定，并非违反相关操作规程。保险合同条款并未约定车辆行驶过程中驾驶人员违反道路交通安全法规定属于保险公司免责的情形。②一审法院认定本案损失货物中的酒类物品货损金额由某运输公司承担错误。

二审法院依照《中华人民共和国民事诉讼法》第一百七十条第一款第（一）项、第（二）项的规定，判决如下：

第一，维持××省×市人民法院×闽×民初×号民事判决第一项。

第二，变更××省×市人民法院×闽×民初×号民事判决第二项为：某保险公司应在其承运人责任保险理赔金 205070 元的范围内对上述第一项债务承担清偿责任。

第三，撤销××省×市人民法院×闽×民初×号民事判决第三项。

第四，驳回某保险公司的其他诉讼请求。

裁判要旨：

预约保险合同的运行机制涉及法律、经济和风险管理三个维度，每个维度都对合同的效力和实施产生深远影响。在法律维度上，预约保险合同的法律效力和约束力保障了合同的履行和纠纷解决；在经济维度上，保险费的确定、保险金额的计算和保险赔付的经济影响直接关系到合同的经济效益；在风险管理维度上，风险评估、风险控制和风险转移分散是确保合同稳定性和可靠性的重要手段。

3. 物流预约保险合同中被保险人的申报义务

（1）预约保险合同下被保险人必须全部申报。在现代物流与运输行业中，保险的作用不可或缺，尤其是在货物运输中。预约保险合同作为一种特殊的保险形式，为被保险人在运输过程中提供了必要的风险保障。但是这种保险形式并非没有条件，特别是在被保险人申报义务方面，存在着明确且严格的要求。根据某财产保险有限公司所提供的《国内货物运输预约保险协议书》，相关的保险条款清晰地规定了被保险人的义务，尤其是在货物申报方面的要求。根据该协议书的条款，“乙方（被保险人）所发运的货物均应属于预约保险的范围，不能选择性地投保”“在本协议有效期间，乙方必须将所有发运的货物向甲方（保险人）投保”。这一规定明确指出，在预约保险的框架下，被保险人有义务将所有符合预约保险范围的货物进行全面申报。这一条款的核心在于禁止被保险人仅对部分货物进行投保或选择性地不投保，这样的规定旨在确保保险人能够充分评估风险，从而在必要时提供适当的保障。

被保险人全面申报的义务不仅体现在具体的保险合同条款中，也得到了相关法律法规的支持。例如，《海商法》第二百三十三条明确提到的“应当”通知的义务，意味着被保险人不是仅仅对已经发生险情的货物进行通知，而是必须逐一申报预约保险合同下的每一批货物。这一法律要求的存在，强化了被保险人在保险过程中应尽的诚信义务，确保保险公司能够全面了解被保险人的风险状况。

此外，1906 年《英国海上保险法》第二十九条第（三）款进一步强调了这一点，规定“包含保单条款下的所有货物”（comprise all consignments within the terms of the policy）。该条款中的“所有”一词清晰地表明，被保险人有法律义务对所有投保货物进行申报。这不仅是对保险公司风险评估的基本要求，也是对保险合同有效性的重要保障。

（2）预约保险合同下被保险人应按时申报。《海商法》第二百三十三条规定被保险人应当“立即”通知。《海商法征求意见稿》第二百六十一条未继续使用“立即”一词，而是规定“被保险人应当在每一次运输前向保险人正确申报”，可明确按时申报应是在每一次运输开始前。

根据最高院在（2016）最高法民申 1017 号民事判决书的裁判观点，海上保险合同的告知义务应适用《海商法》相关规定，而不适用《保险法》及其司法解释的相关规定。根据《海商法》第二百二十二条规定：“合同订立前，被保险人应当将其知道的或者在通常业务中应当知道的有关影响保险人据以确定保险费率或者确定是否同意承担的重要情况，如实告知保险人。保险人知道或者在通常业务中应当知道的情况，保险人没有询问的，被保险人无需告知。”

从上述有关海上保险合同告知义务看，《保险法》有关被保险人的告知义务限于保险人提出询问时，而《海商法》有关被保险人的告知义务为订立保险合同前。《海商法》第二百三十三条有关预约保险合同下被保险人的通知（申报）义务，一般发生于预约保险合同订立后，各航次/批次货物出运前，明显不同于被保险人的告知义务。

我国司法实践中，图越物流与平安保险于 2016 年 9 月 7 日签订预约保险协议，投保险别为综合险。因被保险人图越物流延后申报保险，保险人拒赔。法院经审理认为，对于图越物流延后申报保险不规范录单行为，保险人未能举证证明，也未能充分说明该行为导致风险增加或影响保险人判断真实风险，并由此造成损失扩大或无法核实损失，不符合协议约定的保险人有权拒绝赔偿的情形。图越物流延后申报保险不规范录单行为，也不属于《海商法》规定的保险人不负赔偿责任情形。法院认为保险人对延后申报保险的两单货物损失的保险赔偿，也体现了保险合同的最大诚信原则和海上预约保险合同自身的特有属性。

所以，货物运输预约保险合同是保险人与被保险人之间的一种长期保险协议，被保险人有及时申报被保险货物的义务，且应当全部申报。

（四）货物运输保险附加盗窃险、提货不着险

盗窃险是一种针对货物在运输过程中可能遭受的盗窃行为而设计的附加保险。其定义和特点在于，它不仅涵盖了传统货物运输保险中的自然灾害和意外事故，还特别针对人为的盗窃行为提供了保障。盗窃险的适用范围广泛，包括但不限于陆运、海运和空运等多种运输方式。在理赔流程方面，一旦发生盗窃事件，被保险人须立即通知保险公司，并提供相关证据，如警方报告、运输单据等，以便保险公司进行核实和赔付。

在实际案例中，盗窃险的应用具有显著的效果。《附加盗窃保险》作为《物流货物保险》的核心附加险种，其法律构造以《保险法》第五条之“最大诚信原则”为基础，承保标的为物流过程中因盗窃行为导致的货物损失。例如，某公司在运输一批高价值电子产品时，购买了盗窃险。在运输过程中，部分货物在仓库中被盗。由于该公司及时通知了保险公司并提供了充分的证据，保险公司迅速进行了赔付，极大地减少了公司的经济损失。这一案例充分展示了盗窃险在保障货物安全方面的重要作用。

提货不着险是一种针对货物在运输过程中因各种原因导致无法提货的情况而设计的附加保险。其定义和特点在于，它不仅涵盖了传统货物运输保险中的自然灾害和意外事故，还特别针对因运输延误、货物丢失或损坏等导致的提货不着情况提供了保障。提货不着险的适用范围同样广泛，适用于各种运输方式。在理赔流程方面，一旦发生提货不着的情况，被保险人需立即通知保险公司，并提供相关证据，如运输单据、货物清单等，以便保险公司进行核实和赔付。“附加提货不着保险”系针对物流运输中收货人未能在约定期间提取货物的风险而设计，其法律性质属于特种货物运输责任保险，承保范围包括货物灭失、被非法扣押或无法查明原因的失踪等情形。根据《海商法》第五十条及《保险法》第六十五条，保险人责任触发需满足双重条件：①“提货不着”的客观事实：收货人在目的地

经合理努力仍无法提取货物，且该状态持续超过合同约定期限（通常为30日）；②法律上的可归责性：需排除因收货人自身过失（如未及时支付关税）、不可抗力（如港口封锁）或货物固有缺陷（如易腐品自然变质）导致的提货障碍。

在实际案例中，提货不着险的应用同样具有显著的效果。例如，某公司在运输一批急需的原材料时，购买了提货不着险。由于运输途中发生了严重的交通事故，导致货物延误并最终无法按时提货。由于该公司及时通知了保险公司并提供了充分的证据，保险公司迅速进行了赔付，极大地减少了公司的生产损失。这一案例充分展示了提货不着险在保障货物及时到达方面的重要作用。依据《最高人民法院关于审理海上保险纠纷案件若干问题的规定》第十三条，被保险人需初步证明提货不着的客观事实，而保险公司若主张适用除外条款（如战争、罢工），则需承担举证责任。例如，在（2019）津民终347号案中，因承运人破产导致货物滞留港口，法院认定属于“承运人商业风险”而非保险除外责任，判决保险公司赔付。此外，国际贸易中常见的“无单放货”是否构成提货不着，需结合《最高人民法院关于审理无正本提单交付货物案件适用法律若干问题的规定》第三条①，若承运人无单放货致提单持有人无法提货，则保险人有权在赔付后向承运人行使代位求偿权（同《保险法》第六十条）。

盗窃险和提货不着险在保障范围、理赔条件和实际应用效果等方面存在显著差异。在保障范围上，盗窃险主要针对货物在运输过程中可能遭受的盗窃行为，而提货不着险则针对因运输延误、货物丢失或损坏等导致的提货不着情况。在理赔条件上，盗窃险要求被保险人提供警方报告等证据，而提货不着险则要求提供运输单据、货物清单等证据。在实际应用效果上，盗窃险更侧重于保障货物的安全，而提货不着险则更侧重于保障货物的及时到达。

---

① 《最高人民法院关于审理无正本提单交付货物案件适用法律若干问题的规定》第三条：承运人因无正本提单交付货物造成正本提单持有人损失的，正本提单持有人可以要求承运人承担违约责任，或者承担侵权责任。正本提单持有人要求承运人承担无正本提单交付货物民事责任的，适用《海商法》规定；《海商法》没有规定的，适用其他法律规定。

二、财产险

(一) 物流仓储环节的财产保险

物流仓储作为供应链的“蓄水池”，承担着商品流通中的暂存、分拣、加工等核心职能。据统计，我国仓储设施总面积已超过10亿平方米，但火灾、水灾、盗窃等风险事件年均造成直接经济损失超200亿元。财产保险作为风险转移的核心工具，在仓储环节发挥着不可替代的作用。我国现行财产保险制度将仓储风险纳入专项管理体系，通过基本险与综合险的差异化设计、分级费率机制及动态申报条款，构建起覆盖多场景的保障网络。

1. 物流仓储环节的财产保险体系

在物流产业链条中，仓储环节因货物集中存储、风险暴露周期长的特性，成为财产保险的核心应用场景。为应对火灾、水灾、盗窃等潜在风险，我国已构建起多层次的财产保险制度体系，通过险种分级、费率差异化及动态申报机制，实现风险保障与成本控制的动态平衡。

2. 险种结构：基本险与综合险的双轨保障模式

我国现行财产保险制度针对不同风险敞口，将仓储保险划分为基础保障型与扩展责任型两大类别。基本险作为基础性产品，主要覆盖传统物理风险：承保范围聚焦火灾、爆炸、雷击等7类列明风险，适用于通用型仓储场景；基本险采用定值赔付模式，赔偿金额以保险标的实际价值为上限，扣除合同约定的绝对免赔额（通常为损失金额的5%~10%）。

综合险则在基本险框架上进行风险扩容：新增暴雨、洪水、飞行物坠落等13项责任，风险覆盖率提升至85%以上；综合险引入特殊场景条款，如对临时露天堆放的建材类货物提供30天限时保障，或对跨境商品延长出库后72小时责任期。

此种双轨设计使企业可根据仓储物资属性灵活选择：普通日用品仓库多投保经济型基本险，而存放精密仪器、危化品的高标仓库则倾向选择综合险以覆盖复杂风险。

3. 费率体系：三维度分级精算模型

基于风险定价原则，我国财产保险的保费标准依据产业领域、标的属性及风险等级（见表3-1），构建三维精算模型。

表 3-1 我国财产保险门类划分依据及风险调节机制

费率门类	划分依据	风险调节机制
工业险	生产流程危险性（如化工、机械）	根据消防验收等级上下浮动 20%
仓储险	存储物资特性（如易燃、易腐）	按仓库自动灭火系统覆盖率调整费率系数
普通险	建筑结构耐火等级	结合区域自然灾害概率进行地理加权

具体而言，仓储险进一步细化为以下三级费率：

一级仓储（0.5‰~1.2‰）：存放纺织品、家具等低风险物资的常温仓；

二级仓储（1.2‰~2.0‰）：存储家电、机械设备的恒湿仓，需防范锈蚀风险；

三级仓储（2.0‰~3.5‰）：存放锂电池、油漆等危化品的特种仓库，执行最高费率标准。

监管部门明确规定，同一企业主体在投保时通常仅匹配单一费率标准，避免因多头投保导致的逆选择行为。但针对跨区域布局的物流集团，允许按分仓风险等级实施差异化定价。

4. 动态申报条款：库存波动的适应性解决方案

为解决仓储物资流动性强、资产价值波动大的难题，保险行业创新推出附加仓储财产申报条款，其运行逻辑包含三个核心要素：一是周期性价值申报，投保企业需按月或季度向保险公司提交库存清单，涵盖货物种类、数量及估值数据。例如，某医药冷链仓每月 5 日前通过电子系统上传疫苗存储量，确保保额与实际库存相匹配。未及时申报者，出险时将按历史数据的 80%比例进行赔付。二是弹性保额机制，设定±30%的保额浮动区间。例如，当“双十一”期间电商仓库存激增 200%时，企业可临时申请加保并支付额外保费；反之，若长期库存低于基准值，则可申请保额回调以降低成本。三是超额保障触发条件，对于突发性大规模入库（如救灾物资紧急调配），条款允许在申报后 24 小时内生效临时保障，避免出现风险保障空窗期。例如，2023 年某物流企业借助该条款，在台风登陆前6小时完成2000万元应急物资的加保申报，成功规避了重大损失。

此种动态管理模式既解决了传统财产保险的保额僵化问题，又通过申报义务约束倒逼企业加强库存管理，形成风险防控的良性循环。数据显示，采用申报条款的企业年均出险率下降17%，风险管理效率显著提升。

（二）第三方物流仓储保险

我国第三方物流仓储业务的法律规范体系呈现出多层次、多领域的特点。从法律规范的层级来看，主要包括基本法律、行政法规、部门规章和规范性文件。这些法律规范共同构成了第三方物流仓储业务的法律框架，为行业的发展提供了制度保障。在法律规范的分类方面，可以将其分为狭义和广义两个层面。狭义的法律规范仅指全国人民代表大会及其常务委员会制定的法律，而广义的法律规范则包括法律、行政法规、部门规章及其他具有普遍约束力的规范性文件。这种分类方法有助于我们更全面地理解第三方物流仓储业务的法律环境。

1. 狭义法律规范下的第三方物流仓储业务规制

在狭义法律规范层面，《中华人民共和国民法典》是调整第三方物流仓储业务的基础性法律。《中华人民共和国民法典》总则编、合同编和侵权责任编分别从不同角度对第三方物流企业的仓储业务活动进行了原则性规定。总则编确立了民事主体从事民事活动的基本原则，为第三方物流企业的仓储业务提供了基本遵循；合同编则详细规定了仓储合同双方的权利义务，为仓储业务的开展提供了具体的法律依据；侵权责任编则明确了第三方物流企业在仓储业务中可能承担的侵权责任，为相关纠纷的解决提供了法律指引。此外，《中华人民共和国产品质量法》《中华人民共和国商标法》和《中华人民共和国安全生产法》等法律也对第三方物流仓储业务进行了专门规定。《中华人民共和国产品质量法》对第三方物流企业因仓储活动导致产品质量不达标的法律责任进行了明确；《中华人民共和国商标法》对仓储活动中可能涉及的商标侵权行为进行了规制；《中华人民共和国安全生产法》则对第三方物流企业违反安全生产规定开展仓储活动的法律责任进行了详细规定。这些法律共同构成了第三方物流仓储业务的狭义法律规范体系。

2. 广义法律规范下的第三方物流仓储业务规制

在广义法律规范层面，除了上述狭义法律，还包括大量部门规章和规范性文件。这些规章和文件对第三方物流仓储业务的具体操作和管理进行了更为细致的规定。例如，《粮油仓储管理办法》和《国有粮油仓储物流设施保护办法》等部门规章对粮油仓储业务的管理和保护进行了专门规定；商务部公告2007年第49号《关于成品油批发、仓储经营资格许可的公告》则对成品油仓储业务的经营资格进行了规范。此外，还有一系列规范性文件对第三方物流仓储业务的具体操作和管理进行了指导。例如，《国家粮食局关于开展粮油仓储企业规范化管理活动的通知》对粮油仓储企业的规范化管理提出了具体要求；《成品油批发、仓储企业经营批准证书管理规定》对成品油仓储企业的经营批准证书管理进行了规范；《国家安全生产监督管理局关于加强仓储企业安全生产监督管理工作的通知》则对仓储企业的安全生产监督管理提出了明确要求；《乌鲁木齐市仓储业安全整顿实施方案》则对地方仓储业的安全整顿工作进行了具体部署。这些规章和规范性文件共同构成了第三方物流仓储业务的广义法律规范体系。

3. 第三方物流仓储保险法律规范

在第三方物流仓储保险方面，主要法律规范包括《中华人民共和国保险法》及其相关司法解释。《中华人民共和国保险法》对保险合同的基本原则、保险人的责任、被保险人的义务等进行了全面规定，为第三方物流仓储保险业务的开展提供了基本法律依据。此外，《最高人民法院关于适用〈中华人民共和国保险法〉若干问题的解释》对《中华人民共和国保险法》的具体适用问题进行了详细解释，为相关纠纷的解决提供了法律指引。

特别值得注意的是，《最高人民法院研究室关于对〈保险法〉第十七条规定的“明确说明”应如何理解的问题的答复》对保险合同中“明确说明”义务的理解和适用进行了专门解释。这一解释对于规范第三方物流仓储保险业务中的合同条款解释和适用具有重要意义，有助于保护投保人和被保险人的合法权益。

三、人员保险：雇主责任保险和雇员忠诚保险

雇主责任险系指投保人（雇主）因其雇员在从事雇佣活动中遭受人身损害或罹患职业病，依法应承担经济赔偿责任时，由保险人依约承担赔偿责任的商业保险形式。在物流行业中，该险种的法律构造以《中华人民共和国保险法》为基础框架，同时受《工伤保险条例》及《中华人民共和国民法典》侵权责任编的多重规制。根据《中华人民共和国保险法》第六十五条之规定，责任保险的保险标的是被保险人对第三者依法应负的赔偿责任，而雇主责任险的本质系将被保险人的法定雇主责任风险转移至保险人。物流企业作为劳动密集型行业，其雇员常面临装卸作业机械伤害、长途驾驶交通事故、仓储环境职业病（如尘肺病）等职业风险，依据《中华人民共和国民法典》合同编，雇主未尽劳动安全卫生保障义务导致劳动者损害的，需承担民事赔偿乃至行政处罚责任。此时，雇主责任险通过保险合同将此类风险纳入承保范围，其赔偿范围通常包括医疗费用、误工损失、伤残赔偿金及法律诉讼费用，但需注意《工伤保险条例》第六十二条规定的工伤保险优先赔付原则，即雇主责任险的赔付需扣除工伤保险已支付部分，避免重复受偿。司法实践中，对于“雇佣活动”的认定存在争议，如快递员在配送途中私自绕道发生事故是否属于职务行为，需结合《中华人民共和国民法典》第一千一百九十一条关于用人单位责任的规定，综合考量行为目的、时间、地点等因素进行个案裁量。

公众责任险系以被保险人在经营场所内或从事业务活动时，因过失导致第三者人身伤亡或财产损失而依法承担的民事赔偿责任为保险标的的责任保险类型。在物流领域，其法律适用场景主要包括仓储设施管理瑕疵（如货架倒塌致访客受伤）、运输车辆道路事故引发第三方损害、装卸作业误操作损毁相邻财产等情形。该险种的法律基础除《中华人民共和国保险法》外，更紧密关联《中华人民共和国民法典》第一千一百六十五条过错责任原则及第一千一百九十八条安全保障义务条款。根据《中华人民共和国保险法》第六十五条第二款，保险人可直接向受损害的第三者赔偿保险金，此规定突破了合同相对性原则，赋予受害方直接请求权，显著提升了理赔效率。物流企业投保公众责任险时，需特别注意保险条款

中的除外责任，如《中国保险行业协会公众责任险条款（2020版）》第七条将战争、核辐射、被保险人故意行为及合同责任明确排除，此与《中华人民共和国民法典》第一千一百七十四条关于受害人故意免责的规定形成呼应。典型案例中，某物流园区因暴雨排水系统故障导致相邻商铺货物浸泡，法院依据《中华人民共和国民法典》第一千一百九十八条认定物流企业未尽到合理注意义务，判决其承担赔偿责任，而保险公司依约在公众责任险限额内进行了赔付。值得注意的是，物流企业跨国经营时可能面临域外法律冲突，如欧盟《一般数据保护条例》（GDPR）下第三方隐私权侵害的赔偿责任是否属于承保范围，需通过特别约定条款予以明确。

团体意外险系指以团体方式投保，以被保险人因遭受意外伤害导致身故、残疾或医疗费用支出为给付条件的保险类型。虽名为“意外险”，但其法律性质在物流保险体系中具有特殊性：一方面，依《中华人民共和国保险法》第十二条，其保险标的为被保险人的身体健康权，属人身保险范畴；另一方面，企业投保目的常兼具转移雇主潜在责任风险与增强员工福利的双重属性。物流企业投保团体意外险时，需厘清其与雇主责任险的法律关系：前者直接保障雇员权益，后者转移雇主赔偿责任，二者在《中华人民共和国保险法》第三十三条“投保人不得为无民事行为能力人投保以死亡为给付条件的人身保险”限制下可形成互补。司法实践中，若雇员同时获得工伤保险、雇主责任险及团体意外险赔付，法院多依据《第八次全国法院民事商事审判工作会议纪要》第九条，支持医疗费用等补偿型项目的工伤保险优先抵扣，但对残疾赔偿金等给付型项目允许叠加受偿。值得关注的是，团体意外险中“意外伤害”的认定常引发纠纷，如快递员因长期负重导致的腰椎间盘突出是否构成“突发性疾病”，需参照《人身保险伤残评定标准》及行业惯例进行解释。此外，新型用工模式对传统团体险构成挑战：对于众包物流平台与骑手间的非标准劳动关系，保险公司通过开发“按单投保”的碎片化意外险产品，在《中华人民共和国电子商务法》及《关于维护新就业形态劳动者劳动保障权益的指导意见》框架下探索合规路径。

第二节 保险投保与理赔流程

一、保险条款解读与选择

（一）货物运输保险

1. 保险标的

保险标的即被保险货物本身，通常包括货物的名称、规格型号、数量、包装方式、标记信息及货物的实际价值或发票金额等要素。这些信息在为保险公司提供承保决策依据的同时，也确保了保险事故发生时，被保险人能够依据保险标的的描述，清晰、准确地提出赔偿请求。保险标的具有明确性、唯一性和可衡量性，也即保险标的的描述必须清晰、无歧义；保险标的必须是特定的货物，而非泛指的某类货物；保险标的的价值能够量化，以便在发生损失时确定赔偿金额。

保险标的是保险合同成立的先决条件，也是保险责任确定的基础，其重要性不言而喻。若保险标的描述不清或与实际货物不符，极有可能导致保险合同无效或赔偿请求被拒绝。因此，在投保时，被保险人应务必确保保险标的的描述准确无误，且与实际运输的货物完全一致。

在实际操作中，被保险人还需注意以下几点：一是要准确评估货物的价值，确保保险金额能够覆盖货物的实际价值，避免因保险金额不足而导致赔偿不足；二是要详细描述货物的特性，包括包装方式、标记信息等，以便在货物发生损失时，保险公司能够迅速识别并确认；三是要密切关注保险标的在运输过程中的状态，一旦发现异常，应立即通知保险公司，以便及时采取措施，减少损失。

2. 保险责任

保险责任规定了保险公司在何种情况下需承担赔偿责任，对被保险人的权益有重大影响。国内水路、陆路货运险主要包括基本险与综合险两类，其中基本险通常包括以下条款：

（1）因火灾、爆炸、雷电、冰雹、暴风、暴雨、洪水、地震、海啸、地陷、崖崩、滑坡、泥石流所造成的损失。

（2）由于运输工具发生碰撞、搁浅、触礁、倾覆、沉没、出轨或隧道、码头坍塌所造成的损失。

（3）在装货、卸货或转载时因遭受不属于包装质量不善或装卸人员违反操作规程所造成的损失。

（4）按国家规定或一般惯例应分摊的共同海损的费用。

（5）在发生上述灾害、事故时，因纷乱而造成货物的散失及因施救或保护货物所支付的直接合理的费用。

综合险除包括基本险责任外，保险人还负责赔偿以下损失：

（1）因受震动、碰撞、挤压而造成货物破碎、弯曲、凹瘪、折断、开裂或包装破裂致使货物散失的损失。

（2）液体货物因受震动、碰撞或挤压致使所用容器（包括封口）损坏而渗漏的损失，或用液体保藏的货物因液体渗漏而造成保藏货物腐烂变质的损失。

（3）遭受盗窃或整件提货不着的损失。

（4）符合安全运输规定而遭受雨淋所致的损失。

从整体上看，保险责任通常包括以下几个方面：一是因火灾、爆炸等意外事故导致的货物全损或部分损失。这类事故往往具有突发性、不可预测性，一旦发生，将对货物造成毁灭性的破坏。二是因运输工具发生碰撞、倾覆、沉没、搁浅、触礁、沉没、互撞、与流冰或其他物体碰撞及失火、爆炸等意外事故导致的货物损失。这类事故通常发生在运输过程中，由于运输工具的故障或操作不当，导致货物遭受损失。三是因雷电、海啸、地震、洪水等自然灾害导致的货物损失。这类自然灾害具有范围广、破坏力强的特点。

保险责任还可能包括因盗窃、抢劫等犯罪行为导致的货物损失，以及因包装不善、装卸不当等导致的货物损坏等情况。这些风险虽然发生的概率相对较低，但一旦发生，同样会对被保险人造成重大经济损失。

保险公司的赔偿范围一般都受到合同条款的严格限制。被保险人在投保时，应仔细阅读保险合同中的保险责任条款，了解保险公司承担赔偿责任的具体情形和条件，根据自身的运输方式、运输路线、货物状况等风险需求和实际情况，选择适合的保险险种和保险金额，以确保在发生损失时能够得到充分赔偿。

3. 责任起讫

责任起讫确定了保险责任开始与终止的具体时间点，为保险公司与被保险人之间的责任承担时间点划分了清晰的界限。一般而言，责任起讫的起始点通常设定在货物离开起运地仓库或存储处之时。这意味着，从货物开始运输的那一刻起，被保险人便获得了保险合同的保障，无论是货物在装运过程中，还是在运输途中，只要发生保险责任范围内的损失，被保险人都有权向保险公司提出赔偿请求。而责任起讫的终止点，则通常设定在货物到达目的地仓库或交付给收货人之时。也即一旦货物安全抵达目的地并完成交付，保险责任便随之终止。此后，无论货物发生何种损失，保险公司均不再承担赔偿责任。

责任起讫的设定并非一成不变，在国际贸易中，由于运输距离远、时间长，且涉及多个环节和主体，被保险人可能希望保险责任能够覆盖整个运输过程，包括转运、装卸等环节。此时，被保险人可以与保险公司协商，将责任起讫的起始点提前至货物在起运地装车前，终止点延后至货物在目的地卸车后，投保费用也将因此相应增加。

中国某某财产保险股份有限公司东西湖支公司与清江某某水产品加工有限公司财产保险合同纠纷案

基本案情：

2022年1月1日，清江某某水产品加工有限公司（以下简称清江某某公司）与某某国际货运有限公司武汉分公司（以下简称“某甲公司”）签署一份《国际航空出口货物运输代理协议》，协议约定由清江某某公司委托某甲公司办理空运出口货物的订舱、报关、报检、装箱、转运、清关、送货等运输事宜，保险负“仓至仓”责任。

在运输过程中，货物由于希灵顿检查员查验时所抽检的三箱货物箱内表面温度大大高于运输要求温度而被检疫部门以动物及相关产品条例拒绝入境，导致货物延误于伦敦冷库中，并被动选择其他处理方案，最终货物通过空运运回武汉，由于英国不具备条件重新在箱内布置降温措施，货物在北半球夏末中以无降温措施的状态运输回了中国，并根据最终检验结果，货物普遍出现漏油、变质甚至潜在细菌滋生的情况，至此目前货物已丧失市场价值。因后续双方就赔偿保险赔偿事宜协商未果，清江某某公司诉至一审法院。

裁判结果：

一审法院判决被告中国某某财产保险股份有限公司东西湖支公司（以下简称某某东西湖支公司）于本判决生效之日起十日内向原告湖北某某水产品加工有限公司给付保险赔偿款 854718.84 元；驳回原告湖北某某水产品加工有限公司的其他诉讼请求。一审案件受理费 13186 元（湖北某某水产品加工有限公司预交），由湖北某某水产品加工有限公司负担 1179 元，中国某某财产保险股份有限公司东西湖支公司负担 12007 元。

裁判理由：

根据已查明事实，案涉保险合同约定了运输路线并在保险条款中列明了责任起讫，案涉保单负“仓至仓”责任。并且某某财保东西湖支公司承保的保险类型为“航空运输一切险”，故只要导致保险标的损失的原因发生在运输途中且不属于货物自身原因，即可认定为“一切险”承保范围。案涉鲟鱼子酱因运输过程中有部分时间外部温度过高，使案涉货箱长时间处于非低温状态甚至常温状态而导致货损，故案涉货物的损失属于案涉保险责任范围。清江某某公司在出口案涉货物时，已对货物采取了内置多个冰袋、外设保温箱、包装标注“冷藏”、货物入库单标注“入库冷藏，温度2℃”等合理方式进行温度控制，故清江某某公司对货损结果的发生并无主观故意或重大过失。鉴于某某财保东西湖支公司未能证明案涉货物具有残值，另结合案涉货物系食品且已经发生变质，故一审法院认定案涉鲟鱼子酱货物全损，并无不当。清江某某公司是否向他人提出书面赔偿、某甲公司是否可以向他人追偿，均不构成某某财保东西湖支公司免责的正当事由，某某财保东西湖支公司应根据案涉保险合同，向清江某某公司履行保险理赔义务。

4. 保险金额

保险金额是指保险合同中约定的、保险人在保险责任范围内应赔偿的最高限额，通常根据货物的实际价值、发票金额或约定价值来确定。

保险金额的设定需综合考虑多种因素，其中被保险标的的价值是基础。对于货物运输保险而言，保险金额通常与货物的实际价值、运输成本及可能产生的额外费用（如关税、检验费等）相关联。保险公司会根据被保险人提供的货物清单及价值证明，结合市场情况和专业评估，来确定一个相对合理的保险金额。

不同的被保险人，其风险承受能力、经济损失预期及保险需求各不相同，所以保险金额的设定还会考虑被保险人的实际需求。对于价值高昂且易损的货物，被保险人可能希望获得更高的保险金额，以应对潜在的巨大损失；对于价值较低或风险较小的货物，被保险人则可能更倾向于选择较低的保险金额，以降低保费成本。

保险金额并非越高越好，过高的保险金额可能导致保费成本上升，增加被保险人的经济负担；过低的保险金额则可能无法覆盖实际损失，导致被保险人无法获得充分的赔偿。因此，保险金额的选择应当基于对自身风险状况、经济损失预期及保费承受能力的充分评估。

5. 除外责任

除外责任是保险公司设定的控制风险条款，通常涵盖了一系列保险公司认为不可控、不可预见或不符合保险原理的风险。在货物运输保险中，常见的除外责任包括但不限于：货物本身的自然损耗、品质下降或正常磨损，这些通常被视为货物固有属性的变化，不属于保险赔偿的范畴；战争、恐怖活动、核辐射等极端事件，这些风险因其极端性和不可预测性，通常被保险公司视为不可承保的风险；以及被保险人故意行为或重大过失导致的损失，如故意损坏货物、违反运输规定等，这类行为违背了诚实信用原则，保险公司自然无须承担赔偿责任。

除外责任还可能涉及一些特定条件下的损失，如货物在未经保险公司同意的情况下擅自转运、改变运输路线或目的地，或在非指定港口或仓库装卸导致的损失，这些行为可能增加货物的风险，超出了保险公司原有的风险评估范围。同样，由于被保险人未按照合同约定及时申报货物价值或提供必要文件而导致的损失，也可能被视为除外责任，因为这影响了保险公司对风险的准确评估与定价。

投保人签订保险合同时应当仔细阅读除外责任条款，了解哪些情况下保险公司不会承担赔偿责任，对于存在疑问的地方，应及时与保险公司沟通，避免在未来发生损失时因对除外责任理解不足而引发争议。如需对除外责任中的某些风险进行保障，可考虑购买特定的附加险种。

（二）物流责任险

1. 保险责任范围

保险责任范围是指保险合同中约定的，保险公司在特定情况下需要承担赔偿责任的情形。物流责任险不同于货物运输险，大多数责任限于自然灾害或意外事故，其保险责任涵盖了物流过程中可能遭遇的各类风险。

（1）火灾、爆炸。这些不可抗力因素虽难以预测，但一旦发生，往往伴随着巨大的经济损失。在物流责任险的保障下，保险公司将负责赔偿由以上原因造成的损失。

（2）运输工具事故。包括运输工具发生碰撞、出轨、倾覆、坠落、搁浅、触礁、沉没，或隧道、桥梁、码头坍塌等事故造成的货物损失。

（3）包装损坏。由于碰撞、挤压导致包装破裂或容器损坏，进而造成的货物损失，也属于保险责任范围。

（4）雨淋。在符合安全运输规定的情况下，由于雨淋导致的货物损失，保险公司将予以赔偿。

（5）装卸事故。装卸人员违反操作规程进行装卸、搬运造成的货物损失，同样属于保险责任范围。

此外，物流责任保险还可能包括附加险，如附加第三者责任保险、附加市场价值贬损责任保险等，这些附加险的保险责任范围将根据具体条款而定。

在投保物流责任险时，企业需先明确保险责任是否全面覆盖包括运输、仓储、装卸、包装等各个环节的物流作业全链条，确保无遗漏。并关注保险条款中对于各类风险的界定是否清晰，如火灾、爆炸、运输工具事故等，以及这些风险导致的直接、间接损失及因第三方过失导致的责任转嫁是否均在保障之列。此外，企业还应当确认保险责任是否包含附加险种，如市场价值贬损险、盗窃险等，以满足企业特定的风险保障需求。审视保险责任范围是否与企业实际业务相匹配，避免过度保障或保障不足的情况发生，确保每一分保费都能发挥最大效用。

2. 责任免除

在物流责任险的合同中，责任免除条款界定了保险公司不承担赔偿责任范围，它列明了在哪些情况下，即便发生了损失，保险公司也无须承担赔付责任。

责任免除通常涵盖了违法行为导致的损失。如果物流企业在运营过程中违反了国家法律法规、行业规定或企业内部的安全操作规程，由此引发的任何损失，保险公司均不负责赔偿。

故意行为或重大过失造成的损失通常也不在保障之列。若投保人或被保险人存在故意破坏、欺诈行为，以及因严重疏忽或不当操作导致的损失。保险公司往往认为，这些行为反映出企业管理不善或道德风险，不应由保险机制来承担后果。

战争、敌对行动、军事行为、武装冲突、罢工、骚乱、暴动及恐怖活动等引发的损失，也被明确排除在责任范围之外。这类风险属于极端且不可控的外部因素，其影响范围广泛且深远，超出了保险公司常规的风险承受能力。

自然灾害，如地震、海啸、洪水、台风等，以及由自然因素引发的次生灾害，通常不在保障范围内。尽管这些灾害可能给物流企业带来巨大损失，但因其难以预测和防范，保险公司通常将其视为不可保风险。

此外，物流货物因设计错误、工艺缺陷、本质缺陷或特性导致的自身变化，如腐烂、变质、伤病、死亡等，也不属于保险责任。这类损失与货物本身的品质有关，而非外部因素造成，因此保险公司不承担赔偿责任。

核辐射、核爆炸、核污染及其他放射性污染，以及大气污染、土地污染、水污染等环境污染风险涉及复杂的法律和技术问题，其责任和赔偿机制往往由专门的法律法规规定。

在与保险公司签订物流责任险合同时，责任免除部分的审查至关重要。需特别关注，责任免除是否明确列出了所有保险公司不承担赔偿责任的情形，同时确认这些免责条款是否详细阐述了每种情形下的具体定义和适用条件，以避免未来因理解歧义导致的理赔纠纷。此外，还需留意这些免责条款是否与企业实际运营环境相匹配，避免因免责范围过宽而削弱保险的保障作用。

3. 免赔额

免赔额，顾名思义，是指保险公司在承担赔偿责任之前，投保人需自行承担的损失金额。这一条款的设计，旨在平衡保险公司和投保人之间的风险分担，促进投保人的风险管理意识，同时控制保险公司的赔付成本。

在物流责任险中，免赔额通常设定为固定金额或损失比例两种形式。固定金额免赔额意味着，当损失金额低于该设定值时，保险公司不承担赔偿责任，由投保人自行消化；而当损失超过该金额时，保险公司则负责赔偿超出部分的损失。损失比例免赔额则是按照损失总额的一定比例来设定，投保人需自行承担这部分损失，剩余部分由保险公司赔付。

免赔额的设置体现了保险公司的风险管理策略，也促使投保人在日常运营中更加重视风险预防和控制。一个合理的免赔额能够激励投保人加强内部管理，提升风险意识，从而减少潜在损失，同时降低保费成本。因此，在签订物流责任险合同时，投保人需充分了解免赔额条款的具体内容，包括免赔额的类型、金额或比例，是否适用于所有类型的损失，以及是否存在特殊情况的调整机制等。

因此，投保人在选择免赔额时，应结合自身的风险承受能力和经营特点，综合考虑成本效益，与保险公司充分沟通，量身定制免赔额条款，确保物流责任险合同能够充分发挥保障作用。

陕西某供应链管理有限公司、大家财产保险有限责任公司与河北某某物流有限公司、中国平安财产保险股份有限公司运输合同纠纷案

基本案情：

2020 年 11 月 27 日，原告陕西某供应链管理有限公司（以下简称陕西某公司）与被告河北某某物流有限公司（以下简称河北某公司）签订

了《陕西某某供应链管理有限公司运输合同》，约定：由被告河北某公司将原告电池片、单晶硅片等货物从西安市长安区运输至浙江省衢州市。

2020 年 10 月 15 日，原告陕西某公司与原告大家财产保险有限责任公司深圳分公司（以下简称大家公司深圳分公司）签订《国内货物运输预约保险协议书》，大家公司出具《运输货物预约保险单》载明：承险别为国内公路货物运输险+全程公路运输盗抢险，投保人及被保险人均为原告陕西某公司。保险货物种类为：光伏产品、汽配。

2020 年 11 月 18 日，被告河北某公司作为投保人、被保险人向被告中国平安财产保险股份有限公司上海分公司（以下简称中国平安公司上海分公司）投保了物流责任险，该保险单载明保险标的：普通货物，赔偿限额：每次事故赔偿限额 250 万元，免赔额：其中本保单下任何种类的货物发生火灾、爆炸、运输工具倾覆，适用免赔，每次事故绝对免赔为 10000 元或者损失金额的 20%，两者以高者为准。

上述合同签订后，2020 年 11 月 28 日，被告河北某公司的司机刘某因过度疲劳，致使车辆方向发生偏移，撞上中央隔离防护栏发生事故，造成车辆、车载货物及高速公路设施受损的道路交通事故。2020 年 12 月 25 日，江西省公安厅交通管理局高速公路交通警察总队直属三支队第五大队作出《道路交通事故认定书》，认定驾驶人刘某负此次事故的全部责任。

2023 年 2 月 8 日，就本次事故，原告陕西某公司向广东省深圳市福田区人民法院起诉，要求大家公司深圳分公司赔偿其保险金 3969763.38 元，该院作出判决认定，案涉货物损失金额为 1255031.34 元，并判决大家公司深圳分公司向原告支付赔偿款 1034691.26 元。陕西某公司不服该判决上诉，广东省深圳市中级人民法院经审理后作出判决，驳回上诉，维持原判。判决生效后，大家公司已支付原告陕西某公司赔偿款 1034691.26 元。

现陕西某公司要求河北某公司赔偿货物损失，并要求被告中国平安公司上海分公司在保险限额内承担赔偿责任。大家公司深圳分公司申请作为原告参与诉讼，要求河北某公司赔偿其已支付的赔偿款。

裁判结果：

被告中国平安公司上海分公司于本判决生效之日起十日内支付原告陕西某公司赔偿款 176272 元；被告河北某公司于本判决生效之日起十日内赔

偿原告陕西某公司货物损失 44068 元。

裁判理由：

原告陕西某公司与被告河北某公司所签运输合同系双方真实意思表示，内容不违反法律强制性规定，为有效合同。被告河北某公司在运输货物过程中，发生交通事故致使货物受损，该次交通事故经交警部门认定，河北某公司的司机刘某负事故全部责任，故被告河北公司应向原告赔偿货物损失，又因该公司在被告中国平安公司上海分公司投保了物流责任险，故被告中国平安公司上海分公司应在保险范围内向原告赔付相应损失，损失金额以生效判决认定的 1255031.34 元为准。因原告一已就其损失起诉，并获赔 1034691.26 元，对该部分予以扣减，扣减后剩余 220340.08 元，又因二被告在保险单中明确约定了保险免赔额为 20%，应予扣减，经核算，被告中国平安公司上海分公司应向原告陕西某公司赔偿 176272 元，剩余免赔额部分 44068.08 元由被告河北某公司承担。

（三）雇主责任险

1. 保障范围

由于为企业雇主提供全面、高效风险保障的设计初衷，雇主责任险的保障范围十分广泛，覆盖企业内所有员工，不受员工类型、合同期限或工作性质的限制。无论是长期固定工、临时工、季节工还是徒工，只要在保单有效期内，且在列明的工作地点从事被保险人的业务活动时，不幸遭遇意外导致受伤、致残或死亡，或罹患与业务紧密相关的职业性疾病，均可获得保险公司的赔偿。

雇主责任险首先涵盖了死亡赔偿金与伤残赔偿金。一旦员工因工离世，保险公司将根据保单约定的每人死亡赔偿限额，一次性给付死亡赔偿金。若员工因工致残，保险公司将按伤残鉴定机构出具的伤残程度鉴定书，并对照国家发布的《职工工伤与职业病致残程度鉴定标准》确定伤残等级而支付相应赔偿金。

此外，雇主责任险还提供误工费用和医疗费用赔偿。对于因伤致残导致暂时丧失工作能力的员工，保险公司将赔付相应的误工费用，确保员工在康复期间的基本生活不受影响。同时，员工因工作原因受伤或生病所产生的合理且必要的医疗费用，包括但不限于挂号费、治疗费、手术费、床位费、检查费等，均可在保险限额内得到赔偿。

除了直接的经济赔偿，有的雇主责任险还在法律纠纷中为企业分流了风险和成本。在员工因工作原因受伤或生病而引发的法律纠纷中，若经保险公司书面同意，所产生的必要的、合理的诉讼费用，保险公司也将在保险单中规定的累计赔偿限额内予以赔偿。

企业在投保雇主责任险时，应当首要关注雇员的覆盖范围，以确保所有在职员工，无论全职、兼职或临时工，均在保障之列，且应明确界定“雇员”定义，避免后续理赔时的争议。对于保险合同中关于工作相关伤害与疾病的定义也需仔细审议，确保包括但不限于交通事故、工作场所事故、职业病等，均能得到赔偿，同时明确伤害或疾病的判定标准、赔偿比例、赔偿限额，以及是否包含康复治疗和后续护理费用。

2. 免责条款

雇员因职业性疾病以外的疾病、传染病、分娩、流产和因上述原因接受医疗、诊疗所致的伤残或死亡，以及雇员的自杀、自残、斗殴、酗酒、吸毒等故意行为及违法犯罪行为导致的伤害或死亡，保险公司通常不承担赔偿责任。对于雇员在投保前已存在的疾病、先天性疾病、遗传性疾病及其并发症所导致的医疗费用和伤害，保险公司通常同样不负责赔偿。此外，战争、军事行动、暴乱、武装叛乱等非常时期或非常情况下的雇员伤害或死亡的极端情况通常具有不可预见性和不可控性，其导致的损失往往超出了保险公司的承受范围，往往故同样被列为免责情形。

临沂某某运输有限公司与中国某某财产保险股份有限公司四川省分公司国际业务营业部责任保险合同纠纷案

基本案情：

2020年11月9日，四川某某汽车服务有限公司为临沂某某运输有限公司（以下简称临沂某某公司）在被告中国某某财产保险股份有限公司四川省分公司国际业务营业部（以下简称某保四川国际部）投保司乘人员雇主保险，保险期限自当日至2021年11月9日，明确了人身伤亡责任累计责任限额200万元，医疗费用责任20万元以及其他保险细则。

同年12月14日，临沂某某公司员工韩某某驾驶投保车辆在京昆高速上行驶发生追尾事故，当场死亡。汉中市公安局交通警察支队认定韩某某负事故主要责任。2021年12月24日，临沂市兰山区人力资源和社会保障局认定韩某某所受事故伤害属于工伤。

事故发生后，临沂某某公司与韩某某家属协商，签订赔偿协议，承诺一次性赔偿103万元，并于2023年3月27日完成全部赔偿款支付。此前，韩某某家属已从大地财产保险公司、太平洋某某公司等其他保险公司及单位领取赔付款累计481381.6元。

2022年1月30日，某保四川国际部委托深圳市某某保险公估有限公司出具调查报告，建议保险公司按雇主责任比例赔付，即在103万元赔偿协议金额中扣除家属已获车险及座位险赔偿部分，赔付金额应为548618.4元。临沂某某公司将某保四川国际部诉至法院。

裁判结果：

四川省成都市锦江区人民法院一审判决被告中国某某财产保险股份有限公司四川省分公司国际业务营业部应于本判决生效之日起十日内向原告临沂某某运输有限公司支付保险赔偿金103万元。

裁判理由：

（1）临沂市兰山区人力资源和社会保障局已作出《工伤认定决定书》，临沂某某公司基于法律规定应当对死者家属负有赔付义务。本案中，应由劳动者韩某某获得的工伤赔偿待遇已由家属实际收取，用人单位另行向其赔付后，有权依据保险合同要求某保四川国际部支付雇主责任险项下保险金。

（2）死者与临沂某某公司建立劳动合同关系，不适用《中华人民共和国民法典》第一千一百九十二条关于个人之间因提供劳务发生侵权责任的规定，且车上人员责任险和司乘人员雇主责任险系不同的险种，死者家属是否获得第三者责任险、车上人员责任险项下赔付，不影响临沂某某公司在实际承担雇主赔偿责任后，请求某保四川国际部向其赔偿雇主责任险项下保险金。

(3) 某保四川国际部所举现有证据无法证明临沂某某公司案涉行为构成保险诈骗。

（四）超赔险

超赔险，即超额赔款再保险，是原保险人按照再保险合同的规定，将超过自身赔款限额的赔款责任转移给再保险人的一种保险形式。当货车发生事故且赔偿金额超过原保险（如商业三者险）的赔偿限额时，超赔险开始生效，对超出部分进行赔偿。货车体积大、价值高，一旦发生事故，损失往往较大，因此这种保险也是物流企业的重要风险转移方式之一。

对物流企业而言，超赔险主要保障的是超出交强险和商业三者险保障限额的部分。超赔险保费低、保额高，对高风险车辆来说非常有吸引力，可大大减轻企业在物流运输中因交通事故带来的经济压力。

在人身伤害赔偿上，当货车在运营过程中遭遇事故，导致第三方人员伤亡，由此产生的医疗费用、误工费、残疾赔偿金、死亡赔偿金等一系列赔偿费用，若超出了企业所投保的商业三者险赔偿限额，超赔险将立即启动，为超出部分的赔偿费用提供支撑。

在财产损失赔偿上，货车事故往往伴随着车辆、货物、道路设施乃至周边建筑物的损坏。在事故发生后，面对第三方提出的财产损失赔偿要求，若企业所持有的商业三者险保额不足以覆盖全部损失，根据合同约定，超赔险也能够对车辆维修费用、货物重置成本及因事故导致的公共设施修复费用进行额外赔偿。

在超赔险中，同样存在其他保险中涉及的赔偿限额、免赔额等条款，企业应结合自身的风险承受能力，充分考虑最大风险敞口，与保险公司协商设定最适合企业风险情况的保险方案。

二、理赔申请与赔付流程

（一）报案

事故一旦发生，物流企业须即刻向保险公司详尽报告事故情况。报告内容需全面覆盖事故发生的时间、地点、涉及的运输工具、货物种类、数量、损失程度，以及基于现场初步判断的事故原因。企业还需同步准备并提交初步的报案材料，包括运输合同、发票、装箱单等文件，用以初步评估事故情况、判断责任归属。

（二）理赔材料

1. 运输单据，包括提单、运单等

运输单据作为货物运输过程中记录货物的运输轨迹、承运人信息及货物的交接情况的重要凭证，是判断事故责任归属的重要依据。

2. 货物清单

货物清单能够反映受损货物的种类、数量、价值等信息，有助于确定损失范围、计算赔偿金额。

3. 现场照片与视频资料

事故现场、受损货物的照片和视频能够直观记录货物的实际损失情况，对后续调查与定损起重要作用。

4. 第三方出具的证明文件

承运人出具的损失证明可以详细记录事故发生的经过、货物的损失程度及原因；收货人出具的情况说明则可以反映货物到达时的状态，以及收货人对货物损失的认知和态度。

企业在准备材料前，务必仔细阅读保险公司的理赔指南。不同的保险公司可能对理赔材料有不同的格式、内容或提交方式的要求。企业在提交申请时需确保所提交的材料符合保险公司的要求，避免因此导致的理赔延误或拒绝。

在准备理赔材料的过程中，还需确保其真实性与完整性。任何虚假或遗漏的信息都可能影响保险公司的定损结果，甚至导致理赔申请被拒绝。企业在收集材料时，应避免夸大或缩小损失程度，确保未遗漏任何可能影响理赔结果的关键信息。

（三）提交理赔申请

企业将符合要求的理赔申请书及所有资料与证据提交给保险公司，提交方式可能是邮寄、传真或保险公司指定的在线平台，具体以保险公司的要求为准。

提交理赔申请后，企业需保持与保险公司的密切沟通，定期跟进理赔进度，了解保险公司是否已收到理赔申请材料、是否已开始审核、审核进展如何、是否需要补充材料等，以及时发现并解决理赔过程中出现的问题，确保理赔事宜得到高效处理。

（四）调查与定损

提交理赔申请后，保险公司通常会派遣调查人员对事故现场、受损货物及相关证据进行全面调查，了解事故真实情况。

调查过程中，保险公司调查人员将仔细核查理赔材料的真实性，并与承运人、收货人及相关第三方进行访谈，为定损工作提供全面、客观的依据。保险公司将依据保险合同条款、行业标准及货物实际损失情况，综合考虑货物的种类、数量、价值、损失程度及修复成本等因素，对受损货物进行定损。定损结果通常会以书面形式通知企业，作为后续赔偿工作的基础。

（五）理赔审核

调查与定损过后，保险公司将核实货物损失是否属于保险责任范围，并依据行业标准、相关法律法规及过往案例，对事故原因、损失程度及责任归属进行深入分析，以判定事故是否满足保险赔付的条件，评估赔偿金额。审核过程中，保险公司可能会基于初步审查的结果，要求企业提供更多的证据和资料。

若审核通过，保险公司将作出赔偿决定，并依据合同约定的赔偿原则，结合货物实际价值、保险金额、免赔额、折旧率等因素确定赔偿金额。

第三节　保险常见问题与处理

一、重复投保

（一）定义

重复投保，又称复保险，是指投保人对同一保险标的、同一保险利益、同一保险事故分别与两个或两个以上保险人订立保险合同，且这些保险合同的保险金额总和超过保险标的的实际价值。简言之，就是投保人针对同一风险向多家保险公司购买了保险，且这些保险的总额超过了被保险对象的价值。

按照保险险种进行分类，重复投保可分为同一险种重复投保与不同险种重复投保。同一险种重复投保即投保人针对同一风险，购买了同一类型的保险产品，且这些产品的保险金额总和超过了被保险对象的实际价值。例如，某人为自己的房屋购买了多份房屋保险。不同险种重复投保即虽然投保人购买的是不同类型的保险产品，但这些产品的保障范围存在重叠，导致保险金额总和超过了被保险对象的实际价值。例如，某人同时购买了意外伤害保险和医疗保险，而这两份保险都包含了对意外事故所产生的医疗费用的赔付。两种类型的重复投保均可能导致保险金额总和超过被保险对象的实际价值，从而引发法律纠纷。

（二）法律后果

《保险法》第五十六条规定，“重复保险的投保人应将重复保险的有关情况通知各保险人。重复保险的各保险人赔偿保险金的总和不得超过保险价值。除合同另有约定外，各保险人按照其保险金额与保险金额总和的比例承担赔偿保险金的责任。重复保险的投保人可以就保险金额总和超过保险价值的部分，请求各保险人按比例返还保费”。

根据保险法的损失补偿原则，被保险人不能因保险事故获得超过其实际损失的赔偿。因此，在重复投保的情况下，若保险事故尚未发生，重复保险的投保人可以就保险金额总和超过保险价值的部分，请求各保险人按比例返还保险费。若保险事故已经发生，各保险人承担的赔偿金额总和不得超过保险标的的实际价值。若保险金额总和超过保险价值，各保险人需按照其承保的保险金额与保险金额总和的比例承担赔偿责任，即“比例分摊原则”。这一原则有效防止了被保险人通过重复投保获取不当利益的恶劣行为，从而起到维护保险市场的稳定的作用。

投保人进行重复投保时，应当将重复保险的有关情况通知各保险人。如果投保人故意隐瞒重复投保的情况，或者以欺诈、伪造证明材料或其他手段骗取保险金，保险公司有权主张保险合同无效，拒绝承担保险责任。

投保人还可能因欺诈行为而被保险公司要求承担返还已获得的保险金、支付违约金、赔偿其因此遭受的损失等责任。情节严重的，投保人还可能面临刑事责任的风险。

（三）理赔规则

1. 比例分摊原则

比例分摊原则是指在重复投保或共同保险的情况下，当保险事故发生时，各保险人根据其承保的保险金额与总保险金额的比例来分摊赔偿责任，以防被保险人因重复投保而获得超过其实际损失的赔偿。

在比例分摊原则下，首先需计算每个保险人承保的保险金额占所有保险人承保的保险金额总和的比例。这一比例反映了每个保险人在总保险金额中的贡献度。然后根据每个保险人承保的比例，将损失金额按比例分摊给各保险人，即每个保险人应承担的赔偿金额等于损失金额乘以该保险人承保的比例。

基本计算公式如下：

某保险人承担的赔款=损失金额×（该保险人承保的保险金额/各保险人承保的保险金额总和）

2. 特殊处理规则

虽然比例分摊规则是保险理赔的一般原则，但若保险合同中明确约定了特定的赔偿方式，如优先赔偿、顺序赔偿等，各保险人应按照合同约定的方式进行赔偿。

（1）优先赔偿原则。这是指在保险事故发生后，根据法律规定或保险合同的约定，某种类型的保险或某个特定的保险人享有优先获得赔偿的权利。这种优先权通常基于保险的性质、目的，以及法律对特定群体的保护。

交强险就享有优先赔偿的地位。根据《中华人民共和国道路交通安全法》及相关司法解释，交强险用于赔偿交通事故中受害人的损失，包括人身伤亡和财产损失。在赔偿顺序上，交强险优先于其他商业保险进行赔付，赔偿范围包括医疗费用、死亡伤残赔偿、财产损失赔偿等，且在一定条件下，精神损害抚慰金也优先在交强险中赔偿。除交强险外，在某些特定行业或领域，如航空、航海等，也可能存在特定的优先赔偿规定。

（2）顺序赔偿原则。顺序赔偿是指在存在多种保险类型或多个保险人时，根据法律规定或保险合同的约定，按照保险合同的签订时间、保险金额、保险类型等约定的顺序进行赔偿。在机动车交通事故中，赔偿顺序通常遵循“交强险先赔，商业险次之，仍不足侵权人赔”的原则。即首先由承保交强险的保险公司在责任限额内进行赔偿；不足部分，由承保商业三者险的保险公司根据保险合同进行赔偿；仍有不足的，由侵权人承担赔偿责任。

仇某诉某保险公司人身保险合同纠纷案

基本案情：

2017 年 9 月 1 日，仇某在济南市某中学上学期间，经由学校向某保险公司交纳保费 60 元，投保大地状元乐学生幼儿意外伤害保险（2011），具体包括意外伤害保险、附加突发急性病身故保险、住院医疗保险、意外伤害医疗保险，其中住院医疗保险的保险金额为 40000 元，保险期限自 2017 年 9 月 1 日起至 2018 年 8 月 31 日。

2018 年 7 月 25 日至 8 月 6 日，仇某因气胸在山东省立医院住院治疗，共花费医疗费 31354.11 元，扣除医疗报销后，个人支付 19685.57 元。2018 年 8 月 6 日，仇某向某保险公司申请理赔，某保险公司于 2018 年 10 月 15 日作出《意健险案件理赔决定通知书》，决定对仇某的申请不予给付保险金，理由是本次住院医疗属于治疗既往症未构成保险责任，根据保险条款予以拒赔处理。仇某因此将某保险公司诉至法院，要求其赔偿医疗费用 19685.57 元。另外，因仇某在某保险公司投保国寿长久呵护住院费用补偿医疗保险，该保险公司已向其给付保险金 5000 元。

裁判结果：

山东省济南市章丘区人民法院于 2019 年 6 月 22 日作出（2018）鲁 0181 民初 8656 号民事判决：一、被告某保险公司于本判决生效之日起十日内给付原告仇某保险金 14685.57 元；二、驳回原告仇某过高部分的诉讼请求。宣判后，某保险公司提起上诉。山东省济南市中级人民法院于

2019年12月16日作出（2019）鲁01民终10882号民事判决：驳回上诉，维持原判。判决已发生法律效力。

裁判理由：

（1）《保险法》第十七条第二款："对保险合同中免除保险人责任的条款，保险人在订立合同时应当在投保单、保险单或者其他保险凭证上作出足以引起投保人注意的提示，并对该条款的内容以书面或者口头形式向投保人作出明确说明；未作提示或者明确说明的，该条款不产生效力。"《最高人民法院关于适用〈中华人民共和国保险法〉若干问题的解释（二）》第十三条："保险人对其履行了明确说明义务负举证责任。"在诉讼过程中，某保险公司未提交证据证实其已向投保人履行提示和明确说明义务，因此，其所辩称的"治疗既往症"免责条款不生效，某保险公司应依约向仇某理赔。

（2）关于理赔金额，仇某提交的保险单详细信息中显示住院医疗的保险金额为40000元，某保险公司提交的保险条款第四条约定了医疗费用的免赔额及赔付比例。《最高人民法院关于适用〈中华人民共和国保险法〉若干问题的解释（二）》第九条规定："保险人提供的格式合同文本中的责任免除条款、免赔额、免赔率、比例赔付或者给付等免除或者减轻保险人责任的条款，可以认定为保险法第十七条第二款规定的'免除保险人责任的条款'。"具体到本案中，保险条款第四条的约定系免除和减轻保险人责任的条款，保险人应向投保人作出提示及明确说明，但某保险公司未能举证证明其履行了该义务，因此，该条款亦不生效，某保险公司应在保险单载明的保险金额内赔付。通过综合分析涉案保险合同的性质，法院认为涉案医疗保险合同属补偿性保险合同，应当适用损失补偿原则，即因同一保险事故被保险人要求各保险人支付的保险金超过实际发生的医疗费用的，人民法院不予支持。仇某的诉讼请求中包含了其已在某保险公司就同一笔医疗费用获得的理赔款5000元，法院适用损失补偿原则将该部分理赔款从仇某所诉数额中进行了扣除，故，某保险公司应理赔金额为14685.57元（19685.57元-5000元）。

二、不足额保险

不足额保险，顾名思义，是指保险金额低于保险价值的保险合同。这种情况可能基于投保人的主观意愿，即投保人自愿选择以保险价值的一部分进行投保，也可能因为保险标的价值在合同订立后出现上涨，导致保险金额未能及时调整，从而低于实际价值。在不足额保险合同中，当发生保险事故时，保险人的赔偿责任将受到保险金额与实际价值比例的限制。

（一）不足额保险的常见类型

1. 物流责任险中的不足额申报

物流责任险是物流企业为了规避在运输、仓储、装卸等物流环节中可能产生的赔偿责任而购买的保险。在投保物流责任险时，物流企业需要根据自身的年度营业收入来确定保险金额。然而，一些企业为了节省保费，可能会选择不足额申报年度营业收入，即申报的营业收入低于实际水平。

这种做法的风险在于，一旦发生保险事故，如货物丢失、损坏等，物流企业可能面临的实际赔偿责任将远超过保险金额。假设某物流企业的实际年度营业收入为 1 亿元，但在投保物流责任险时，为了降低保费，该企业只申报了 5000 万元的营业收入。一旦在物流活动中发生责任事故，如货物损坏、丢失或延误等，导致客户索赔，该企业可能面临的实际赔偿责任将远超过 5000 万元的保险金额。此时，保险公司将按照 5000 万元与实际 1 亿元营业收入的比例来计算赔偿金额，导致物流企业无法获得与实际损失相符的全额赔偿，进而大大增加了企业的财务风险和经营压力。

2. 货物运输保险、货物运输预约保险、财产险（仓储险、建筑物）中的不足额申报

在货物运输保险、货物运输预约保险及财产险中，保险标的的价值是确定保险金额的重要依据。企业在购买保险时若为了节约保费而不足额申报货物价值，在保险事故发生时，如果保险标的的实际损失超过了保险金额，保险公司将只按照保险金额与实际价值的比例进行赔偿，也就是说物

流企业将无法获得与实际损失相符的全额赔偿。特别是在仓储险中，如果保险金额不足，一旦发生火灾、爆炸等严重事故，企业的损失将是难以估量的。

（二）不足额申报的法律后果

当保险公司发现投保人存在不足额投保的行为时，有权要求投保人补缴保费或者按照保险金额与保险公司可能会根据具体情况来决定是要求投保人补缴保费还是直接按比例折算赔付。通常情况下，如果投保人愿意补缴保费，使保险金额达到实际价值，那么保险公司将按照新的保险金额进行赔付。如果投保人不愿意补缴保费，那么保险公司将按照保险金额与实际价值的比例来计算赔偿金额。

保险合同的订立是基于双方当事人的真实意思表示。在极端情况下，如果投保人故意隐瞒保险标的的真实价值，或者严重低估保险标的的价值，导致保险金额与实际价值相差悬殊，就构成了对保险公司的欺诈行为，严重违背了公平原则，那么保险公司有权主张保险合同无效或解除。一旦保险合同被认定为无效或解除，投保人将失去一切保障，无法获得任何赔偿。此外，投保人还可能面临诉讼的风险，严重影响企业信誉。

三、保险代位追偿

（一）概念

保险代位追偿，是指因第三者对保险标的的损害而造成保险事故的，保险人自向被保险人赔偿保险金之日起，在赔偿金额范围内代位行使被保险人对第三者请求赔偿的权利。这一制度的核心在于，当保险事故由第三人的过错行为引起时，保险人在向被保险人赔偿损失后，有权取代被保险人的地位，向第三人追偿。

保险代位追偿的法律依据主要来源于《中华人民共和国保险法》第六十条，该条明确规定：“因第三者对保险标的的损害而造成保险事故的，保险人自向被保险人赔偿保险金之日起，在赔偿金额范围内代位行使被保险人对第三者请求赔偿的权利。”这一条款为保险代位追偿提供了明确的法律基础，确保了保险人在赔偿被保险人损失后，能够维护自己的合法权益。

（二）成立条件

1. 保险事故发生与第三人过错行为存在因果关系

因果关系是保险代位追偿的前提和基础。只有当保险事故的发生是由第三人的过错行为引起时，保险人才有权向第三人追偿。假设一家物流企业投保了货物运输保险，在运输过程中，货物因驾驶员（与物流企业不存在委托、雇佣关系）的过失（如疲劳驾驶导致的交通事故）而损坏。此时，驾驶员作为第三人，其过失行为导致了保险事故的发生。因此，保险公司在向物流企业赔偿损失后，有权向驾驶员或其所属的运输公司追偿。

2. 保险事故造成的损失需属于保险责任范围

保险代位追偿的成立还需满足一个条件，即保险事故造成的损失必须属于保险责任范围。如果损失不属于保险责任范围，保险人就没有义务向被保险人赔偿，也就无法取得代位追偿的权利。假设企业为货物投保了货物运输险，但货物损坏是由于自然灾害（如地震、洪水等）引起的，而该自然灾害并不属于货物运输保险的保险责任范围，保险公司就没有义务向物流企业赔偿损失，也就无法取得代位追偿的权利。

3. 保险人已向被保险人赔偿保险金

保险代位追偿权的产生是在保险人向被保险人赔偿保险金之后。如果保险人尚未向被保险人赔偿保险金，那么其就无权向第三人追偿。这是保险代位追偿成立的一个关键条件。

4. 被保险人对第三人的请求权合法、有效且未过期

保险代位追偿的成立还需满足一个条件，即被保险人对第三人的请求权必须合法、有效且未过期。如果被保险人对第三人的请求权存在瑕疵或已经超过诉讼时效，保险人也无法取得有效的代位追偿权。

某某财保公司诉杨某等保险人代位追偿权纠纷案

基本案情：

2018 年 6 月 29 日，菜鸟公司与某某财保公司青岛分公司签订《公路

货物运输险保险单》，约定：保险期限自2018年6月30日至2019年6月29日，在被保险人菜鸟公司不是实际承运人的情况下，保险人某某财保公司青岛分公司保留向实际承运人追偿的权利。后菜鸟公司根据其与杨某的口头约定，将货物交由杨某运输。2018年9月10日，杨某雇用的司机冯某驾驶重型半挂牵引车运货途中，因冯某全责导致人员受伤及车辆、货物损坏的交通事故。2019年1月18日，菜鸟公司起诉请求某某财保公司青岛分公司承担理赔责任。法院终审判决支持了菜鸟公司的诉讼请求。某某财保公司青岛分公司履行判决后，起诉请求某某物流公司、杨某、冯某承担连带赔偿责任以及相应利息。

涉案重型半挂牵引车实际所有人为杨某，杨某将该车辆登记挂靠在某某物流公司名下从事运输经营活动。

裁判结果：

安徽省明光市人民法院审理后认为，因驾驶事故导致菜鸟公司的货物损失，杨某作为承运人应依法承担赔偿责任。某某财保公司青岛分公司按照生效判决向菜鸟公司赔偿损失后，向第三者杨某行使代位追偿权，符合《保险法》第六十条第一款的规定和《公路货物运输险保险单》的约定。某某物流公司作为涉案车辆的被挂靠人，依照《民法典》第一千二百一十一条的规定，应当对挂靠人杨某的赔偿责任承担连带责任。遂判决，杨某赔偿某某财保公司青岛分公司经济损失及利息，某某物流公司承担连带清偿责任，驳回某某财保公司青岛分公司的其他诉讼请求。

宣判后，杨某、某某物流公司不服，提起上诉。安徽省滁州市中级人民法院审理后认为，冯某的运输行为系菜鸟公司自身完成货物物流的必要环节，此时冯某、杨某及某某物流公司相对于某某财保公司青岛分公司并非法律意义上的第三者。遂判决，撤销原判，驳回某某财保公司青岛分公司的诉讼请求。

某某财保公司青岛分公司不服，提出再审申请。安徽省高级人民法院再审认为，某某财保公司青岛分公司依据保险合同向菜鸟公司理赔后，基于菜鸟公司的违约赔偿请求权向杨某、某某物流公司追偿，符合法律规定。遂判决，撤销二审判决，维持一审判决。

裁判要旨：

与被保险人形成运输合同关系的承运人未被列为货物运输险的投保人或被保险人的，其对保险标的不具有保险利益。当可归责于承运人的保险事故发生时，被保险人虽同时享有对保险人的保险金给付请求权和对该承运人的损失赔偿请求权，但并不由此免除承运人作为《保险法》第六十条规定的第三者所应承担的赔偿责任。保险人向被保险人赔偿保险金后，有权在其赔偿金额范围内代位行使被保险人对承运人请求赔偿的权利。

第四章　争议解决与法律救济

第一节　物流纠纷类型与成因

在物流领域，合同纠纷是最常见的争议类型之一。由于物流业务涉及多个环节和多个参与方，合同成为规范各方行为、明确权利义务的重要工具。然而，由于合同内容复杂、条款繁多，以及物流业务本身的动态性和不确定性，合同纠纷时有发生。

一、合同纠纷

（一）运输合同纠纷

运输合同纠纷是物流服务合同纠纷中最常见的一种。这类纠纷主要涉及货物的运输过程，包括货物的装载、运输、卸载等环节。其中，货损赔偿标准争议和运费支付争议是运输合同纠纷的两个主要方面。

1. 货损赔偿标准争议

在运输过程中，由于交通事故、天气、货物本身问题等，货物可能会发生损坏或丢失。此时，货主和承运人之间往往会对货损的赔偿标准产生争议。货主可能认为承运人应按照货物的实际价值进行赔偿，而承运人则可能认为应按照合同约定的赔偿限额进行赔偿。此外，还可能涉及货物损坏程度的评估方法、损坏原因的调查及第三方鉴定机构的选择等问题。对于易腐、易损或高价值货物，双方也可能在包装要求、运输条件及特殊保护措施上有不同的期望，可能成为争议来源。

澧县某食品经营部与湖南某物流公司货物运输合同纠纷案

基本案情：

原告澧县某食品经营部与被告湖南某物流公司系长期合作关系，交易习惯为原告将货物交付给被告处负责揽收快件的快递员，再由揽收的快递员对货物进行包装、打单、报价，最后由原告按月结算快递费。

2022 年 10 月，原告将价值 65700 元的货物在被告公司澧县营业部托运到湖南岳阳市，并向被告足额支付托运费。运输途中，被告车辆失火将原告托运货物全部毁损。

事发后，原告多次找被告协商货物损失赔偿事宜，被告却称没有实际证据佐证原告损失的货物财产价值，仅愿意在原告的 2000 元保价基础上承担赔偿责任。

裁判结果：

澧县人民法院根据《中华人民共和国民法典》第八百三十二条、第八百三十三条之规定，判决被告湖南某物流公司赔偿原告澧县某食品经营部受损货物货款 65700 元。

裁判理由：

原告按双方交易习惯，将案涉货物交寄给被告快递员，并告知收货人信息，被告快递员在微信内对快递费用及单号进行反馈，双方形成事实上的运输合同关系。根据双方微信聊天记录显示，并未特别表明其中包含购买额外保价服务。

被告辩称原告主动购买声明价值为 2000 元保价服务与原告交付货物的实际价值 65700 元差距悬殊，与一般交易习惯不符。且被告主张赔偿规则是按照被告提供的格式合同拟定的，本案如按被告主张的赔偿规则对原告明显不公正，与原告实际损失差距甚大。原告虽与被告有着长期合作关系，但仅是在快递费结算及揽件方式等方面进行合作，对涉及赔偿条款及快件发生毁损后的责任承担等条款，应视为限制责任格式条款。被告未尽到提示说明义务。在保价条款中保价声明价值远低于未保价时货物受损可能获得的赔偿数额的情况下，该格式条款的设立排除了原告获得较高赔偿数额的权利，应当认定无效。且根据原被告的交易习惯，被告也未提交证据证明保价服务确属原告方操作，故对被告辩称应按照保价2000元进行赔付的主张，本院不予采信。

2. 运费支付争议

运费是承运人提供运输服务所应得的报酬。然而，由于运费计算方式、支付时间、支付条件等条款的不明确或争议，货主和承运人之间经常会发生运费支付争议。除了直接的运费金额争议，还可能涉及运费调整的合理性、运费与服务质量挂钩的激励机制、运费发票的合规性及税费处理等问题。特别是在国际物流中，不同国家和地区的税率、关税政策及货币汇率波动都可能影响运费的计算和支付。

王某、孙某、李某、石某与被告某煤炭公司、张某某货物运输合同纠纷案

基本案情：

在原告王某、孙某、李某、石某与被告某煤炭公司、张某某货物运输合同纠纷一案中，四原告通过微信联系某配货站工作人员，由陕西省神木市运输煤炭至邹平某电厂，运费370元/吨。原告询问："运费是卸完车那边付，对吗?"配货站人员回复："是的，你卸完车不是打卡就是现金。"四原告按照约定将煤炭运至指定仓库，接货人员为原告出具磅码单。原告石某询问接货人员运费如何结算时，接货人员告知"这个你不用管了，都是这边办"。

另查明，邹平某电厂与被告某煤炭公司签订煤炭购销合同，被告某煤炭公司又与被告张某某签订购销合同，约定货到指定电厂后按照当日电厂实收数按60%~80%支付货款，运费由张某某承担，月底电厂出具结算单，30个工作日内付清尾款。庭审中，电厂、煤炭公司均主张合同所涉

煤款已付清，被告张某某亦表示认可。同时，张某某自认接货人员是其安排的，专门负责在电厂接货并开具磅码单。

裁判结果：

一审判决被告张某某向四原告支付运费。法院作出判决后，被告张某某不服，提起上诉，二审判决驳回上诉，维持原判。

裁判理由：

法院经审理认为，本案争议焦点为被告某煤炭公司、张某某是否对案涉运费承担付款责任。

货物运输合同，是指承运人将货物从起运地点运输到约定地点，托运人或者收货人支付运输费用的合同。本案中，配货站工作人员联系四原告将案涉煤炭由陕西运至邹平，并告知运费价格及运费由收货方支付等信息。原告按约定将煤炭运至接货人员指定的电厂，张某某自认接货人员是其安排的，当原告询问运费如何结算时，接货人员要求提供银行账户信息并作出承诺付款的意思表示，原告有充分理由相信运费是由收货方支付。因此，本案运费应由被告张某某支付。张某某辩称包括运费在内的煤款已全部支付卖方，案涉运费应由卖方支付。原告作为承运人对张某某与卖方之间的约定无从知晓，如运费确由卖方负责支付，张某某安排的接货人员不应轻易作出“都是这边办”的承诺，对张某某的辩称理由，法院不予采纳。

（二）仓储合同纠纷

仓储合同纠纷主要涉及货物的存储和管理过程，通常发生在货主与仓储服务提供商之间。

仓储服务提供商通常会根据货物的数量、存储时间、仓储条件等因素向货主收取一定的仓储费用。然而，由于费用计算方式、支付时间等条款的不明确或争议，货主和仓储服务提供商之间经常会发生费用支付争议。在库存管理费用、特殊存储条件费用、货物盘点费用及因货物滞留或超期存储而产生的额外费用上，双方也可能因计算依据、支付时间和方式而产生分歧。

在某些情况下，会产生货物丢失、损坏、被盗、错发、混装等问题，在这些问题的责任归属，以及仓储方是否采取了必要的安全措施和应急预案上，也极易产生争议。

无锡某货运有限公司诉江苏某科技有限公司仓储合同纠纷案

基本案情：

2016年8月，被告江苏某科技有限公司（以下简称某科技公司）欲承租原告无锡某货运有限公司（以下简称某货运公司）的仓库，双方协商洽谈了承租仓库的相关事宜，并拟定《仓储协议书》（以下简称合同），主要内容有仓库位置及面积、储存期限、仓储费、结算方式与时间等。

8月29日，某科技公司经办人在合同上盖章后交付某货运公司员工，由某货运公司带回盖章。8月31日，某货运公司经办人又通过微信向某科技公司员工提出合同五点修改意见（其中包括价格调高、保险承担等），某科技公司员工回复称，需向领导汇报才能决定。

9月7日8时15分，某科技公司员工通过微信向某货运公司经办人答复，关于承租仓库问题及某货运公司提出的合同修改意见，还需要再沟通，之前盖章的合同请寄回。某货运公司未回复。同日16时许，某货运公司在之前某科技公司已经盖章的合同上加盖了自己公司的公章，并交快递寄送某科技公司。

9月9日10时许，某科技公司收到该合同。同日下午16时59分，某科技公司再次向某货运公司发送电子邮件，明确之前盖章的合同已作废。

后因某科技公司一直未履行合同，某货运公司诉至法院，请求：依据合同的违约条款的约定要求某科技公司赔偿违约金等损失49万元。

裁判结果：

江苏省无锡市梁溪区人民法院于2017年4月25日作出（2016）苏0213民初3277号民事判决：驳回某货运公司的诉讼请求。宣判后，某货运公司不服，提起上诉。江苏省无锡市中级人民法院于2017年9月26日作出（2017）苏02民终2820号民事判决：驳回上诉，维持原判。

裁判理由：

法院生效裁判认为，本案的争议焦点为：《仓储协议书》是否成立。

首先，当事人订立合同，采取要约、承诺方式，受要约人对要约的内容作出实质性变更的，要约失效。

某科技公司在双方协商拟定的合同上盖章是要约行为，某货运公司对包括价格等重要条款要求进行修改时，系对要约的内容作出实质性变更的，构成新要约，故某科技公司加盖公章的《仓储协议书》作为原要约未得到某货运公司的承诺，已经失效。

其次，要约可以撤销。即使某货运公司认为其在某科技公司已盖章的合同上加盖公章构成承诺，也得在该承诺到达某科技公司之时，合同才生效。

而某科技公司于2016年9月7日8时15分明确向某货运公司表示，关于合同内容还需要再沟通，要求寄回此前的合同，此为撤销要约的意思表示。

9月7日下午16时某货运公司盖章的合同才寄出，9月9日某科技公司才收到，某科技公司撤销要约的通知已经在某货运公司发出承诺通知之前到达，要约已经撤销。

综上，双方关于承租仓库尚处于合同的磋商洽谈中，并未达成明确一致的意思表示，合同未成立。某货运公司无权依据合同来主张违约赔偿，法院遂判决驳回某货运公司的诉讼请求。

（三）挂靠合同纠纷

挂靠合同是指企业或个人（挂靠方）在一定期间内，使用一定数量和质量的运输工具，以被挂靠企业的名义从事道路运输经营活动，并向被挂靠企业缴纳一定管理费用的合同。在物流领域，挂靠合同纠纷主要涉及被挂靠单位的责任承担问题。

在挂靠关系中，被挂靠单位通常需要承担一定的管理责任和安全责任。但由于挂靠方和被挂靠单位之间的责任划分不明确，经常会发生责任承担争议，特别是在发生交通事故、货物损失或环境污染等严重事件时，被挂靠单位是否应承担赔偿责任及承担多大的赔偿责任等问题往往会成为争议的焦点。

重庆某某物流有限公司与代某某挂靠经营合同纠纷案

基本案情：

2018年6月22日，原告（重庆某某物流有限公司）与被告（某某）签订《普通货车挂靠合同》，约定被告购买渝D×货车挂靠于甲方经营；合同期限从2018年6月23日起至该车按照行驶证载明的强制报废之日；被告应按规定在每年6月23日前向原告缴纳次年度的挂靠费5000元/年；被告每年必须按公司规定购买涉案车辆保险费，为车辆购买交强险和商业险，投保和续保必须由原告统一代为办理，保险费由被告支付；若一方违约，应向合同守信方支付违约金5万元。

合同签订后，被告自2022年6月26日起至2023年6月25日未缴纳管理费，原告代被告支付2019年6月20日至2020年6月19日的交通事故责任强制保险费4480元，代收车船税732元，代缴商业保险费（机动车损失保险、第三者责任保险、车上人员责任险司机、乘客）22957.18元，共计28169.18元，抵扣被告之前支付的部分费用10867元，被告尚欠保险费17302元未支付。

裁判结果：

法院根据合同履行的实际情况及当事人的过错程度，根据公平原则，对被告违约行为酌情支持违约金2000元。

裁判理由：

法院认为，原、被告签订的合同系双方当事人真实意思表示，不违反法律、行政法规的强制性规定，合法有效，对双方当事人均具有法律约束力，双方应当按照约定全面履行自己的义务。被告应当支付原告2022年6月26日起至2023年6月25日的管理费5000元（5000元/年×2022年6月26日起至2023年6月25日计1年）；对于原告代为支付的保险费

17302元，被告应予返还；因违约金系惩罚违约方和补偿无过错方所受损失的性质，原、被告双方在合同中约定的违约金金额明显高于原告所受损失，故本院根据合同履行的实际情况及当事人的过错程度，根据公平原则，对被告违约行为酌情支持违约金2000元。综上，对原告的诉讼请求，本院部分支持。被告经本院传票传唤，无正当理由拒不到庭参加诉讼，不影响本院依法判决。

（四）保险合同纠纷

货主或承运人通常会为货物、运输工具或员工购买相应的保险以规避风险。但由于保险种类和保险范围的不明确，货主、承运人和保险公司之间经常会发生保险种类和保险范围争议。并且，保险合同中的条款专业性较强，双方可能对条款的解释存在不同理解。例如，对于“自然灾害”“意外事故”等术语的定义和适用范围可能存在分歧而导致纠纷产生。

同时，保险合同中通常会包含一些拒赔条款，规定保险公司在某些情况下可以拒绝承担赔偿责任。由于在保险合同中保险公司往往处于优势地位，货主、承运人基于信息的不对称，可能对拒赔条款中的内容存在不明确甚至产生误解，导致保险公司认为货损是由于货主或承运人的过错造成的而拒绝承担赔偿责任，而货主或承运人则认为保险公司无权拒绝承担赔偿责任的情况出现，此时货主、承运人和保险公司之间很容易因拒赔条款而产生保险合同纠纷。

二、侵权纠纷

（一）提供劳务者受害责任纠纷

提供劳务者受害责任纠纷主要发生在物流公司的员工、临时工、外包工等提供劳务的人员在从事物流相关工作时，因工作受到伤害，从而引发的责任纠纷。

1. 劳动关系确认争议

劳动关系确认是提供劳务者受害责任纠纷中的首要问题。只有确认了劳动者与物流公司之间存在合法的劳动关系，才能进一步讨论工伤认定和赔偿责任划分，因此劳动关系的确认常常出现争议。

部分物流公司与员工之间未签订正式的劳动合同，但存在实际用工行为，产生了事实劳动关系与合同劳动关系争议；随着物流行业的发展，外包、劳务派遣等用工形式日益普遍，也就产生了潜在的外包、派遣等用工形式的劳动关系确认争议；在劳动者受伤后，物流公司可能会否认双方存在劳动关系，或者主张劳动关系已经终止，引发劳动关系存续期间的争议。

劳动关系确认争议的解决，需依据《中华人民共和国劳动法》《中华人民共和国劳动合同法》《中华人民共和国劳动争议调解仲裁法》等法律法规，以及双方签订的合同或协议，并结合双方是否存在实际用工行为、是否支付劳动报酬、是否接受用工管理等因素进行综合判断。

2. 工伤认定争议

根据《工伤保险条例》及相关规定，工伤是指职工在工作时间和工作场所内，因工作原因受到事故伤害或者患职业病，工伤的认定也容易引发雇主与员工之间的争议。

部分物流公司的员工在从事非本职工作或超出工作范围的活动时受伤，这种情况下是否认定为工伤，成为事故是否属于工作原因的争议点；物流行业存在一些职业病风险，如长期搬运重物导致的腰肌劳损等，员工倾向于将其认定为职业病，以享受工伤待遇，然而，职业病认定需要严格的医学证明和程序，在认定过程中也容易引发争议；工伤认定的程序包括申请、受理、调查核实、认定结论等环节。由于程序烦琐、时间长等，在工伤认定的程序中往往容易引发劳动者与公司之间的争议。

3. 赔偿责任划分争议

在提供劳务者受害责任纠纷中，赔偿责任划分是最终的争议焦点，主要涉及以下几个方面：

在部分情况下，劳动者因自身过错导致受伤，基于劳动者与雇主之间的立场差异，在物流公司是否需要承担赔偿责任，以及承担多大的责任上极易引发纠纷；在外包、劳务派遣等用工形式下，当劳动者受伤时，由于涉及三方主体，需要平衡三方利益，外包公司、派遣公司与物流公司及劳动者之间的责任划分往往容易引发争议；在劳动者被认定为工伤后，其可以享受工伤保险待遇。然而，当工伤保险待遇不足以弥补劳动者损失时，劳动者是否可以主张民事赔偿，以及民事赔偿与工伤保险待遇之间的衔接问题，也成为一个争议点。

袁某某、安徽某某物流有限公司等提供劳务者受害责任纠纷案

基本案情：

2021年8月5日，袁某某入职郑某处担任驾驶员，双方口头约定月工资14000元。郑某组建“高效车队”微信群，用以给包括袁某某在内的驾驶员下达任务。8月13日，郑某在群里通知“2247-7165明天6-30出发象山拉迈克”。次日，袁某某驾驶登记在安徽某某物流有限公司（以下简称某某物流公司）名下、车牌号为×××的车辆，在象山县西周镇莲花村采石厂装货后（袁某某称当时在进行篷布遮盖），从驾驶室摔下受伤。

受伤后，袁某某被送至宁波市鄞州区第三医院，先后两次住院治疗，共16天。首次住院10天，诊断伤情包括右跟骨骨折、右距骨骨折、足部损伤（跟骰关节脱位），并于8月16日实施右跟骨骨折切开复位内固定+跟骰关节复位内固定术；2022年8月21日二次住院6天，为取出骨折内固定装置。其间，郑某垫付医疗费13000元。

2022年10月9日，湘西州新途司法鉴定中心出具鉴定意见书，评定袁某某为十级伤残，建议误工期240日、护理期90日、营养期120日，袁某某支付鉴定费1600元。袁某某育有子女，儿子、女儿在袁某某定残时分别年满11周岁、5周岁，由袁某某夫妻共同抚养。

2022年2月7日，一审法院受理袁某某与某某物流公司确认劳动关系纠纷一案。审理过程中发现，尽管袁某某驾驶车辆登记在某某物流公司名下，但郑某管理的车队车辆分属不同公司，无法仅凭此认定郑某是某某物流公司员工或其行为系职务行为，不排除某某物流公司与郑某存在租赁关系。而且，袁某某自述此前受郑某雇佣当驾驶员，工资由郑某发放，此次工作安排、指令下达也均来自郑某。综合这些因素，一审法院认定袁某

某所提供证据难以证实其与某某物流公司存在人身、经济和组织上的隶属性，于2022年6月28日判决驳回袁某某诉求，该判决已生效。

此后，经郑某申请，一审法院委托宁波崇新司法鉴定所重新鉴定。2023年3月28日，该所出具意见，认定袁某某致残等级仍为十级，伤后的误工、护理、营养期限与之前鉴定相近，分别为240日、90日、120日。

裁判结果：

一审法院判决郑某于本判决生效后30日内赔偿袁某某医疗费、住院伙食补助费、护理费、误工费、营养费、残疾赔偿金、精神损害抚慰金、鉴定费、交通费等各项损失共计202201.06元，驳回袁某某的其他诉讼请求。郑某不服提起上诉，二审法院驳回上诉，维持原判。

裁判理由：

袁某某在向郑某提供劳务过程中受伤，袁某某要求郑某承担赔偿责任。按照法律规定，郑某作为接受劳务一方，应对袁某某提供劳务过程进行规范管理。现郑某主张因为袁某某事发时穿着拖鞋导致涉案事故发生，但郑某提供的证据不足以证明袁某某当时穿着拖鞋。郑某主张袁某某之前已经为其提供劳务一年有余，本院询问郑某是否知晓袁某某之前为其提供劳务过程中穿着什么鞋，是否告知袁某某在提供劳务期间应该穿什么鞋，郑某陈述其之前并未对袁某某穿鞋问题进行管理。郑某未就劳务过程进行规范管理，未尽到雇主应尽的管理义务和安全防范义务，导致涉案事故发生，一审酌情确定郑某就袁某某所受损害承担70%的赔偿责任，符合法律规定。袁某某是货车司机，袁某某提供的郑某支付其劳动报酬的记录，可以与袁某某主张的郑某每月支付工资14000元相互印证，一审据此认定袁某某每月误工工资14000元，并无不当。一审法院委托宁波崇新司法鉴定所对袁某某的伤残等级进行鉴定。经鉴定，袁某某伤残等级为十级，一审据此认定袁某某残疾赔偿金和被抚养人生活费，并将被抚养人生活费计入残疾赔偿金，符合法律规定。一审分配举证责任合理，证据采信符合法律规定，程序上不存在违法之处。综上，郑某的上诉请求不能成立，应予驳回。

（二）机动车交通事故责任纠纷

受物流行业的经营方式影响，机动车交通事故责任纠纷在物流企业的经营过程中十分常见，且这类纠纷通常涉及车辆所有人、驾驶员、物流公司、保险公司及事故受害者等多个主体，因此其解决程序通常也更加复杂。

1. 赔偿责任划分争议

事故发生后，首先要确定的是事故的责任主体，即直接责任人和间接责任人。在确定责任主体时需要注意，车辆还可能属于物流公司、挂靠公司或个人，因此要通过全面审查涉案车辆的一切关联方，以确定实际的责任归属。

确定了责任主体后，就需要根据事故的具体情况、各方过错程度及相关法律规定来划分各主体承担责任的比例，并确定赔偿范围。赔偿范围通常不仅仅包括直接的经济损失，还可能包括精神损害赔偿、误工费、交通费等间接损失。

2. 保险理赔争议

物流企业为规避风险，可能提前为运输车辆投保了交强险、商业三者险、车损险等多种类型的保险，涵盖了不同的保障范围和赔偿标准。在保险合同的具体条款中还可能存在赔偿限额、免赔额、免责情形等约定。因此，在理赔过程中，保险公司可能会以事故属于酒驾、无证驾驶、超载等违法行为，而以拒赔条款为由拒绝赔偿，从而与企业产生保险合同纠纷。

上海某某物流有限公司诉中国某某财产保险股份有限公司上海分公司等财产保险合同纠纷案

基本案情：

2018年3月22日，原告（上海某某物流有限公司）向被告（中国某某财产保险股份有限公司）发送了某某财产保险股份有限公司的货物运输保险产品，要求在被告处购买类似产品，被告当即提示上述险种为货物运输险。

几天后被告向原告发送了《某某物流责任保险投保单》，并注明："承保条件与之前中保一致。"同时，要求原告提供名下车辆车牌号的清单并盖章。原告在盖章的《自有货运车辆清单》和投保单中列明并记载了运输车辆类型为"普货"，数量为"8"，以及对应的沪牌号码。

随后被告出具了《保险单》，载明被保险人为原告，投保险种为物流责任险，承保被保险人在经营物流业务过程中因运输工具发生碰撞、倾覆等造成的物流货物损失。《保险单》的特别约定部分还载明："本保单仅承保以下列明车牌号的承运车辆发生保险事故时的保险责任：如被保险人在保险期限内需要更换承运车辆，需提前 1 个工作日将承运车辆车牌号通过邮件向保险人进行申报，否则保险人不承担任何保险责任。"上述 8 个车牌号亦列入其中。

保险期间，号牌为冀 JU95××的重型半挂牵引车在货运途中发生交通事故，致使原告承运的货物受损，经交警认定，该牵引车驾驶员负全责。被告查勘后以事故车辆未曾申报，保险责任不成立为由出具《拒赔通知书》。

原告起诉认为，被告未销售其要求购买的同种类保险产品，增设了承保条件，主张被告赔付其货物损失。

被告则辩称，事故车辆并非原告所有，其未按约申报变更车辆信息，故被告有权拒赔。

裁判结果：

上海市静安区人民法院于 2020 年 9 月 23 日作出（2020）沪 0106 民初 10591 号民事判决，驳回原告上海某某物流有限公司的诉讼请求。

原告提出上诉，上海金融法院于 2021 年 6 月 25 日作出（2021）沪 74 民终 368 号民事判决，驳回上诉，维持原判。

裁判要旨：

上海静安法院认为，原告主张被告允诺其承保条件同"中保一致"，但根据案涉保险合同的缔约过程、邮件及微信往来记录均属缔约磋商过程的一部分，其间不能排除其他新要约的作出。例如，被告在收到原告发送的第三方公司保险产品后即提示该险种为货物运输险，而原告最终正式投保的是物流责任险，二者险种并不一致，原告在经被告提示及收到投保单后并未提出异议。因此，不能仅以缔约过程中的“承保条件与中保一致”确认双方最终形成的意思合意。相反，原告盖章递交的投保单应认定为其最后作出的要约，被告同意承保，保险合同即依法成立并生效。即便如原告所述，其在收到保险单后提出过异议，但无证据证明其向被告作出了退保申请，故生效的保险合同仍对其具有约束力。

此外，作为物流运输企业，原告对其承运的货物并不享有所有权，若其投保货物运输险，将自始不具有保险利益，出险后亦不能获赔。被告向其销售物流责任险产品，并在邮件中提及“承保条件与之前中保一致”，不仅未构成对投保人的误导，实际系充分考虑了原告真实的投保需求。

关于被告应否理赔的问题，保险单的特别约定明确了保险责任以约定的 8 辆承运车辆为限，如原告需要更换，需提前 1 个工作日申报更换车辆的车牌号，否则被告不承担保险责任。该车辆信息由原告自行提供，其在投保单的“投保人声明”部分亦盖章确认，被告已向其详细介绍了投保的各项注意、说明及须知，其接受上述内容并同意投保。因此，被告有权依该特别约定拒赔。

据此，上海静安法院认定案涉保险合同系当事人的真实意思表示，原告在未提前申报的情况下，不能以非自有车辆承运产生的货损向被告理赔。

三、消费者权益保护纠纷

随着电子商务的蓬勃发展，物流行业作逐步成了连接商家与消费者的桥梁，其服务质量直接影响到消费者的购物体验和权益保障。因此，消费者权益保护已经成为物流企业能否实现长期高质量发展的一大重要议题。

（一）消费者权益在物流领域的体现

消费者权益保障在物流领域的体现涵盖了从货物接收、运输到交付的整个过程。

1. 货物损坏或丢失的赔偿权

根据《中华人民共和国消费者权益保护法》（以下简称《消保

法》）的相关规定，消费者在购买、使用商品或接受服务时，享有人身、财产安全不受损害的权利。当货物在运输过程中因物流公司的过失而损坏或丢失时，消费者有权要求物流公司进行赔偿。赔偿的金额通常根据货物的实际价值、是否购买了保险及物流公司的赔偿政策来确定。《消保法》第五十五条还规定，如果经营者提供商品或者服务有欺诈行为，应当按照消费者的要求增加赔偿其受到的损失，增加赔偿的金额为消费者购买商品的价款或者接受服务的费用的 3 倍。这一规定同样适用于物流服务，如果物流公司存在欺诈行为，如虚假宣传、故意延误配送等，消费者有权要求其进行 3 倍赔偿。

2. 准时送达的保障权

准时送达是物流服务的核心要求之一，也是消费者的重要权益。物流公司应根据合同约定或行业惯例，确保货物在承诺的时间内送达指定地点。根据《民法典》的相关规定，当事人一方不履行合同义务或者履行合同义务不符合约定的，应当承担继续履行、采取补救措施或者赔偿损失等违约责任。若因物流造成延误，消费者有权要求物流公司承担相应的违约责任。因此，在物流服务合同中，通常会明确约定送达时间和延误赔偿条款，以保障消费者的准时送达权益。

3. 货物信息的知情权

消费者有权了解货物的实时动态和详细信息，这是消费者知情权在物流领域的重要体现。根据《消保法》第八条的规定，消费者享有知悉其购买、使用的商品或者接受的服务的真实情况的权利。这包括了解货物的运输轨迹、预计到达时间、签收情况等。同时，物流公司还应严格遵守《个人信息保护法》等相关法律法规，保护消费者的个人信息不被泄露。

消费者还有权要求物流公司提供清晰的运费标准。根据相关法律法规和行业惯例，物流公司应在提供服务前向消费者明确告知服务费用及其构成，避免在服务过程中产生不必要的纠纷。

（二）消费者权益保护纠纷的常见类型

1. 迟延交付

根据《民法典》第八百一十一条的规定，承运人应当在约定期限或者合理期限内将旅客、货物安全运输到约定地点。在物流服务合同中，通常会明确约定送达时间和延误赔偿条款。如果物流公司未能按时送达货物，消费者有权要求其承担相应的违约责任，包括赔偿因延误产生的直接、间接损失。此外，《消保法》也规定，消费者在购买、使用商品或者接受服务时，享有人身、财产安全不受损害的权利。因此，消费者有权要求物流企业按照合同约定时间准时送达货物，并有权在迟延交付时追究物流企业的违约责任。

2. 货损货差赔偿纠纷

当货物在运输过程中因物流公司的过失而损坏或丢失时，很容易产生货损货差赔偿纠纷。根据《民法典》第八百三十二条的规定，承运人对运输过程中货物的毁损、灭失承担赔偿责任。但是，承运人证明货物的毁损、灭失是因不可抗力、货物本身的自然性质或者合理损耗，以及托运人、收货人的过错造成的，则不承担赔偿责任。《消保法》也规定，消费者在购买、使用商品或者接受服务时，享有人身、财产安全不受损害的权利。具体到物流领域，如果货物在运输过程中因物流公司的过失而损坏或丢失，物流公司应当承担相应的赔偿责任，除非能够证明货物的毁损灭失非本公司造成。

蔡某诉无锡某某物流有限公司货物运输合同纠纷案

基本案情：

2013年11月24日，蔡某与无锡某某物流有限公司（以下简称某某公司）签订货物托运单，单号为：1412320××，委托某某公司将药品运输到西安。在货物托运单正面声明价值填写为2000元，某某公司在托运单正面签名一栏以区别于其他内容字体的黑体字标注了“请仔细阅读背面运输条款，您的签名意味着您已理解并接受条款内容”，蔡某在该栏签字。

托运单背面运输条款第九条载明“承运人建议托运人办理货物保价运输，声明保价并支付相应保价费用。托运人声明保价并支付保价费，发生货物丢损，按照下列规则赔偿：货物全部灭失，按照货物保价声明价值赔偿；货物部分毁损或灭失，按照声明价值和损失比例赔偿，最高不超过声明价值。声明价值高于实际价值的，按实际价值赔偿”。

托运单签订后，蔡某向某某公司支付了包括运费、保价费等在内的费用260元。后某某公司在运输的过程中，车辆发生自燃，致货物损毁。某某公司电话告知蔡某货物出险。后因赔偿数额无法协调一致，产生诉讼。

诉讼中，原告蔡某认为应当按照药品价值16000元进行赔偿，被告某某公司认为应当按照双方约定的赔偿费用2000元进行赔偿。

裁判结果：

一审法院判决被告某某公司在判决生效后十日内赔偿原告蔡某损失2000元。某某公司不服上诉，二审法院判决驳回上诉，维持原判。

裁判理由：

蔡某与某某公司之间货物运输关系真实、合法、有效。某某公司作为承运人理应负有保管义务，将货物安全送达目的地。但某某公司在运输过程中将货物灭失，造成蔡某损失，其应依法承担向蔡某赔偿损失的民事责任。本案因以双方约定的报价价值为赔偿标准，故某某公司应当赔偿蔡某损失2000元。

3. 虚假宣传或误导性信息纠纷

一些物流公司为了吸引客户，可能会夸大服务范围、承诺无法兑现的时效，当消费者发现实际情况与宣传不符时，就有可能因此产生纠纷。

根据《中华人民共和国广告法》的相关规定，广告不得含有虚假或者引人误解的内容，不得欺骗、误导消费者。《消保法》也规定，经营者向消费者提供有关商品或者服务的质量、性能、用途、有效期限等信息，应当真实、全面，不得做虚假或者引人误解的宣传。因此，当物流公司采用夸大或误导的方式对自设服务进行宣传时，将对消费者知情权造成侵犯，可能引起法律纠纷。

四、物流纠纷的新趋势

随着物流行业的快速发展，物流纠纷的发生频率也在逐渐上升。近年来，物流纠纷呈现出一些新的趋势，这些趋势反映了物流行业在技术革新、市场需求多元化及全球供应链重新洗牌的大背景下所面临的挑战与变革。

在物流行业的发展过程中，市场竞争日益激烈，各大物流企业和平台公司纷纷通过技术创新和服务优化来提升竞争力。然而，平台公司通过整合资源和优化流程，对传统的专线企业造成了巨大冲击。许多专线企业由于技术落后、智能化程度低、效率低下，难以在激烈的市场竞争中立足，纷纷陷入经营困境，甚至倒闭。这种倒闭潮在加剧市场竞争的同时还导致了物流纠纷的增加，这是因为专线企业在面临经营困难时，往往难以履行与托运人之间的合同义务，从而导致货物延误、损坏或丢失等问题的产生。

物流成本的攀升是物流纠纷新的导火索。物流行业的主要成本包括人工成本、车辆成本和仓库成本，这些成本每年都在上涨，而油价和库房成本等又难以控制。随着大环境收紧，许多大客户为了降低成本，进一步压缩了货运单价，导致物流企业的整体收入急剧下降。在成本上升和收入下降的双重压力下，物流企业在履行合同时面临更大的困难，更增加了物流纠纷产生的风险。

此外，随着数字技术的快速发展，物流行业正经历着从仓库管理到运输调度，从订单处理到货物配送的深刻变革，数字技术的应用正在重塑物流业的每一个环节。大数据和人工智能技术能够通过收集和分析海量的物流数据，帮助企业优化库存管理、预测市场需求、提高运输效率。与此同时，这些技术的应用也带来了数据隐私和算法歧视等问题。在数据收集和处理过程中，如果物流企业未能采取有效措施保障用户个人信息，就可能引发用户数据泄露问题。一些不法分子还可能利用技术漏洞进行数据窃取或篡改，给物流企业带来重大损失，并引发法律纠纷。

物流纠纷的这些新趋势从点到面地反映了物流行业在快速发展过程中所面临的挑战与变革。在这种形势下物流企业亟须采取有效措施来降低纠纷的发生概率，加大技术创新投入，提升服务质量，加强风险意识，并与利益相关方保持密切沟通与协作，以推动企业的健康、稳定发展。

第二节 争议解决途径

一、协商和解

（一）协商和解原则

协商和解作为实践中重要的争议解决机制，其有效性在很大程度上依赖于各方当事人对基本原则的遵循。遵循协商过程中的基本原则在确保协商过程自愿性、公正性、合法性的同时，还能帮助他们达成公正、合理的和解协议，大大增加和解的成功率及协商结果对各方的约束力。

1. 平等自愿原则

自愿是协商和解的首要原则。它要求各方当事人必须出于真实、自由的意愿参与协商过程，不受任何外界压力或不当影响的干扰，并且在协商过程中各方享有平等的地位和权利，不存在一方对另一方的强制或压迫。这意味着，协商的启动、进行及和解协议的达成，都应当是双方当事人在充分了解争议事实、评估自身权益和诉讼风险的基础上，自愿作出的选择。基于平等自愿原则，各方当事人能够平等获取相关信息、平等表达意见与诉求、权利得到平等保护。平等自愿的原则不仅体现了对当事人主体地位的尊重，也是确保协商和解结果公正性和有效性的前提。

2. 诚信原则

诚信原则又分为诚实和信用两大部分。诚实要求双方当事人在协商过程中如实陈述争议事实，不得隐瞒、歪曲或伪造证据，有助于揭示争议的真实情况，为双方当事人提供准确的判断依据，从而达成更加公正、合理的和解协议。诚实原则也有助于维护协商和解的权威性和公信力，增强双方当事人对和解结果的信任感和执行力。

信用原则要求双方当事人在协商和解过程中遵守承诺，不得随意反悔或违反和解协议。信用原则不仅是对双方当事人个人品质的考验，也是确保协商和解结果可执行的关键。在协商过程中，双方当事人应当充分沟通、协商，明确各自的权利和义务，并在达成一致意见后，严格按照和解协议的内容履行自己的承诺。

3. 合法原则

合法原则不仅是协商和解的基石，更是贯穿整个协商过程的指导方针，合法原则意味着协商和解的过程和结果必须严格遵守相关法律法规的规定，不得违反法律的强制性规定或损害国家利益、社会公共利益，以及他人的合法权益。为了确保合法原则的实现，双方当事人应当在协商过程中充分了解相关法律法规的规定，确保和解协议的内容符合法律要求，或者就协商内容向专业律师做法律咨询。

（二）协商和解流程

1. 协商前准备

协商前的准备阶段是奠定协商基础的至关重要的第一步，在协商前做好充分的准备能够为后续协商提供必要的信息，确保协商的顺利进行。

在协商开始前，首先要全面识别和分析争议焦点。当事人需要对争议的事实基础进行完整的梳理，包括争议的起因、发展、现状等，以明确争议的具体内容、性质及涉及的法律关系，形成对争议的全面认识。在此基础上，当事人需对争议的法律依据、可能的法律风险及后果等可能涉及的法律问题进行初步评估，为后续协商提供明确的方向和目标。

争议识别往往需要借助专业律师的帮助。专业律师能够通过对争议事实的分析、对相关法律法规的解读，以及对类似案例的研究，为当事人提供准确的法律意见，帮助他们更好地理解争议，评估自身的权益和风险。律师还可以协助双方对争议进行量化分析，如计算可能的赔偿金额、评估诉讼成本，为协商提供参考依据。

协商前当事人还需要对争议相关的证据材料进行全面收集，包括合同、交易记录、通信记录、证人证言等。在信息收集过程中，应注意以下几点：一是确保信息的全面性和准确性，避免遗漏或误传信息；二是注重信息的时效性，确保收集到的信息能够反映争议的最新情况；三是关注信息的保密性，避免在协商过程中泄露敏感信息。信息收集完成后，建议对证据材料进行分类、编号、归档，并对关键信息进行提炼总结。

完成信息收集后，当事人可以聘请专业律师就争议的法律问题进行有针对性的咨询，明确争议涉及的法律关系和法律依据，对争议的可能结果进行预测，对协商和解的法律风险进行评估等。在法律咨询的基础上，律师还可以协助双方确定协商的目标、制订协商方案、预测对方的协商策略，以制定可操作的和解策略。

2. 初步沟通

协商邀请与接受是启动协商的第一步。具有协商意向的当事人向另一方发出协商邀请，明确协商的时间、地点、方式。协商邀请的发出方式可以采取多种形式，在邀请中，发件人应尽可能详细地说明争议的情况，包括争议的背景、事实、法律依据及自身的诉求，以便收件人能够充分了解争议，做出是否接受协商的决定。收件人在收到协商邀请后，应及时回应是否接受协商。如接受协商，双方应就协商的具体安排进行进一步沟通。如不接受协商，收件人应说明理由，并考虑其他解决争议的方式。

接受协商后，应迅速建立沟通渠道，以便在协商过程中及时传递和接收信息。沟通渠道的选择应根据争议的性质、复杂程度及双方的实际情况来确定，常见的沟通方式有面对面会议、电话会议、视频会议或书面函件等。在选择沟通方式时，双方应重点关注沟通效率、沟通成本、沟通效果。

建立有效的沟通渠道后，双方即可开始初步沟通。初步沟通的内容通常包括对争议事实的确认和澄清，以确保双方对争议有共同的认识；对各自观点和诉求的表达，以便了解对方的立场和需求；对可能解决方案的探讨，以寻找解决问题的途径。

在初步沟通过程中，双方应保持开放和包容的态度，尊重对方的意见，避免过早地表达自己的立场和观点。同时，双方还应注重沟通的技巧和方法，如倾听、提问、反馈等，以促进沟通达到良好效果。

3. 深入协商与谈判

深入协商与谈判阶段是协商和解流程中的中心环节，极大程度上决定了协商的最终结果。在深入谈判过程中，双方需要基于初步沟通的结果，进一步确定争议的核心问题，即争议的焦点所在，以保证双方集中精力进行协商，避免在次要问题上纠缠不清。在明确争议焦点的过程中，双方应注重事实和证据，以事实为依据，以法律为准绳，确保协商的公正性和合法性。在谈判态度上，双方应保持冷静和理性，避免情绪化的表达和行为。

双方明确各自立场后，为保证协商效率，可在此基础上提出解决方案。解决方案应基于争议的事实和法律基础，同时考虑双方的利益和需求。在提出解决方案时，双方应注重方案的可行性和可操作性。提出方案后，双方可以就方案的优缺点、可行性、风险等进行进一步探讨，并就方案的履行期限、支付方式等实施细节进行协商，使其更加完善、可行。

（三）协商和解的优劣势

1. 协商和解的优势

（1）灵活性。在仲裁或诉讼程序中，法律的适用和判决往往遵循既定的规则与原则，难以充分考虑并平衡各方当事人之间的利益。而协商和解则不同，它允许双方当事人在法律框架内，根据争议的具体情况，灵活设计解决方案。这种灵活性不仅体现在赔偿金额、责任划分、履行期限等解决方案的内容，还体现在协商的形式和过程，协商和解可以通过面对面会谈、视频会议、书面交流等多种方式进行，能够更好地满足双方当事人的个性化需求，促进争议合理解决。

（2）效率性。传统诉讼模式下，争议解决的时间往往较长，且伴随着高昂的诉讼费用。反之，协商和解通过双方当事人的直接沟通和协商，可以快速找到争议的焦点和解决方案，大大缩短了争议解决的时间。通过和解解决争议还可以避免诉讼过程中可能出现的证据收集、证人出庭、律师代理等额外成本，降低了争议解决的整体成本，有助于当事人迅速恢复正常的生产生活秩序。

（3）保密性。协商和解仅需争议相关主体参与，并严格遵循平等自愿原则。基于各方当事人的同意，协商和解过程往往能保持较高的秘密性，能够有效避免争议解决所涉及的商业秘密、个人隐私等信息的泄露，也正因如此，协商和解能够维护当事人的社会形象和声誉，避免因争议公开化而引发的社会舆论压力。若选择诉讼方式解决争议，一般情况下争议的事实、证据、判决结果等信息都会被公开，不仅可能泄露当事人的敏感信息，还可能对当事人的社会声誉造成负面影响。

2. 协商和解的劣势

协商和解作为一种基于双方自愿、平等和互谅互让原则的争议解决方式，虽然具有诉讼程序所不具有的灵活性、效率性和保密性，但它同时也缺乏诉讼程序的最大优势——强制执行力，这也成为制约其广泛应用的关键因素。

与诉讼或仲裁等正式的法律程序不同，协商和解达成的协议本质上是一种契约性质的约定，而非法律判决。也就是说，一旦协议的一方或双方未能遵守约定，违约方并不会立即面临法律的制裁或强制执行措施，这使协商和解的效力在很大程度上依赖于双方的诚信和自觉性。这种依赖在实际的协商和解过程中往往非常脆弱，尤其是在面对复杂多变的争议和利益冲突时，诚信和自觉性无法作为可靠的背书。

而且，即使双方达成了和解协议，在执行协议的过程中，仍可能面临阻碍。一方面，协议的内容可能过于笼统或模糊，导致双方在理解上存在分歧，从而引发新的争议；另一方面，即使协议内容清晰明确，但在执行过程中，可能会遇到各种外部因素的干扰，如一方财务状况的恶化、市场环境的变化，都可能导致协议无法得到有效履行。

因此，在选择协商和解作为争议解决方式时，双方应充分认识到其存在的劣势，并采取相应的措施来降低风险。例如，可以引入第三方调解机构来协助双方达成和解协议，并明确协议的具体内容和执行标准。还可以考虑将和解协议进行公证，以赋予其一定的法律约束力，从而在一定程度上弥补协商和解在缺乏强制力上的不足，增强其作为争议解决方式的可行性和有效性。

二、调解

（一）调解的类型

以不同主体为划分标准，调解可以分为以下几种类型：

1. 人民调解

人民调解，是指由村委会、居委会等基层组织设立的人民调解委员会主持，根据相关法律法规、党的方针政策等，用情、说理、依法对当事人进行耐心细致的劝说教育和规劝疏导，促使当事人在平等协商、互谅互让基础上自愿达成调解协议，从而消除纷争的争议解决方式。人民调解贴近群众，融情、理、法为一体，程序简单且不收取费用，更易于被接受。

人民调解委员会依据《人民调解法》等法律法规，可受理包括各类民事纠纷、未违反治安管理条例或未构成犯罪的民事违法纠纷、违反社会公德和公序良俗引起的纠纷、轻微刑事案件引起的纠纷，以及医患、劳动、物业、土地、拆迁等相关纠纷。

2. 司法调解

司法调解由人民法院主持，在审理、办理案件过程中，通过释法析理等方法，指引当事人自愿达成调解协议。司法调解具有更强的法律效力，双方当事人在法官的引导下达成协议后，该协议可直接作为执行依据，体现了法律权威与当事人自治的结合。

根据最高人民法院有关文件规定，婚姻家庭纠纷、继承纠纷、劳务合同纠纷、交通事故和工伤事故引起的权利义务较为明确的损害赔偿纠纷、宅基地和相邻关系纠纷、合伙协议纠纷、诉讼标的额较小的民事纠纷，法院在开庭审理时应当先进行调解。

3. 行政调解

行政调解由行政机关依据其行政管理职权对特定领域的民事纠纷进行调解，涵盖行政管理相关的民事纠纷，以及行政机关与公民、法人或其他组织之间的行政争议，涉及交通事故、医疗卫生、消费者权益保护、土地承包和环境污染等领域，细分为行政裁决、行政合同、行政指导、行政许可、行政补偿等多个方面。

行政调解以当事人双方自愿为基础，由行政机关主持，以国家法律、法规及政策为依据，以自愿为原则，通过对争议双方的说服与劝导，促使双方当事人互让互谅、平等协商、达成协议，以解决有关争议而达成和解协议的活动。

4. 仲裁调解

仲裁调解是指在仲裁庭主持下，仲裁当事人在自愿协商、互谅互让基础上达成协议，从而解决纠纷的一种制度。仲裁庭在审理案件时，会询问参加仲裁的当事人是否同意进行调解，如果当事人同意，仲裁庭将主持调解或由当事人庭后自行调解；如果当事人不同意调解，则仲裁庭就不能启动调解程序。如果当事人能够达成一致，签订调解协议，由申请仲裁的一方撤回仲裁申请，则仲裁委员会将根据案件的实际情况给当事人退回部分仲裁费。

（二）人民调解的流程

1. 申请调解

调解程序的启动始于当事人的申请。根据《中华人民共和国人民调解法》（以下简称《人民调解法》）第十七条，当事人可以向人民调解委员会申请调解；人民调解委员会也可以主动调解。当事人一方明确拒绝调解的，不得调解。申请调解时，当事人应提交调解申请书，明确争议事项、调解请求及理由，并提供相关证据材料。调解机构在收到申请后，依据《人民调解工作若干规定》（以下简称《调解规定》）第二十三条，应对案件进行初步审查，判断是否符合调解的受理条件，如争议是否属于调解范围、当事人是否具备调解能力等。符合受理条件的，调解机构应及时通知双方当事人，并告知调解的程序、原则、调解员的选定方式及权利义务等。

2. 选定调解员

调解受理后，人民调解委员会根据调解纠纷的需要，可以指定人民调解员进行调解，也可以由当事人选择人民调解员进行调解，当事人提出回避要求的，应予以调换。根据《人民调解法》第十九条，人民调解委员会根据调解纠纷的需要，可以指定一名或者数名人民调解员进行调解，也可以由当事人选择一名或者数名人民调解员进行调解。在选定调解员时，应考虑调解员的专业背景、经验及与争议事项的关联性，确保调解员具备处理该争议的专业能力和公正性。同时，根据《调解规定》第二十四条，当事人对调解员提出回避要求的，人民调解委员会应当予以调换。

3. 调解准备

人民调解员分别向双方当事人询问纠纷的有关情况，了解双方的具体要求和理由，根据需要询问纠纷知情人，向有关方面调查核实，并对调查情况进行记录，填写《人民调解调查记录》。

根据《人民调解法》第二十一条，人民调解员调解民间纠纷，应当坚持原则，明法析理，主持公道。调解民间纠纷，应当及时、就地进行，防止矛盾激化。此外，在正式调解前，调解员需审阅案件材料，了解争议的背景、焦点及双方当事人的诉求，并在此基础之上制订调解方案，明确调解的目标、策略及可能的解决方案，以及安排调解时间、地点，确保双方当事人的参与。

4. 实施调解

调解开始前，调解员将以口头或者书面形式，告知当事人人民调解的原则、当事人在调解活动中享有的权利和承担的义务，以及调解达成协议的效力等事项，随后向双方当事人讲解法律政策，宣传公德情理，摆事实、讲道理，帮助当事人查明事实、分清是非、明确责任。调解员还将根据当事人的特点并结合纠纷的具体情况，采取分别谈话、协商、亲友参与和专家咨询等灵活多样的方式方法，开展说服疏导工作，引导当事人在平等协商、互谅互让、消除隔阂的基础上，适时提出公道、合理和可行的纠纷解决方案，帮助当事人自愿达成调解协议。

在调解过程中，调解员应遵循自愿、平等、合法、不违背公序良俗的原则，《人民调解法》第二十二条规定，人民调解员在调解纠纷时，不得偏袒一方当事人，不得侮辱当事人，不得索取、收受财物或者牟取其他不正当利益，不得泄露当事人的隐私、商业秘密。调解员应灵活运用调解技巧，如倾听、同理、引导、建议等，促进双方当事人的理解和信任，寻求双方都能接受的解决方案。

5. 达成调解协议

经人民调解委员会调解，双方当事人就争议事项达成一致意见的，调解员应协助双方起草和解协议。调解协议应明确双方的权利和义务，以及履行协议的方式、期限等。根据《人民调解法》第二十八条，经人民调解委员会调解达成调解协议的，可以制作调解协议书。当事人认为无须制作调解协议书的，可以采取口头协议方式，人民调解员应当记录协议内容。调解协议书自各方当事人签名、盖章或者按指印，人民调解员签名并加盖人民调解委员会印章之日起生效。调解协议具有法律约束力，当事人应当按照约定履行。

6. 司法确认

依法达成的人民调解协议具有法律约束力，当事人应遵照诚实信用的原则，自觉、全面、即时履行调解协议。当事人申请确认调解协议效力的，可自调解协议生效之日起30日内，共同向主持调解的人民调解委员会所在地基层人民法院或者派出法庭申请司法确认。人民法院在立案前委派人民调解委员会调解并达成调解协议，当事人申请司法确认的，向委派的人民法院申请。根据《人民调解法》第三十一条，经人民调解委员会调解达成的调解协议，具有法律约束力，当事人应当按照约定履行。人民法院依法确认调解协议有效，一方当事人拒绝履行或者未全部履行的，对方当事人可以向人民法院申请强制执行。

7. 调解期限

人民调解委员会一般会自受理之日起30日内完成调解。若案件复杂，需要专家咨询或者鉴定的，专家咨询或者鉴定时间不计入调解期限。因特殊情况需要延长调解期限的，人民调解员和双方当事人可约定延长调解期限。超过调解期限未达成调解协议的，视为调解不成。

（三）调解的优劣势

1. 调解的优势

（1）灵活高效。调解机制以其高度的灵活性，为争议双方提供了更为便捷、高效的解决途径。在调解过程中，无论是调解方式的选择、调解时间的安排，还是调解地点的确定，都可以根据争议的具体情况和双方当事人的需求进行灵活调整。在调解结果上，调解员可以根据双方当事人的意愿和利益平衡点，灵活提出解决方案，避免了一刀切的司法判决可能带来的僵化结果。

此外，与诉讼程序相比，调解程序更加简洁明了，不需要经历烦琐的立案、举证、庭审等阶段，大大缩短了争议解决的时间。调解结果往往能够迅速得到执行，避免了诉讼程序中可能出现的执行难问题。

（2）执行力。根据《人民调解法》第三十一条，经人民调解委员会调解达成的调解协议，具有法律约束力，当事人应当按照约定履行。人民调解委员会应当对调解协议的履行情况进行监督，督促当事人履行约定的义务。除了调解协议经司法确认后具有法律约束力，与诉讼判决相比，调解协议的执行也将更加顺畅。因为调解协议是在双方当事人自愿、平等、协商的基础上达成的，更容易得到双方的认可和遵守，使调解结果更加具有可操作性。

2. 调解的劣势

（1）不可预测性。调解过程的一个显著特征是其不可预测性。与诉讼程序相比，调解没有固定的程序和规则，结果如何往往取决于争议双方的意愿、调解员的判断，以及调解过程中的谈判情况，在增强灵活性的同时也增加了调解结果的不确定性。

在谈判过程中，双方当事人的情绪、立场和利益诉求随时可能发生变化，可能导致调解方案需要不断进行调整，不断寻找和平衡双方当事人的利益，更加剧了调解的不确定性。

（2）受调解员主观影响大。调解员的选择往往面临着专业性和中立性的挑战，调解结果也很可能受到调解员主观因素的影响。调解员需要掌握相关法律法规和政策，具备对争议问题进行深入分析和判断的能力。然而，由于调解涉及的领域广泛，调解员可能难以在所有领域都具备足够的专业知识。这可能导致调解员在处理某些专业问题时显得力不从心，甚至可能因缺乏专业知识而做出错误的判断。

调解员需要保持公正、中立的态度，不偏袒任何一方当事人。在实际中，调解员却可能因个人情感、利益关系或先入为主的观念而影响其中立性，从而导致调解过程的不公平和调解结果的不公正，损害调解制度的公信力。

三、仲裁

（一）仲裁的特点

1. 自愿性

《中华人民共和国仲裁法》（以下简称《仲裁法》）第四条规定，“当事人采用仲裁方式解决纠纷，应当双方自愿，达成仲裁协议”。这意味着，当事人之间的纠纷产生后，是否将其提交仲裁、交与谁仲裁、仲裁庭的组成人员如何产生、仲裁适用何种程序规则和哪个实体法，均建立在双方当事人自愿的基础上。仲裁赋予了当事人充分的自主权，充分体现了意思自治原则，使当事人能够根据自身需要选择最合适的仲裁方式。

在仲裁协议上也体现了自愿性特点。根据《仲裁法》第十六条：“仲裁协议包括合同中订立的仲裁条款和以其他书面方式在纠纷发生前或者纠纷发生后达成的请求仲裁的协议。”仲裁协议既可以在合同中约定，也可以在纠纷产生后约定，并且一旦双方签订了有效的仲裁协议，便排除了法院对该争议的管辖权，确保了仲裁程序的独立性和排他性。

2. 中立性

仲裁机构作为中立的第三者，在受理仲裁申请后将派出仲裁员审理和裁决具体争议。仲裁员通常由双方当事人在仲裁机构提供的名单中共同选定或委托仲裁机构指定，仲裁员应当时刻保持独立、公正的态度，不偏袒任何一方当事人。仲裁机构也制定了严格的仲裁规则和道德准则，确保仲裁员必须保持绝对中立，不得与任何一方当事人有利益关联。

3. 专业性

由于仲裁的对象大多是民商事纠纷，纠纷内容专业性极强，可能涉及复杂的法律、经济贸易和技术性问题。所以，仲裁实行专家办案制度。对于案情复杂、专业性强、新兴领域的案件，通过具有专业水平和实践经验的专家仲裁员进行裁判。各仲裁机构都备有一定数量的仲裁员名册，仲裁员一般都是由专业、公正而有权威的人士担任，供当事人选择。

4. 保密性

与诉讼程序不同，仲裁表现出极强的保密性。仲裁以不公开审理为原则，以公开审理为例外。《仲裁法》第四十条规定，“仲裁不公开进行。当事人协议公开的，可以公开进行，但涉及国家秘密的除外”。此外，各国有关的仲裁法律和仲裁规则还规定了仲裁员及仲裁书记人员的保密义务。选择仲裁解决争议的大多是商事纠纷，在争议解决过程中可能涉及大量的商业秘密，仲裁的不公开原则能够极大程度上保障当事人的商业秘密、技术秘密等重要信息不会因此而被泄露。

（二）仲裁的流程

1. 申请仲裁

根据《仲裁法》第二十二条：“当事人申请仲裁，应当向仲裁委员会递交仲裁协议、仲裁申请书及副本。”仲裁申请书应当明确载明以下内容：当事人的基本信息（包括姓名、性别、年龄、住址、联系方式等）、具体的仲裁请求及所依据的事实和理由、提供的证据及其来源、证人的相关信息等。

附：仲裁申请书参考模板（北京仲裁委员会）

仲裁申请书

申请人：

姓名：__________ 性别：__________ 年龄：__________

民族：__________ 职业：__________ 工作单位：__________

住所：____

电话：____

法定代表人（负责人）：______________ 职务：______________

电话：______________________________

委托代理人：______________

地址：____

电话：____________________ 电子邮箱：______________

被申请人：

姓名：__________ 性别：__________ 年龄：__________

民族：__________ 职业：__________ 工作单位：__________

住所：____

电话：______________________________

法定代表人（负责人）：______________ 职务：______________

电话：______________________________

仲裁依据：

本人与被申请人之间的仲裁依据为双方于________年______月______日签订的《__________合同/协议》中的仲裁条款，该合同/协议约定争议解决方式为提交北京仲裁委员会进行仲裁。

仲裁请求：

(1) 请求裁决被申请人向申请人支付拖欠的货款人民币__________

元及逾期付款违约金人民币＿＿＿＿＿＿＿元，共计人民币＿＿＿＿＿＿元。

(2) 请求裁决被申请人承担本案的仲裁费用。

事实与理由：

此致

北京仲裁委员会/北京国际仲裁院

申请人：

(盖章/签名)

年　　月　　日

2. 受理仲裁申请

《仲裁法》第二十四条："仲裁委员会收到仲裁申请书之日起五日内，认为符合受理条件的，应当受理，并通知当事人；认为不符合受理条件的，应当书面通知当事人不予受理，并说明理由。"在收到仲裁申请书后，仲裁委员将在五日内进行审查，决定是否受理。审查内容包括是否存在有效的仲裁协议、仲裁请求是否具体明确、事实和理由是否充分、是否属于仲裁委员会的受理范围等。若符合受理条件，仲裁委员会将受理申请，并向当事人发出受理通知书，同时通知被申请人。若不符合受理条件，仲裁委员会将书面通知当事人不予受理，并说明理由。

3. 组成仲裁庭

仲裁庭的组成方式根据仲裁规则确定。一般情况下，双方当事人可以各自选定一名仲裁员，再由仲裁委员会指定一名首席仲裁员，共同组成仲裁庭。也可以由双方当事人共同选定或委托仲裁委员会指定一名仲裁员作为独任仲裁员，成立仲裁庭进行审理。仲裁庭的组成情况应书面通知当事人。

4. 开庭审理

仲裁庭组成后，将按照仲裁规则规定的程序进行开庭审理。开庭审理前，仲裁委员会应提前通知当事人开庭日期和地点。双方当事人应出庭参加庭审，提出请求并进行答辩。庭审过程中，仲裁庭将听取双方当事人的陈述和辩论，审查相关证据，并进行事实调查。

5. 作出裁决

开庭审理结束后，仲裁庭将根据事实和法律进行裁决。裁决书应当写明仲裁请求、争议事实、裁决理由、裁决结果、仲裁费用的承担和裁决日期等内容。裁决书一经作出即发生法律效力，对双方当事人均具有约束力。若当事人不履行裁决，另一方当事人可以向被执行人所在地的基层人民法院或是被执行人的主要财产所在地的基层人民法院申请执行。若当事人对仲裁裁决无异议并自觉履行，则仲裁程序结束。若一方当事人不履行裁决，另一方当事人可以向人民法院申请执行。

此外，根据《中华人民共和国仲裁法》第五十八条的规定，当事人提出证据证明裁决有下列情形之一的，可以向仲裁委员会所在地的中级人民法院申请撤销裁决：①没有仲裁协议的；②裁决的事项不属于仲裁协议的范围或者仲裁委员会无权仲裁的；③仲裁庭的组成或者仲裁的程序违反法定程序的；④裁决所根据的证据是伪造的；⑤对方当事人隐瞒了足以影响公正裁决的证据的；⑥仲裁员在仲裁该案时有索贿受贿，徇私舞弊，枉法裁决行为的；⑦人民法院认定该裁决违背社会公共利益的。人民法院经组成合议庭审查核实裁决有前款规定情形之一的，应当裁定撤销。人民法院认定该裁决违背社会公共利益的，应当裁定撤销。

（三）仲裁与诉讼的区别

1. 性质不同

诉讼，作为一种司法救济途径，其核心在于当事人行使诉权，请求国家公权力介入以保护其合法权益。鉴于诉讼与国家权力的紧密联系，为避免诉权及司法权的滥用，诉讼程序具有高度严谨性，并且在纠纷解决上具有终局效力。

与之相对，仲裁则是一种基于当事人意思自治的民间纠纷解决机制。其存在并非源自国家权力的设立，而是基于当事人的契约精神。当事人在仲裁中享有高度的自主权，可以自由选择仲裁机构、仲裁规则乃至仲裁员，只要这些选择不违反法律的强制性规定且具备可执行性。

2. 审理制度不同

我国民事诉讼遵循“二审终审制”，即除小额诉讼程序外，当事人若对一审裁判不满，可在上诉期内向上级法院提起上诉。此时，一审裁判尚未生效，二审裁判才具备最终效力。当事人对二审裁判不服的，仅能在满足特定条件下申请再审以寻求纠正。

仲裁则实行“一裁终局制”，即仲裁裁决一旦作出即具备终局性，当事人无法因不服裁决而向法院提起诉讼或上诉。仅在满足法定条件下，当事人方可向法院申请撤销或不予执行仲裁裁决。

3. 管辖权限制不同

诉讼管辖相较于仲裁管辖更为严格，遵循级别管辖和地域管辖原则，并针对特定案件类型设有专属管辖，当事人只能在法律法规允许的范围内约定管辖法院。

仲裁则采用协议管辖原则，即仲裁委员会的管辖权源于双方当事人在合同中约定的仲裁条款，或纠纷发生后双方达成的仲裁协议。这一制度赋予了当事人较大的自主权。一旦当事人约定了仲裁，法院将不再受理该纠纷，即仲裁协议的约定具有排除法院管辖的效力。

4. 审理程序不同

诉讼以公开审理为原则，不公开审理为例外，这体现了司法公开的原则。仅在涉及国家秘密、商业秘密和个人隐私等特定情况下，案件才可能不公开审理。仲裁则以不公开审理为原则，公开审理为例外。仅当双方当事人达成公开审理的协议时，案件才可能公开进行审理，但涉及国家秘密的除外。

在诉讼中，法院有权采取财产保全、证据保全等强制措施，并对违反诉讼秩序的行为进行制裁。而在仲裁中，由于仲裁机构的民间性质，仲裁委员会无权采取强制措施。若需要进行保全，只能请求法院处理。但仲裁委员会有权在仲裁裁决中依据诚实信用原则对违反该原则的当事人进行惩戒。

第三节　法律救济措施

一、财产保全

财产保全，是指人民法院在利害关系人起诉前或者当事人起诉后，为保障将来的生效判决能够得到执行或者避免财产遭受损失，对当事人的财产或者争议的标的物，采取限制当事人处分的强制措施。这一制度的核心在于，通过临时性的强制措施，防止债务人转移、隐匿或毁损财产，从而确保债权人的合法权益在将来的判决中能够得到有效的保障。

（一）申请条件

《民事诉讼法》第一百零四条规定："利害关系人因情况紧急，不立即申请保全将会使其合法权益受到难以弥补的损害的，可以在提起诉讼或者申请仲裁前向被保全财产所在地、被申请人住所地或者对案件有管辖权的人民法院申请采取保全措施。申请人应当提供担保，不提供担保的，裁定驳回申请。

人民法院接受申请后，必须在四十八小时内作出裁定；裁定采取保全措施的，应当立即开始执行。

申请人在人民法院采取保全措施后三十日内不依法提起诉讼或者申请仲裁的，人民法院应当解除保全。"

1. 情况紧急且必要

《民事诉讼法》第一百零四条规定申请财产保全的前提是情况紧急，如果不立即采取保全措施，申请人的合法权益可能会受到难以弥补的损害。这里的"紧急且必要"是申请财产保全的首要条件，要求申请人在提出保全申请时，必须提供充分的证据证明存在紧急情况，且保全措施是防止损害发生的必要手段。

2. 利害关系人提出申请

财产保全的申请必须由与本案有直接利害关系的人，即利害关系人，向财产所在地、被申请人住所地或者对案件有管辖权的人民法院提出。这里的“利害关系人”通常指的是案件的原告或被告，他们与案件的结果有直接的法律利害关系。需要注意的是，法院一般不会依职权主动采取财产保全措施，除非法律另有规定。因此，利害关系人需要主动向法院提出申请，并承担举证责任。

3. 在诉前保全中，申请人必须提供担保

根据法律规定，人民法院在采取诉前保全措施时，如果申请人不能提供担保，法院有权裁定驳回申请。这是为了防止因错误保全给被申请人造成损失，确保申请人有足够的责任能力承担可能的赔偿责任。担保的形式可以是现金、实物、有价证券等，也可以是财产保全责任险等担保方式。担保的数额通常与保全的财产价值相当，以确保在保全措施被错误采取时，被申请人能够得到足够的赔偿。

4. 案件具有给付内容

申请财产保全的案件通常是给付之诉，即涉及一定财产给付请求的诉讼。这类案件通常涉及债权债务关系，需要通过财产保全来确保判决的执行。给付之诉的特点在于，原告请求法院判令被告履行一定的给付义务，如支付金钱、交付财物等。

5. 必须在诉前或诉讼过程中提出申请

在提起诉讼后，当事人发现存在可能使判决难以执行的情况时，可以及时向法院申请财产保全。诉前保全的情况法律也有规定，即利害关系人因情况紧急，不立即申请保全将会使其合法权益受到难以弥补的损害的，可以在提起诉讼或者申请仲裁前向被保全财产所在地、被申请人住所地或者对案件有管辖权的人民法院申请采取保全措施。但诉前保全的申请条件更为严格，且需要申请人提供充分的证据证明其申请的合理性和必要性。

（二）保全的种类

1. 诉前保全

诉前保全即在诉讼程序启动前，利害关系人发现自身合法权益面临被转移、隐匿或毁损的紧迫风险，且这种风险一旦实现，将导致其遭受难以弥补的损害时，向人民法院申请采取的一种临时性强制措施。此时，申请人需与案件具备直接的法律上的利害关系，且不立即采取保全措施将可能导致其合法权益遭受无法挽回的损失。

在申请诉前保全时，申请人还必须提供相应的担保，以确保保全措施的正确性和被申请人可能遭受的潜在损失得到合理补偿。人民法院在接受诉前保全申请后，需在 48 小时内作出是否采取保全措施的裁定，并立即执行，彰显了诉前保全的紧急性和高效性。

2. 诉中保全

相较于诉前保全，诉中保全则更多地体现了诉讼过程中的灵活性和适应性。在诉讼程序进行中，一旦当事人发现一方存在可能使判决难以执行或造成其他损害的行为，便可向法院申请诉中保全以维护自身权益。

诉中保全的申请主体扩展至提起诉讼的当事人，申请时间也更为宽泛，覆盖了案件受理后至判决生效前的整个诉讼过程。在担保要求上，人民法院可根据案件实际情况和当事人经济状况，灵活决定是否要求提供担保。如果案件事实清楚，证据确凿，且申请人经济状况困难，人民法院可以酌情减免担保要求，以减轻申请人的经济负担。

3. 诉前保全与诉中保全的区别

（1）申请主体。诉前保全的申请主体限于利害关系人，即在正式提起诉讼之前，不立即申请保全将会使其合法权益受到难以弥补的损害的人。《民事诉讼法》第一百零一条规定，利害关系人可以在提起诉讼或者申请仲裁前，向被保全财产所在地、被申请人住所地或者对案件有管辖权的人民法院申请采取保全措施。

诉中保全的申请主体则包括所有当事人。《民事诉讼法》第一百条规定，当事人可以在案件受理后、判决生效前向人民法院申请财产保全。

（2）申请时间。诉前保全的申请必须在起诉前进行，且申请人应当在人民法院采取保全措施后 30 日内提起诉讼或者申请仲裁，否则人民法院将解除保全。诉前保全是一种紧急措施，旨在防止在提起诉讼前，被申请人转移、隐匿或毁损财产，从而确保申请人的合法权益在将来的诉讼中能够得到有效的保障。

诉中保全则需在案件受理后、判决生效前提出。这是为了防止在诉讼过程中，被申请人根据诉讼形式而转移、隐匿或毁损财产，逃避执行判决的责任。

（3）提起原因。诉前保全的提起，通常是因为情况紧急，如果不立即申请保全，申请人的合法权益将会受到难以弥补的损害。这种损害可能是财产上的，也可能是非财产上的，但必须是严重的、难以弥补的。

诉中保全的提起，则是一方当事人的行为或其他原因，有可能使判决难以执行或者造成当事人其他损害的情况。这里的“难以执行”和“其他损害”包括但不限于被申请人转移、隐匿或毁损财产，以及可能给申请人造成的经济损失或精神损害等。

（4）担保要求。在诉前保全中，申请人必须提供担保，不提供担保的，人民法院将驳回申请。这是因为诉前保全是在诉讼程序启动前进行的，此时案件尚未进入实体审理阶段，人民法院无法对案件事实和法律关系进行充分的审查和判断。因此，要求申请人提供担保，是为了确保在保全措施被错误采取时，被申请人能够得到足够的赔偿。

因为诉中保全是在诉讼过程中进行的，此时案件已经进入实体审理阶段，人民法院对案件事实和法律关系有了更为充分的了解和判断。所以在诉中保全中，只有在人民法院责令提供担保时，申请人才必须提供担保。如果人民法院没有责令提供担保，或者人民法院依职权采取保全措施的，申请人可以不提供担保。

诉前与诉中保全在担保金额上也有区别。《最高人民法院关于人民法院办理财产保全案件若干问题的规定》第五条规定：“人民法院依照民事诉讼法第一百条规定责令申请保全人提供财产保全担保的，担保数额不超过请求保全数额的百分之三十；申请保全的财产系争议标的的，担保数额不超过争议标的价值的百分之三十。利害关系人申请诉前财产保全的，应当提供相当于请求保全数额的担保；情况特殊的，人民法院可以酌情处理。”根据上述规定，如果系诉中保全，担保数额不超过请求保全数额的30%；申请保全的财产系争议标的的，担保数额不超过争议标的的价值的30%。如果系诉前保全，应当提供相当于请求保全数额的担保；情况特殊的，人民法院可以酌情处理。

（5）作出裁定的时间。因为诉前保全通常是在情况紧急的情况下进行的，如果不及时作出裁定并执行保全措施，申请人的合法权益可能会受到严重的损害。所以在诉前保全中，人民法院必须在接受申请后48小时内作出裁定，裁定采取保全措施的，应当立即开始执行。

而在诉中保全中，对情况紧急的，人民法院也应当在48小时内作出裁定并执行保全措施；对情况不紧急的，则可以适当决定作出裁定的时间。

（三）财产保全申请材料

1. 财产保全申请书

《最高人民法院关于人民法院办理财产保全案件若干问题的规定》第一条规定："当事人、利害关系人申请财产保全，应当向人民法院提交申请书，并提供相关证据材料。申请书应当载明下列事项：

1）申请保全人与被保全人的身份、送达地址、联系方式。

2）请求事项和所根据的事实与理由。

3）请求保全数额或者争议标的。

4）明确的被保全财产信息或者具体的被保全财产线索。

5）为财产保全提供担保的财产信息或资信证明，或者不需要提供担保的理由。

6）其他需要载明的事项。

法律文书生效后，进入执行程序前，债权人申请财产保全的，应当写明生效法律文书的制作机关、文号和主要内容，并附生效法律文书副本。"

附：财产保全申请书参考模板（诉中保全）

财产保全申请书

申请人：________，男/女，________年______月______日出生，______族，__________（写明工作单位和职务或者职业），住址：________________。联系方式：____________。

法定代理人/指定代理人：____________________。

委托诉讼代理人：__________________________。

被申请人：______________________________。

……

（以上写明当事人和其他诉讼参加人的姓名或者名称等基本信息）

请求事项：

查封/扣押/冻结被申请人________的________（写明保全财产的名称、性质、数量、数额、所在地等），期限为________年______月______日（写明保全的期限）。

事实和理由：

（________）________号________（写明当事人和案由）一案，________（写明申请诉讼财产保全的事实和理由）。

申请人提供________（写明担保财产的名称、性质、数量、数额、所在地等）作为担保。

此致

__________人民法院

申请人（签名或者盖章）

________年______月______日

2. 申请人身份证明

自然人需提供身份证、户口簿等身份证明资料的复印件。法人或其他组织则需提供合法注册信息，如工商营业执照复印件、社团法人登记证等，以及法定代表人身份证明书或主要负责人证明书。

3. 民事法律关系证明

要求提供能够证明申请人与被申请人之间存在民事法律关系的证书复印件，如买卖合同、租赁合同、离婚证书、债权债务证明文书等，以助于法院判断申请人是否具有申请保全的资格，以及保全措施是否必要和合理。

4. 被申请人财产线索及权属证明

提供被申请人的财产线索，包括财产的具体位置、权属证明、银行账户信息等，以及被保全财产相关的权属证明，如房地产权证、车辆行驶证等。法院依据上述材料确认被保全财产的权属情况，防止因权属争议而影响保全措施的执行。

5. 担保材料

提供与申请保全金额相当的担保财产清单以及担保财产的权属证明，如房地产权证、车辆行驶证等。

还需提交由担保财产所有权人出具的担保函，承诺如因保全申请错误给被申请人造成损失，愿意承担相应的赔偿责任。担保函应加盖单位公章并由法定代表人签名，案外人必须亲自到法院签名。

6. 其他相关材料

如申请人委托他人代为申请保全，需提交申请人签字的授权委托书，并附上委托人的身份证明复印件。

根据案件具体情况，也可能需要提供其他相关证据材料，如证明被申请人存在转移、隐匿财产等行为的证据，或证明申请人因被申请人行为而面临难以弥补的损害的证据。

不同地区的法院可能对申请材料的具体要求有所不同。因此，在准备申请材料时，申请人应咨询当地法院或专业律师以获取准确信息。同时，申请人应确保提供的所有材料真实、准确、完整，以避免因材料不齐全或虚假而导致申请被驳回。

（四）财产保全费

财产保全涉及的费用主要包括保全申请费和担保费用。

保全申请费规定在《诉讼费用交纳办法》第十四条："申请保全措施的，根据实际保全的财产数额按照下列标准交纳：财产数额不超过1000元或者不涉及财产数额的，每件交纳30元；超过1000元至10万元的部分，按1%交纳；超过10万元的部分，按0.5%交纳。但是，当事人申请保全措施交纳的费用最多不超过5000元。"

因为财产保全是一种临时性的保障措施，可能会给被保全方带来损失，所以申请人需要提供担保。如果申请人自己用现金、房产等提供担保，就不存在额外的担保相关花费。但如果找担保机构或保险公司提供担保，因为错误保全产生的风险会由担保机构或保险公司来承担，故需要向保险公司或担保公司等支付一定的费用。

（五）财产保全的解除情形

1. 法定解除条件

1）诉前财产保全未起诉。如果采取的是诉前财产保全措施，在保全措施采取后，申请人在法定期限内（一般为 30 日）未提起诉讼或申请仲裁的，人民法院应当解除财产保全。这是为了防止当事人滥用诉前保全权利，确保诉讼或仲裁程序的及时进行。

2）被申请人提供担保。被申请人向人民法院提供担保的，且担保金额达到足以赔偿申请人的标准时，人民法院应当解除财产保全。这体现了财产保全的目的在于保障判决的执行，如果被申请人提供了足够担保，则财产保全的必要性降低，应予解除。

2. 诉讼过程中的解除

1）申请人撤回保全申请。在诉讼过程中，如果申请人撤回保全申请，且人民法院同意其撤回申请的，人民法院应当及时作出裁定，解除保全措施。

2）被申请人复议成功。被申请人对财产保全裁定不服，申请复议的，如果人民法院确认被申请人的复议意见有理，并据此作出新裁定撤销原财产保全裁定的，原保全措施应当解除。

3. 其他解除情形

1）保全期限届满。对被申请人的财产予以冻结、查封或者扣押是有期限的。一般情况下，一次冻结的有效期为一年，查封、扣押动产的期限不得超过两年，查封不动产、冻结其他财产权的期限不得超过三年。如果期限届满，而人民法院没有裁定继续采取保全措施的，原保全措施自动解除。

2）保全错误。如果保全措施存在错误，人民法院应当根据法律规定或当事人的申请，及时作出解除保全的裁定。

3）申请人起诉或诉讼请求被驳回。如果申请人的起诉或者诉讼请求被生效裁判驳回的，人民法院也应当解除财产保全。

4. 解除方式

1）当事人申请解除。申请保全的当事人可以向法院提交解除财产保全的申请。

2）法院依职权解除。特定情况下，如保全期限届满、保全错误等，法院可以主动解除财产保全。

3）被申请人提供担保申请解除。被申请人可以向法院提供担保，申请解除财产保全。如果法院认为提供的担保足够，应当裁定解除保全。

二、先予执行

先予执行，是指人民法院在受理案件后、终审判决作出之前，根据一方当事人的申请，裁定对方当事人向申请一方当事人给付一定数额的金钱或其他财物，或者实施或停止某种行为，并立即付诸执行的一种程序。其着眼点是满足权利人的迫切需要，确保在诉讼过程中，权利人的基本生活或生产经营不受严重影响。

（一）先予执行的适用范围

《中华人民共和国民事诉讼法》第一百零九条规定："人民法院对下列案件，根据当事人的申请，可以裁定先予执行：

（1）追索赡养费、扶养费、抚养费、抚恤金、医疗费用的。

（2）追索劳动报酬的。

（3）因情况紧急需要先予执行的。"

1. 追索赡养费、扶养费、抚育费、抚恤金及医疗费用的案件

这类案件通常涉及家庭关系中的经济支持，如父母对子女的抚养、子女对父母的赡养、夫妻间的扶养，以及因公伤亡或特定情况下获得的抚恤金和医疗费用等。这些费用往往直接关系到当事人的基本生活质量和健康保障，若不及时给付，可能导致申请人陷入生活困境或健康受损。因此，在此类案件中，如果申请人因对方拒绝或无力支付而面临生活困难，法院可根据申请裁定先予执行，确保申请人的基本生活或健康得到及时保障。

2. 追索劳动报酬的案件

劳动报酬是劳动者提供劳动后应得的合法收益，是维持其生活的重要经济来源，若用人单位拖欠工资或劳动报酬，将直接影响劳动者的生活质量和家庭生计。特别是在一些紧急情况下，如劳动者面临家庭危机、疾病治疗等急需资金的情况，其对于劳动报酬的追索需求尤为迫切。此时，法院可根据劳动者的申请，裁定用人单位先予支付部分或全部劳动报酬，以

缓解劳动者的经济压力。

3. 因情况紧急需要先予执行的案件

除了上述两类明确的案件类型，先予执行制度还适用于因情况紧急需要先予执行的案件。这类案件的范围较为广泛，具体而言包括但不限于以下类型：

（1）需要立即停止侵害、排除妨碍的案件。如环境污染、侵权纠纷等，若不及时采取措施，可能给申请人带来更大的损失或危害。

（2）需要立即制止某项行为的案件。如侵犯知识产权、不正当竞争等，通过先予执行可以迅速制止侵权行为，保护申请人的合法权益。

（3）需要立即返还用于购置生产原料、生产工具款的案件。这类案件通常涉及生产经营活动，若不及时返还，可能影响申请人的正常生产经营。

（4）追索恢复生产、经营急需的保险理赔费的案件。如自然灾害、事故等导致生产经营中断，急需保险理赔费以恢复生产、经营的，可通过先予执行及时获得资金支持。

（二）先予执行的适用条件

《中华人民共和国民事诉讼法》第一百一十条规定："人民法院裁定先予执行的，应当符合下列条件：

（1）当事人之间权利义务关系明确，不先予执行将严重影响申请人的生活或者生产经营的。

（2）被申请人有履行能力。

人民法院可以责令申请人提供担保，申请人不提供担保的，驳回申请。申请人败诉的，应当赔偿被申请人因先予执行遭受的财产损失。"

1. 当事人之间权利义务关系明确

先予执行的前提之一是当事人之间的权利义务关系必须明确，也即在申请先予执行时，申请人必须能够清晰地证明其与被申请人之间存在明确的债权债务关系，或者被申请人负有明确的给付义务。这种明确性不仅要求双方争议的事实基本清楚，而且要求法律关系清晰，即双方权利义务的界定不存在法律上的争议或模糊地带。先予执行制度通过这一条件有效避免了因权利义务关系不清而引发的后续纠纷。

2. 申请人面临紧急情况，不先予执行将严重影响其生活或生产经营

先予执行的另一个核心条件是申请人面临紧急情况，且如果不立即采取措施，将对其生活或生产经营造成严重影响。这里的紧急情况包括但不限于：申请人因缺乏生活必需品而面临生存危机，或因被申请人拖欠劳动报酬而陷入经济困境；申请人因被申请人停止供应生产原料或生产工具而面临停产风险，或因被申请人侵权行为导致生产经营受到严重干扰等。这一条件体现了先予执行制度的紧急救助性质，旨在通过及时采取措施，帮助申请人渡过难关，维护其基本生活或生产经营的稳定。

3. 被申请人有履行能力

先予执行的裁定要求被申请人立即履行义务，因此，被申请人必须具备相应的履行能力。这包括被申请人拥有足够的财产或资源来履行判决或裁定所确定的义务，或者被申请人有能力通过其他方式（如借款、融资等）来满足申请人的需求。如果被申请人没有履行能力，即使裁定先予执行，也难以实现预期的效果，反而可能增加诉讼成本和执行难度。因此，在审查先予执行申请时，法院必须充分考虑被申请人的履行能力，确保裁定的可执行性和实效性。

4. 申请人提出书面申请并提供担保（在特定情况下）

申请人必须向受理案件的人民法院提出书面申请，明确申请先予执行的具体内容、理由和依据。在某些情况下，如涉及较大金额的金钱给付或特定财物的交付，法院可能要求申请人提供担保，以确保在裁定错误或执行后被申请人提出异议时，能够保障被申请人的合法权益不受损害。这一要求既保障了申请人的紧急需求，又防止了可能的滥用和误判。

（三）先予执行的申请流程

1. 提起诉讼

先予执行的申请流程始于当事人向人民法院提起的诉讼。在此阶段，权利人需准备详尽的起诉材料，明确陈述其诉讼请求、事实和理由。起诉状应详细列明申请先予执行的具体内容、理由及法律依据，以便法院进行审查。

人民法院在收到起诉材料后，将对起诉书进行形式审查和实质审查。形式审查主要检查起诉材料是否齐全、是否符合立案要求；实质审查则主要审查案件是否属于人民法院管辖、当事人主体是否适格、诉讼请求是否

具体明确、事实和理由是否充分等。一旦审查通过，法院将正式立案，并通知当事人，案件正式进入诉讼程序。

2. 提交先予执行申请

在案件立案后，权利人需在法律规定的期限内，以书面形式向受诉人民法院提出先予执行的申请。申请书应详细载明申请先予执行的具体内容、理由、法律依据，以及申请人认为需要预先满足的具体金额或财物等。同时，申请人需附上相关证据材料，如证明申请人面临紧急情况的证据、证明被申请人有履行能力的证据等，以证明其申请符合先予执行的法定条件。

在提交申请时，申请人还需注意，若申请涉及较大金额的金钱给付或特定财物的交付，法院可能要求申请人提供担保，以确保在裁定错误或执行后被申请人提出异议时，能够保障被申请人的合法权益不受损害。担保的形式可以是现金、财产抵押、保证人担保等。

3. 法院审查与裁定

人民法院在收到先予执行申请后，将对申请进行审查。审查的主要内容包括：一是申请是否属于先予执行的范围，即是否符合《中华人民共和国民事诉讼法》第一百零九条所规定的案件类型，如追索赡养费、扶养费、抚育费、抚恤金、医疗费用、劳动报酬等；二是申请是否符合先予执行的条件，即当事人之间权利义务关系明确、申请人面临紧急情况且被申请人有履行能力等。

经审查，若认为申请符合先予执行的条件，人民法院将及时作出先予执行的裁定。裁定应明确先予执行的具体内容、执行方式、执行期限等，并送达申请人和被申请人。裁定送达后即发生法律效力，义务人应依裁定履行义务。若义务人不服裁定，可以申请复议一次，但复议期间不停止裁定的执行。

4. 执行

在裁定生效后，若义务人拒不履行义务，人民法院有权根据权利人的申请或依职权决定采取执行措施强制执行，执行措施可能包括查封、扣押、冻结、划拨等。

案件审理终结时，人民法院将在裁判中对先予执行的裁定及该裁定的执行情况予以说明并提出处理意见。若权利人胜诉且先予执行正确，人民法院将在判决中说明权利人应享有的权利在先予执行中已得到全部或部分的实现；若权利人败诉且先予执行错误，人民法院将责令申请人返还因先予执行所取得的利益或采取执行回转措施强制执行，并赔偿被申请人因先予执行遭受的损失。

附：先予执行申请书模板

先予执行申请书

申请人：________，男/女，________年______月______日出生，______族，__________（写明工作单位和职务或者职业），住址：________________。联系方式：____________。

法定代理人/指定代理人：____________________。

委托诉讼代理人：__________________________。

被申请人：________________________________。

……

（以上写明当事人和其他诉讼参加人的姓名或者名称等基本信息）

请求事项：

请求裁定________________（写明先予执行措施）。

事实和理由：

申请人________与________（写明案由）一案，你院（________）______号已立案。____________（写明申请先予执行的事实和理由）。

申请人提供____________（写明担保财产的名称、性质、数量或数额、所在地点等）作为担保。

此致

________人民法院

申请人（签名或者公章）

________年______月______日

三、强制执行

强制执行，是指人民法院在民事诉讼、行政诉讼、刑事附带民事诉讼等案件中，依据已经发生法律效力的判决、裁定、调解书等法律文书，运用国家强制力量，强制民事义务人（被执行人）履行其所承担的义务，以保证权利人的合法权益得以实现的一种司法行为。简言之，强制执行是法律为确保权利人获得其应得权益而设置的一种法律保障手段，是法律威严与公平正义的体现。

在强制执行过程中，人民法院将依法采取包括查询、冻结、划拨被执行人的存款，扣留、提取被执行人的收入，查封、扣押、拍卖、变卖被执行人的财产等在内的一系列措施，以强制被执行人履行法律文书所确定的义务。同时，对于拒绝履行义务或逃避执行的被执行人，人民法院还有权采取限制其高消费、纳入失信被执行人名单，甚至追究其刑事责任等强制措施，以督促民事义务人尽快履行生效裁判文书所确定的义务，维护权利人的合法权益。

（一）强制执行的申请条件

1. 法律文书已生效

申请强制执行的法律文书必须是已经发生法律效力的判决、裁定、调解书等。这是申请强制执行的前提和基础，因为只有生效的法律文书才具有法律约束力，才能作为强制执行的依据。

2. 权利人提出申请

申请强制执行的人必须是生效法律文书所确定的权利人，或者是权利人继承人、权利承受人。

3. 申请人在法定期限内提出申请

申请执行时效期间是指，根据生效法律文书享有权利的一方当事人，在对方当事人拒绝履行义务时向人民法院申请强制执行的期限。其制度原理与诉讼时效有一定类似之处，都是为了督促当事人及时行使权利，尽快稳定交易秩序。

《中华人民共和国民事诉讼法》第二百三十九条规定，申请执行的期间为两年，申请执行时效的中止、中断，适用法律有关诉讼时效中止、中断的规定。《最高人民法院关于适用〈中华人民共和国民事诉讼法〉执行程序若干问题的解释》第二十条规定，申请执行时效因申请执行、当事人双方达成和解协议、当事人一方提出履行要求或者同意履行义务而中断。

也就是说，申请执行人在执行依据生效后两年内向被执行人提出履行要求即构成时效中断，并非一定要向法院申请执行。

4. 义务人未履行义务

被执行的义务人必须在生效法律文书所确定的期限内未履行义务。如果义务人已经履行了义务，或者正在履行义务的过程中，申请人则无权申请强制执行。

5. 执行标的和被执行人明确

申请强制执行的法律文书必须具有明确的执行标的和被执行人。执行标的可以是金钱、财物等有形财产，也可以是行为等无形财产。被执行人则必须是具体、明确的个人或组织。

6. 人民法院具有管辖权

申请强制执行必须向有管辖权的人民法院提出，否则法院将无权受理。

(二) 强制执行的执行措施

1. 财产控制措施

(1) 查询、冻结、划拨存款。这是强制执行中最直接、有效的财产控制措施之一。人民法院通过向金融机构发出协助执行通知书，查询被执行人的存款情况。一旦确认存款存在，可立即采取冻结措施，防止被执行人转移资金。在必要时，法院还有权直接划拨被执行人的存款至指定账户，用于清偿债务。

(2) 扣留、提取收入。对于被执行人的工资、奖金、津贴等劳动收入，人民法院有权依法扣留并提取，通过直接干预被执行人的收入来源，有效保障了执行款的及时到位。法院在执行过程中也会充分考虑被执行人的基本生活需要，确保执行的人性化和合理性。

(3) 查封、扣押财产。对于被执行人的动产、不动产及其他财产权益，人民法院可以依法进行查封、扣押。查封是对被执行人财产的一种限制措施，防止其擅自处置；扣押则是将财产置于法院的直接控制之下。法院通过查封、扣押措施，在有效防止财产流失的同时，也为后续的拍卖、变卖等执行行为奠定了基础。

（4）拍卖、变卖财产。查封、扣押财产后，人民法院会根据实际情况，通过公开竞价的方式出售财产，获取最大价值，或者将财产直接出售给愿意接受的买家。拍卖和变卖两种方式都能有效地将被执行人的财产转化为现金，用于清偿债务。

2. 行为强制措施

（1）强制交付财物或单据。对于法律文书指定需要交付的财物或单据，如果被执行人拒绝交付，人民法院可以依法采取强制措施，如强制开锁、强制搬运等，确保财物或单据的顺利交付。这一措施体现了法律对权利人合法权益的坚决保护。

（2）强制迁出房屋或退出土地。针对被执行人占有但无权占有的房屋或土地，人民法院可以依法强制其迁出或退出。在执行过程中，法院会充分考虑被执行人的居住、生产等实际情况，并通过张贴公告、通知等方式告知被执行人，保证执行措施合法合理。

（3）强制执行法律文书指定的行为。若被执行人拒绝履行法律文书指定的需要被执行人履行的赔礼道歉、恢复原状等行为，人民法院可以依法采取强制措施强制其履行。

3. 其他强制措施

（1）限制高消费。对于拒不履行义务的被执行人，人民法院可以依法限制其乘坐飞机、高铁等交通工具，以及入住高档酒店等高消费行为，通过提高被执行人的失信成本，倒逼其主动履行义务。

（2）纳入失信被执行人名单。除限制高消费外，人民法院还可以将拒不履行义务的被执行人纳入失信被执行人名单，并对其进行公开曝光。相较于限制高消费，纳入失信被执行人名单进一步提高了被执行人的社会压力，影响被执行人在金融、交通、教育等领域的权益。

（3）追究刑事责任。《中华人民共和国刑法》第三百一十三条规定了拒不执行判决、裁定罪，即对人民法院的判决、裁定有能力执行而拒不执行，情节严重的，处三年以下有期徒刑、拘役或者罚金；情节特别严重的，处三年以上七年以下有期徒刑，并处罚金。单位犯前款罪的，对单位判处罚金，并对其直接负责的主管人员和其他直接责任人员，依照前款的规定处罚。

因此，对于情节严重、构成犯罪的拒不执行行为，人民法院可以依法移送公安机关立案侦查，追究被执行人的刑事责任。

（三）强制执行申请材料

1. 强制执行申请书

强制执行申请书是申请执行的首要文件，申请书应详细载明申请人及被执行人的基本信息，包括但不限于姓名、身份证号码、联系方式等，以确保双方身份的准确性。申请书中还需明确阐述申请执行的依据，即已生效的法律文书（判决书、调解书、仲裁裁决书等）的具体内容，以及申请执行的标的及金额，清晰表达申请执行的理由及法律依据。申请书应条理清晰，逻辑严密，语言准确，以充分展现申请人合法权益的受损情况及执行请求的合理性。

附：强制执行申请书模板

强制执行申请书
（个人申请）

申请执行人：__________，男/女，________年______月______日出生，______族，住__________市__________区__________号。公民身份号码：________________。联系电话：____________。

被申请人：__________，男/女，________年______月______日出生，______族，住__________市__________区__________号。公民身份号码：________________。联系电话：____________。

执行依据：（________）______第______号一审民事判决/调解书

请求事项：

1. 请求强制执行被申请人向申请执行人偿还借款本金________元，并支付借款利息（利息计算方式为：以________元为基数，按________

利率标准，自_______年_____月_____日计实际清偿之日止，暂计至申请之日为_________元）（注：此项按判决或调解主文内容来写；暂计日期为申请执行日）。

2. 请求强制执行案件受理费_________元，由被申请人承担。

3. 被申请人加倍支付迟延履行的债务利息，暂计至申请之日为_________元。

4. 执行费用由被申请人承担。

上述总金额为_________元。

事实与理由：

申请执行人_________与被申请人_________民间借贷纠纷一案，_________市_________区人民法院于_______年______月______日作出（_________）_______第_______号一审民事判决（调解），被申请人向申请人偿还借款本金_________元并支付利息，承担诉讼费_________元。现在该民事判决（调解）已经生效。被申请人拒不履行，为维护申请执行人的合法权益，根据法律相关规定，特申请贵院强制执行。

此致

_________人民法院

申请人：_________（手写签名或者盖章）

______年______月______日

2. 生效法律文书副本

申请强制执行时申请人需提交已生效的法律文书副本，并需确保提交的副本为原件的完整复制，内容准确无误，且已加盖法院或仲裁机构的公章，以证明其法律效力。法律文书副本应清晰展示判决结果、履行期限等关键信息，便于法院快速核实执行依据的合法性及具体执行内容。

3. 申请人身份证明

申请人需提交有效的身份证明文件，如身份证、护照等，以证明其具备申请强制执行的主体资格。身份证明文件的真实性和有效性是法院审核申请材料的重要依据，申请人应确保提交的证件在有效期内，且信息准确无误。

4. 执行标的物清单

对于涉及财产执行的案件，申请人需准备详细的执行标的物清单，明确列出需执行的财产名称、数量、价值、位置等信息，以便由法院快速定位被执行人的财产，提高执行效率。

5. 被执行人的财产线索

申请强制执行时，申请人应尽量提供被执行人的财产线索，包括银行账户信息、房产登记信息、车辆登记信息等。这些线索有助于法院快速锁定被执行人的财产，确保执行措施的有效实施。申请人可通过查询公开信息、咨询专业人士等方式获取财产线索，并尽可能提供详细的证明材料。

6. 代理手续

若申请人委托律师或其他代理人代为申请强制执行，需提交授权委托书、律师事务所函等有效代理手续。授权委托书应明确委托事项、权限范围及委托期限，确保代理行为的合法性和有效性。律师事务所函应包含律师事务所的基本信息、代理律师的执业资格证明等，以证明代理人的合法身份。

7. 其他相关证据

根据案件的具体情况，申请人可能还需提交其他相关证据，如合同、发票、收据等，证明双方的权利义务关系、合同履行情况、违约事实等关键信息，为法院作出正确的执行决定提供助力。

在准备申请材料时，申请人需按照法院的要求和格式准备材料，保证格式规范、内容清晰，并确保所有材料的真实性、准确性和完整性，避免虚假陈述或遗漏关键信息。递交强制执行申请书后需保持与法院的沟通，密切关注法院的通知和要求，及时获取执行进展信息，按时提交补充材料或进行必要的说明，采取措施应对可能出现的问题。

（四）执行流程

1. 申请

强制执行的前提是存在已生效的民事判决、裁定，刑事判决、裁定，或其他具有执行内容的法律文书，如仲裁裁决书、行政处罚决定书等。法律文书生效后，若对方迟迟不履行义务，经过本人申请，即可进入强制执行程序。

申请强制执行，申请人可先行查询财产线索，并准备强制执行申请书。申请书应详细列明申请人及被执行人的基本信息，并明确执行依据的法律文书编号、名称及具体内容。随后，申请人应当将上述执行材料提交至一审人民法院或同级的被执行人财产所在地法院。法律规定由人民法院执行的其他法律文书，由被执行人住所地或者被执行的财产所在地人民法院执行。提交执行申请需注意需在法律文书规定履行期限届满后两年内提出；分期履行的，则自每次履行期限届满后两年内申请；未规定履行期限的，自法律文书生效之日起两年内申请。

2. 受理

法院在收到强制执行申请后，会进行初步审查，确认申请材料是否齐全、是否符合法定形式。若材料齐全且符合法定形式，法院将正式受理申请，并向申请人发出受理通知书。随后，法院会对申请人提交的执行依据进行审查，确认其是否已生效、是否具有可执行性，若执行依据存在瑕疵或争议，法院可能会要求申请人补充材料或进行进一步说明。审查过后法院将通知申请人提供财产线索，通知被执行人报告财产状况，同时通过执行系统查询被执行人名下的财产，若发现可供执行的财产，法院将采取相应的执行措施。

3. 实施

在处置被执行人财产前，法院将对被执行人名下的财产进行全方位网络查控，涵盖银行存款、网络账户资金、证券资产、股权份额、不动产、机动车辆及保险理财产品等多个方面，以全面了解被执行人的财产状况。

针对不同类型的财产，法院将采取相应措施以确保债权的实现。具体而言：

（1）财产处置。对于被执行人的银行存款，法院将直接进行冻结并划拨至法院账户，然后转付给申请执行人。若银行存款不足以清偿债务，法院则会转向处理其他非银行存款财产，如不动产、机动车辆、证券和股权等。若查明被执行人名下存在以上财产，法院将对其查封或冻结，随后经过价值评估，进入拍卖或变卖程序。

针对有稳定工资收入的单位职工被执行人，若其无法一次性履行债务，法院可采取扣留工资的措施。执行员将出具相关法律文书，要求被执行人单位劳资或财务部门协助，每月为被执行人保留必要生活费后，逐月扣除剩余部分工资，并每年度向申请执行人支付一次。此过程虽可能耗时较长，但确保了债务的持续偿还。

（2）行为限制。穷尽财产调查措施后，若仍无法发现被执行人名下有可供执行的财产，法院会采取失信惩戒与消费限制措施。对于名下暂无可供执行财产的被执行人，法院会限制其高消费及非生活和工作必需的消费行为，如乘坐高档交通工具、在星级场所消费、购买不动产等；对于有能力履行义务却拒不履行的被执行人，法院会将其纳入失信被执行人名单，进行信用惩戒，迫使其履行债务。

具体限制包括但不限于以下几个方面：

1）不能贷款。

2）不得有以下高消费及非生活和工作必需的消费行为：

·乘坐交通工具时，选择飞机、列车软卧、轮船二等以上舱位。

·在星级以上宾馆、酒店、夜总会、高尔夫球场等场所进行高消费。

·购买不动产或者新建、扩建、高档装修房屋。

·租赁高档写字楼、宾馆、公寓等场所办公。

·购买非经营必需车辆。

·旅游、度假。

·子女就读高收费私立学校。

·支付高额保费购买保险理财产品。

·乘坐G字头动车组列车全部座位、其他动车组列车一等以上座位等其他非生活和工作必需的消费行为。

3）受到人事录用限制。

4）不能参加招投标项目。

（3）刑事追责。在特定情况下，被执行人可能明知自身具备履行能力但通过拒不搬离被查封房产、恶意转移财产等恶劣行为故意逃避执行责任。此类行为严重触碰法律底线，将涉嫌“拒不执行判决、裁定罪”。司法机关将依法启动刑事追责程序，对被执行人进行刑事制裁。依据我国

《刑法》第三百一十三条之规定，对有能力执行而拒不执行人民法院判决、裁定，且情节严重的被执行人，可判处三年以下有期徒刑、拘役或者罚金；若情节特别严重，将处以三年以上七年以下有期徒刑，并处罚金。

4. 终结

若穷尽一切措施，仍然无法查到被执行人的财产，法院将裁定终结本次执行程序。但这并不意味着债权的永久丧失，一旦申请执行人发现被执行人名下有新出现的可供执行财产，可随时向执行机构提出申请，请求恢复执行程序，保障其合法权益。

图 4-1 为强制执行流程。

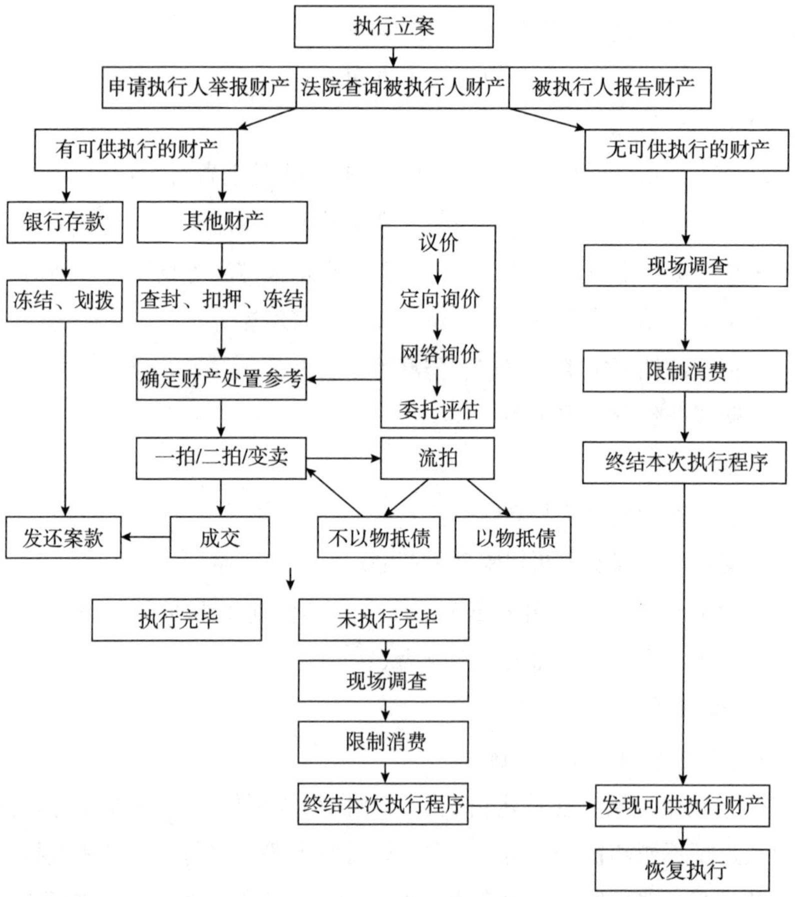

图 4-1　强制执行流程

第五章　物流行业法规动态与前沿问题

第一节　物流业相关法律法规

一、物流业相关的法律法规

（一）立法现状

当今社会，物流活动广泛地影响着社会的运行，物流法随着物流业的发展而产生。各国的物流法律体系各不相同。日本著有专门的物流法《物流二法》；美国则针对不同领域分别立法，并无专门的物流法；我国目前不存在专门的物流法，有关物流的规定多体现在各类行政法规、部门规章、地方性法规中。初步统计显示，物流法律法规有1万多件，其中国家级法律100件；地方省级人大通过的法律3000件；国务院法规600件；各部委和地方政府制定的临时法律文件7000件。目前，我国物流法律体系总体混乱无序，铁路、公路、航空等方面都有各自的规定。例如，《铁路货物运输规程》《道路大型物件运输管理办法》《中华人民共和国民用航空法》等。此外，诸如《海牙规则》《国际货物运输合同公约》等国际条约和国际惯例也是我国物流法律体系的一部分。国务院办公厅于2022年5月发布的《“十四五”现代物流发展规划》明确了我国物流业建设中应遵循的指导思想、基本原则。同时，发展规划还对目前我国物流业的突出问题、面临形态、发展基础进行了分析。但全文并未提及要如何加快完善物流法律体系的建设。随着物流业的高速发展，如何完善物流法律体系，进而更好地规范和调整物流法律关系是当下急需解决的问题。目前我国的物流立法受制于“先制定急需的、成熟的传统立法习惯和政治、经济发展急需”立法工作的开展惯例。[①]

（二）物流业相关法律法规

1. 水路运输方式下适用的法律法规和国际公约

水路运输，作为全球贸易和经济发展的重要一环，其法律体系的完善与健全对于保障运输安全、维护交易公平、促进国际贸易具有至关重要的意义。水路运输方式包括国际海上运输、沿海和内河运输。水路运输通常分为国际海上运输、沿海运输和内河运输三种。不同类型的运输适用不同的法律规范。

（1）国际海上运输：船舶在两个不同国家的港口之间或在同一国家的不同港口之间，但经由公海的货物运输。适用法律主要包括《中华人民共和国海商法》、《联合国海上货物运输公约》（汉堡规则）、《统一提单的若干法律规定的国际公约》（海牙规则、海牙-维斯比规则）等。

（2）沿海运输：船舶在同一国家的不同港口之间进行的货物运输。适用法律主要包括《中华人民共和国海商法》《中华人民共和国海运条例及实施细则》等。

（3）内河运输：船舶在内河水域进行的货物运输。适用法律主要包括《中华人民共和国海商法》《中华人民共和国水路货物运输规则》等。

2. 陆路运输方式下适用的法律法规和国际公约

陆路运输作为现代物流体系的重要组成部分，在货物运输中扮演着不可替代的角色。无论是铁路运输的规模化、高效率，还是公路运输的灵活性、便捷性，铁路和公路运输都有自己的运行特点。

公路运输方面国内法规有：《中华人民共和国公路法》《汽车货物运输规则》《集装箱汽车运输规则》《汽车危险货物运输规则》。国际公约有：《国际公路货物运输合同公约》《国际公路车辆运输公约》。

---

① 文川．基于系统理论的我国现代物流法模式构建［J］．南昌航空大学学报（社会科学版），2014，16（1）：17-22.

铁路运输方面国内法规有：《中华人民共和国铁路法》《铁路货物运输管理规则》。国际公约有：《国际铁路货物联运协议》《铁路货物运输国际公约》。

3. 航空运输方式下适用的法律法规和国际公约

航空货物运输方面国内法律法规有：《中华人民共和国航空法》《中国民用航空货物国际运输规则》。国际航空货物运输适用的国际公约有：《统一国际航空运输某些规则的公约》（以下简称《华沙公约》）、《修改1929年〈华沙公约〉的议定书》（以下简称《海牙议定书》）、《瓜达拉哈拉公约》。

4. 多式联运方式下适用的法律法规和国际公约

我国有关多式联运法律法规：《中华人民共和国海商法》、交通主管部门制定的国际集装箱多式联运管理规则。国际公约：《联合国国际货物多式联运公约》《联运单证统一规则》。

二、物流行业新政策、新规定

鉴于物流货运行业迅猛发展所带来的安全、服务质量等方面的挑战，交通运输部适时推出了一系列新规政策，旨在规范市场秩序，推动行业转型升级，以更好地适应新时代的发展要求。本书将深入解析这些新规的核心内容及其对行业所产生的深远影响。

（一）《民用航空货物运输管理规定》

《民用航空货物运输管理规定》（以下简称《规定》），于2024年12月1日起正式施行。《规定》共6章45条，作为民用航空领域的一项重要规范性文件，对规范航空货运市场秩序，保障航空货物运输安全，促进民用航空货物运输发展具有重要意义。《规定》进一步完善了航空货物运输的法律体系，特别是在强化安全监管、明确各方责任、适应行业发展新趋势等方面进行了创新。该《规定》通过明确托运人、承运人、地面服务代理人等各方主体在航空货物运输中的责任，强调了各方应共同承担确保货物运输安全的义务。这与《物流法》中关于各方主体在物流活动中的责任分担原则相一致。《规定》对货物包装、运输手册、货物存放等环节提出了具体要求，旨在提升航空货运服务质量。这体现了物流法中关于提高物流服务质量的立法宗旨。《规定》鼓励航空货运企业采用电子运单等电子化方式，提高运输效率。这符合物流法中关于推动物流业信息化发展的要求。《规定》强化对关键环节的监管，为航空货物运输市场的有序发展提供了法律依据。

（二）《“十四五”现代物流发展规划》

物流作为现代经济的重要组成部分，扮演着不可或缺的角色，被誉为经济的“经脉”。随着全球经济一体化进程的加快，我国现代物流的发展也迎来了新的机遇和挑战。2022 年 5 月 17 日，国务院办公厅发布的《“十四五”现代物流发展规划》（以下简称《规划》），标志着我国在现代物流领域迈出了关键一步。《规划》明确了“十四五”时期现代物流发展的总体思路、空间布局、重点任务和重大工程，是我国现代物流领域第一份国家级五年规划。《规划》明确，到 2025 年，我国基本建成供需适配、内外联通、安全高效、智慧绿色的现代物流体系。《规划》提出，重点建设“四横五纵、两沿十廊”物流大通道。国家发展改革委举行了专题新闻发布会，介绍了规划有关情况。《规划》鼓励物流企业与商贸企业深化合作，发展集约化配送模式，优化完善前置仓配送、即时配送等末端配送模式。

《规划》明确鼓励在具备条件的城市构建智慧物流的“核心大脑”，以实现城市物流资源的全面链接与共享。这一举措旨在优化城市物流的运行机制，构建高效的智慧物流网络。为此，推动物流领域基础公共信息数据的有序开放显得尤为重要。此外，加强物流公共信息服务平台的建设，促进企业间数据的有效对接，尤其是为中小微物流企业提供普惠性服务，将为物流行业的可持续发展奠定基础。

在此背景下，建立健全物流统计监测体系显得不可或缺。因此，需研究并建立科学合理的物流统计分类标准，强化对社会物流及重点物流企业的统计监测工作，并开展企业物流成本统计调查的试点。这将为政府决策提供数据支持，提升物流行业的整体透明度。

进一步地，应研究制定反映现代物流重点领域和关键环节高质量发展的监测指标体系。该体系将科学、系统地反映现代物流发展的质量与效率，为政府的宏观调控和企业的经营决策提供重要参考依据。

在技术应用方面，探索扩大区块链技术的应用领域，将有助于提高供应链的数字化效率及安全可信水平。通过推广电子回单的应用，实现物流活动全过程的跟踪，确保货物来源可追溯、责任可查，将极大地提升物流行业的信用体系和透明度。这一系列措施的实施，将为我国现代物流的高质量发展注入新的动力与活力。

（三）《全面推进城市一刻钟便民生活圈建设三年行动计划（2023—2025）》

商务部等13部门联合印发的《全面推进城市一刻钟便民生活圈建设三年行动计划（2023—2025）》（以下简称《行动计划》）作为一项重要的民生工程，旨在通过优化社区商业网点布局，改善社区消费条件，创新社区消费场景，提升居民生活品质。支持发展线上线下融合的即时零售模式（平台下单+就近门店配送，就近门店下单+即时配送），赋能实体门店，拓展服务半径；交通运输部公布新修订的《快递市场管理办法》，其中规定，保障快件安全，防止快件丢失、损毁、内件短少，不得抛扔、踩踏快件；未经用户同意，不得代为确认收到快件，不得擅自将快件投递到智能快件箱、快递服务站等快递末端服务设施等。

城市物流是城市经济的重要组成部分，其效率直接影响着居民的生活品质。《行动计划》与城市物流体系有着密切的关联。

1. 末端配送的优化

《行动计划》强调优化社区商业网点布局，这无疑对末端配送提出了更高的要求。如何实现商品从配送中心到社区的快速、高效、精准配送，是城市物流面临的重要挑战。末端配送是整个物流链条中最薄弱的一环，也是成本最高的一环。如何降低末端配送成本，提高配送效率，是亟待解决的问题。

2. 城市配送车辆的管理

城市配送车辆的通行、停靠、装卸等环节，都涉及城市交通管理、环境保护等方面的法律法规。随着城市化的推进，城市道路资源日益紧张。城市配送车辆的通行受到诸多限制，影响了配送效率。《行动计划》的实施，将对城市配送车辆的管理提出新的要求。

3. 社区物流基础设施的建设

社区物流基础设施的完善，如快递柜、智能柜等，是实现末端配送的重要保障。很多社区的物流基础设施建设滞后，无法满足居民的配送需求。《行动计划》的实施，将推动社区物流基础设施的建设和完善。

4. 冷链物流的发展

随着居民消费水平的提高，对生鲜食品的需求也越来越大。冷链物流体系的建设需要大量的投入，且技术要求较高。目前，我国冷链物流体系还不够完善。冷链物流的发展，是保障食品安全、满足居民消费需求的重要一环。

三、电子商务与物流

电子商务的迅猛发展，使物流环节在整个交易过程中扮演着越发重要的角色。随着电子交易的日益频繁，物流活动中所产生的法律问题也日益凸显。其中电子商务法律问题中与物流密切相关的主要是物流活动中涉及的电子合同、电子支付手段、电子信息证据保存等引起的法律问题。[①]

（一）电子合同在物流中的应用与法律问题

随着互联网迅速发展，电子合同、电子印章在物流运输行业中的应用是大势所趋。助力物流运输行业办公管理，业务管理向信息化、数字化方向改革创新。2022 年，交通运输部公布的《关于修改〈道路货物运输及站场管理规定〉的决定》（交通运输部令 2022 年第 30 号）第三十一条明确提出："鼓励道路货物运输经营者选择电子合同、电子运单等信息技术，提高运输管理能力。"

物流企业在运营过程中，需要电子合同签署的场景包括：货运单、提货单、出库单、发货单、签收单、仓储交接单、入库单等。

电子合同在物流中的应用场景包括：物流服务合同如仓储、配送、运输等服务合同；运输合同如公路运输、铁路运输、航空运输、海运等运输合同；物流设备租赁合同如叉车、货架等物流设备租赁合同；物流信息服务合同如物流信息系统使用、数据交换等合同。

① 李爱华，王宝生．物流法律法规［M］．北京：清华大学出版社，2018：94.

电子数据在庭审中可以作为证据。但电子证据的证明力往往受到质疑，所以在电子合同的证据保全方面，需要注意保持以下几点：一是保持电子合同的原始性，防止篡改，因电子证据易于篡改，如何保证电子证据的真实性和完整性是亟待解决的问题，所以要做好电子证据的保全与认证；二是保持电子合同的完整性，不得随意删减；三是保证电子合同与案件事实具有关联性；四是保证电子合同的可读性，以便于法官进行审判。

（二）电子支付手段在物流中的应用与法律问题

从货款支付、运费结算到物流服务费的支付，电子支付都扮演着不可或缺的角色。但是电子支付在物流中的应用也带来了诸多法律问题，本书将从电子支付的法律性质、支付方式、风险防范等方面进行探讨。

电子支付是指通过电子数据交换系统实现的资金转移活动。广义的电子支付是指一切以电子方式进行的债权债务的清算和资金转账结算，不论资金流动是基于何种原因。狭义的电子支付是仅从电子商务角度而言的，指为电子商务交易之需要，付款人将资金通过电子设备转移给收款人以履行价款交付义务的电子支付。也就是说，狭义的电子支付仅指电子交易主体履行义务时所为的货币支付或资金转移行为，不包括非以商品交易为基础的货币支付或资金转移。从法律性质上看，电子支付本质上是一种债务清偿行为。电子支付工具和手段的不断创新，使传统的债务清偿方式发生了深刻变革。电子支付的法律关系主要包括：买卖合同关系，电子支付是买卖合同中货款支付的重要环节；委托支付关系，在第三方支付平台上，支付机构作为委托人，为委托人办理资金支付；电子合同关系，电子支付过程中形成的电子合同具有法律效力。

（三）电子信息证据在物流中的保存与法律问题

大量的电子信息在物流过程中产生，如电子运单、物流跟踪数据、电子合同等，这些电子信息成为物流活动的重要证据。如前文所述，电子信息的易篡改、易丢失等特点，使电子信息证据的保存和法律效力面临诸多挑战。电子信息作为电子商务交易的重要证据，在物流纠纷中发挥着关键作用。如何有效保存和利用电子信息证据，是保障交易安全的重要一环。

电子运单、物流跟踪数据、电子合同等电子信息作为重要的证据，其保存方式直接关系到证据的真实性、完整性及在法律诉讼中的效力。为了保障电子信息证据的法律效力，物流企业应采取多种保存方式。第一，建立完善的电子档案系统是基础。通过集中存储、权限管理、备份机制和版本控制等手段，可以有效管理电子信息，防止数据丢失和篡改。第二，引入区块链技术是一种创新性的保存方式。区块链技术的不可篡改性、分布式存储功能，为电子证据提供了高度安全和可靠的存储环境。第三，数字签名技术和时间戳服务也是常用的电子证据保存手段。数字签名可以验证电子信息的发送者身份并保证其完整性，而时间戳服务则可以为电子信息生成具有法律效力的创建时间做证明。

尽管上述保存方式能够有效保护电子信息证据，但仍面临诸多挑战。证据效力问题是其中之一，司法实践中，人民法院对电子证据的认定较为谨慎。而且证据保全也是一个难题，如何防止电子证据被篡改或丢失需要物流企业付出更多努力。证据的取证和鉴定也需要专业的技术手段和知识。

物流企业在电子信息保存方面应采取以下措施：一是建立完善的电子证据管理制度，明确电子证据的收集、保存、归档等流程。二是采用可靠的电子签名技术，对重要的电子文件进行数字签名。三是加强信息安全防护，防止电子信息被非法获取、篡改或破坏。四是定期备份电子数据，以防止数据丢失。五是选择可靠的电子证据保存平台，确保电子证据的安全可靠。

如上所述，我国物流业虽发展迅猛，然而其法律规制却相对滞后。现行物流法律体系尚不完善，缺乏系统性的立法规划。具体而言，法律条文多散见于各部法律之中，未形成统一、完整的法律体系。这种“碎片化”的立法状态导致在处理实际物流纠纷时，法律适用存在较大困难，难以提供明确、一致的法律依据。深入探究现行物流法律体系存在的问题，对于保障物流行业健康有序发展，促进物流企业拓展海外市场具有重要的理论和实践意义。我国物流法律的产生与发展，深受计划经济体制的影响。长期以来，物流法律的制定更多地强调指令性，而对市场机制的调节作用考虑不足。随着市场经济体制的不断深化和物流业的快速发展，这种传统的立法模式已难以适应新形势下的需求。现代物流业呈现出高度综合化的特征，传统的部门立法模式已无法满足跨行业、跨区域的物流活动的法律规制需求。此外，由于立法范围的模糊，导致不同物流主体之间的法律地位和权利义务不明确，增加了纠纷发生的可能性，阻碍了物流业的健康发展。

第二节 物流行业法律前沿问题

一、物流行业从 1.0 时代到 5.0 时代的发展演变

现代物流学，相较于传统物流学，更侧重于从系统与战略层面进行深入研究。其核心在于通过构建高效、灵活的物流系统，以支持企业整体战略的实现。这一转变的核心在于，现代物流不再仅仅是简单的货物搬运和储存，而是通过科学的决策、精细化的管理，将物流与企业生产、销售等环节紧密结合起来，形成一个有机整体。在现代物流系统构建过程中，一系列关键决策至关重要，包括仓库选址的优化、库存水平的科学确定、订单处理系统的精细设计，以及运输方式的合理选择。这些决策不再仅仅依赖于经验判断，而是通过数据分析、模型模拟等手段，实现科学化、量化决策。与此同时，现代物流对人的依赖程度降低，取而代之的是对先进物流理念和管理工具的依赖。物流管理人员需要具备更强的系统思维、数据分析能力和战略眼光，才能在复杂的物流环境中做出正确的决策。

从传统的运输机械化到如今的全域数智供应链物流，物流行业经历了翻天覆地的变革。回溯物流业的发展历程，我们可以清晰地看到，从物流 1.0 时代的运输机械化起步，到 2012 年物流 4.0 数字化创新升级的浪潮席卷，再到如今伴随欧盟工业 5.0 概念提出的物流 5.0 时代，物流业的发展速度可谓一日千里。

物流 4.0 时代，以数字化、网络化、智能化为核心，通过物联网、大数据、云计算等技术，实现物流全流程的数字化管理和优化。这一阶段，物流行业实现了从传统模式向现代物流模式的转变，大大提高了物流效率和服务质量。

进入物流5.0时代，以全域数智供应链物流为主要特征。这一阶段，物流不再仅仅是简单的货物运输，而是通过数据驱动，实现供应链各环节的深度融合和优化。

（一）物流1.0时代：运输机械化

物流1.0时代，以运输工具的机械化和标准化为主要特征。这一阶段，物流活动主要依赖于人力和简单的机械设备，效率低下，信息化程度较低。物流的主要任务是将货物从生产地运送到消费地，强调的是运输效率的提升。火车、汽车等交通工具的出现，极大地拓展了物流的范围，促进了商品流通。随着科技的进步，特别是计算机技术和互联网技术的迅猛发展，物流行业迎来了数字化转型的机遇。

（二）物流2.0时代：信息化

在传统的物流模式下，信息传递主要依靠人工方式，效率低下且易出错。随着计算机技术的日益成熟，条形码、电子数据交换（EDI）等技术应运而生。这些技术的引入，标志着物流信息化迈出了关键一步。条形码技术的应用，使对物品的识别和跟踪变得更加便捷高效。EDI技术的普及，则实现了物流信息在供应链各环节之间的实时共享，促进了供应链的协同运作。

信息化对物流2.0时代的影响主要体现在以下几个方面：一是提升了物流效率，通过信息化手段，物流企业可以实现对物流过程的实时监控和管理，及时发现并解决问题，从而提高物流效率。二是降低了物流成本，信息化可以减少人工操作，降低出错率，优化资源配置，从而降低物流成本。三是提高了服务质量，信息化可以提供更加准确、及时的物流信息，满足客户对物流服务的个性化需求。四是促进了供应链的协同，信息共享和协同合作是供应链管理的核心，信息化技术为供应链的协同提供了技术支撑。

（三）物流3.0时代：自动化

物流3.0时代，自动化技术在物流领域得到广泛应用。自动化仓库、自动分拣系统等设备的出现，大大提高了物流作业的效率和准确性，降低了人工成本。物流3.0时代，以自动化为核心驱动力，推动着物流行业向着更高效、智能化的方向发展。

物流自动化时代的特征主要体现在以下几个方面：一是自动化仓储，自动化立体仓库、自动存取系统等设备的广泛应用，实现了货物的自动化存储、拣选和搬运。相比传统人工仓库，自动化仓储具有更高的存储密度、更快的出入库速度和更高的准确性。二是自动化分拣，自动分拣系统通过自动化设备对货物进行分类、分拣，取代了传统的人工分拣，提高了分拣效率和准确率。三是自动化搬运，自动导引车（AGV）、自动叉车等自动化搬运设备，在仓库内实现货物的自动搬运，减少了人工干预，提高了作业安全性。四是自动化包装，自动包装系统可以根据不同的产品类型和包装要求，自动完成包装作业，提高了包装效率和质量。

但是物流自动化面临的挑战也是非常大的，主要有：一是技术的复杂性，自动化系统涉及多种技术，如机械工程、控制工程、计算机科学等，系统集成难度较大。二是柔性不足，自动化系统通常针对特定的产品和作业流程设计，缺乏灵活性，难以适应多品种、小批量、定制化的物流需求。三是数据安全问题，也是各个物流企业目前最大的问题，物流自动化系统涉及大量的敏感数据，如货物信息、客户信息等，如何保障数据的安全是亟待解决的问题。

（四）物流4.0时代：数字化创新升级

物流4.0时代，以互联网、物联网、大数据、人工智能等新兴技术为驱动力，实现了物流的全方位数字化转型。智能物流、供应链协同、无人驾驶等技术应用，使物流更加高效、灵活、智能。德国弗劳恩霍夫物流研究院院长 Michael ten Hompel 认为，物流是任何行业运作成败的决定性因素，没有物流就没有工业4.0，因此工业4.0时代其实就是物流4.0时代，所谓的物流4.0就是利用条形码、GIS 技术、自动识别技术、数据挖掘、人工智能技术等技术革命引发的智能物流时代，未来工业4.0时代，智能物流将大幅度降低成本，提高服务水平，减少自然资源和社会资源消耗。

（五）物流5.0时代：全域数智供应链物流

2021年，欧盟提出的工业5.0概念为物流业的发展指明了新的方向。物流5.0时代，物流将不再仅仅是简单的货物运输，而是以人为本、可持续发展、全域数智化的综合性系统。

智慧物流与供应链管理是新一代物流管理模式，以物联网、大数据、人工智能等新兴技术为驱动力，实现物流全过程的数字化、智能化、网络化。通过将物理世界与数字世界深度融合，构建起一个高度协同、高效敏捷、以客户为中心的全新物流生态系统。相较于传统物流，智慧物流与供应链管理具有显著的技术特征，如数据驱动、互联互通、高度可视化等。同时，其组织特征也发生了深刻变革，表现为深度协同与去中心化。这种变革源于智慧物流与供应链管理以价值提升为导向，通过创新性的商业模式和技术应用，不断优化资源配置，提升供应链整体效率。

智慧物流与供应链管理的创新特征主要体现在以下三个方面：一是基于大数据驱动的智能决策，通过对海量数据的分析与挖掘，实现对物流过程的实时监控和优化。二是高度灵活的网络化协同，打破了传统物流的地域和组织边界，实现跨区域、跨行业的协同合作。三是面向客户需求的个性化定制，通过精准的市场预测和需求响应，实现柔性化生产和定制化物流服务。为了实现上述创新特征，智慧物流与供应链管理构建了全新的系统架构。其中，智慧化平台作为整个系统的“大脑”，负责全局性的战略规划和决策；数字化运营作为“神经中枢”，负责信息的采集、传输和处理；智能化作业作为“执行机构”，负责具体的物流操作。四是绿色环保，采用绿色物流技术，降低能源消耗，减少碳排放，实现可持续发展。四方紧密协同，共同构成了一个高效、智能的物流与供应链管理体系。

智慧物流与供应链管理的实现，一是会提高效率，通过自动化、智能化的手段，提高物流效率，降低成本。提升柔性，适应市场需求的快速变化，实现柔性供应链。二是增强竞争力，通过数字化转型，提升企业核心竞争力。三是促进可持续发展，采用绿色物流技术，实现可持续发展。

物流业的演进是一个不断发展的过程。从物流 1.0 到物流 5.0，物流业经历了从机械化到智能化的巨大变革。智慧物流与供应链管理是物流 5.0 时代的重要发展方向，它将深刻改变我们的生产生活方式。未来，随着技术的不断进步，物流业将呈现出更加智能化、绿色化、个性化的发展趋势。

二、新技术对物流法律的影响

随着我国经济的快速发展和城市化进程的加快，物流行业面临着前所未有的挑战。传统的物流模式在应对日益增长的快递包裹量和复杂的城市交通环境时，暴露了诸多弊端，在城市密集区，“最后一公里”难以送达或者配送效率低下的问题尤为突出。2024 年“两会”，来自通航领域的委员和业界专家共同呼吁，完善法规标准，加快破解“最后一公里”无接触精准配送等问题。“无人机作为新技术和先进生产力的重要载体，已经成为航空新业态发展的核心驱动。”目前，国家 13 个无人机发展试验区中有 2 个无人机物流发展试验区、3 个城市无人机物流配送试点区。顺丰、京东、美团等无人机物流模式日趋成熟，已在 10 余个省市开展业务。

无人机作为一种新型的物流工具，以其灵活、高效、环保等优势，被寄予厚望，有望成为解决“最后一公里”配送难题的突破口。近年来，我国政府高度重视无人机产业的发展，出台了一系列扶持政策，鼓励无人机在物流领域的应用。各大电商平台和物流企业也纷纷布局无人机物流，开展了大量的试点和示范项目。但是无人机物流的大规模商业化应用仍面临诸多挑战。一是低空空域的管制限制了无人机的飞行范围和频率，制约了其在城市环境中的应用。二是缺乏统一的行业标准和规范，导致无人机在安全性、可靠性等方面存在隐患。此外，无人机物流的商业模式尚未完全成熟，盈利模式也需要进一步探索。应将无人机物流运营所需的空域、场地、电气、通信等资源纳入智慧物流、智慧城市建设规划，推动城市物流网络建设，为无人机物流配送多场景应用提供支撑。不久前，民航局正式发布了首个航空物流发展专项规划，政策利好正在加码无人配送产业。

中国科学院无人机应用与管控研究中心教授谭翔也关注到以无人机、无人车为代表的配送环节的“最后一公里”问题。他建议通过监管创新和政策扶持，鼓励企业在无人机等智能物流领域的科技创新。谭翔曾说：“具体而言，首先是创新监管机制，在智能物流管理的顶层设计上，推进智能物流的发展并在城市场景落地。其次是完善智能物流法律法规标准体系，充分考虑城市末端物流场景需求，各机构共同构建系统科学的智能物流法规体系。最后是充分发挥企业在城市物流无人机等智能物流领域的科技研发和商业落地，进一步发挥企业在科技创新应用上的积极作用。”

如何看待以无人机为代表的末端无人配送服务的前景？长期关注低空物流的中国民航大学法学院副教授刘胜军认为：“无人机即时配送可以提高整个社会的运行效率。从个人从微观层面，无须在拥堵的城市交通上浪费时间。从经济学视角来看，节约的物流成本和整个社会的时间，可以将生产可能性边界向右移动，有助于最大化整个社会的产出与福利。”2023 年，全国首个城市低空物流运营示范中心在上海启动，我国已初步完成了飞行器、自动化机场及无人机智能调度系统的研发工作。专家建议，直面“最后一公里”配送的难题，在立法和政策方面给予智能物流更多支持，做强我国的物流体系，为我国未来经济的可持续高质量发展提供有力支撑。

（一）人工智能与物流法

物流业作为现代经济的动脉，其高效运转对于整个社会生产和消费的良性循环至关重要。然而，传统物流模式下，高昂的运营成本、低效的资源利用及信息不对称等问题长期困扰着行业发展。深层次剖析物流业的核心痛点，不难发现，降本增效是其最迫切、最根本的需求。预计到 2025 年，人工智能+物流的市场规模将接近百亿元。在物流各环节的应用分布方面，仓储与运输占比较大，两者占比之和超过八成。

从经济学的角度来看，降本增效是企业追求利润最大化的永恒主题。在市场竞争日益激烈的背景下，物流企业只有不断降低运营成本，提高运营效率，才能在激烈的市场竞争中占据一席之地。而从社会效益的角度来看，物流成本的降低，不仅能直接降低企业生产成本，还能促进商品流通，稳定市场价格，最终惠及广大消费者。为实现降本增效的目标，物流企业纷纷开展了自动化、信息化转型升级。通过引入自动化设备、建立智能仓储系统、开发物流管理信息系统等手段，物流企业在一定程度上实现了降本增效的目标。然而，传统的自动化和信息化手段往往局限于对单一环节的优化，难以实现对整个物流链条的全面优化。随着人工智能技术的快速发展，为物流业的转型升级提供了新的机遇。

人工智能技术，特别是机器学习、深度学习等技术，在物流领域的应用前景广阔。例如，通过图像识别技术，可以实现货物自动分拣、自动盘点；通过自然语言处理技术，可以实现智能客服、智能订单管理；通过预测分析技术，可以实现需求预测、运力优化。人工智能技术的应用，能够极大地提高物流作业的准确性、效率和灵活性，从而实现降本增效的目标。

从法律的角度来看，人工智能在物流领域的应用也面临着诸多挑战。例如，人工智能算法的透明度、公平性、可解释性问题；人工智能系统可能产生的法律责任问题；以及人工智能对就业的影响等。为了促进人工智能在物流领域的健康发展，需要建立完善的法律法规体系，明确人工智能系统的法律地位，规范人工智能开发和应用行为。对于人工智能企业而言，随着技术的不断迭代，人工智能不再是高悬于天上的空中楼阁，“商业落地”已成为人工智能企业发展到当前阶段鲜明的主题词。从落地难度及发展前景来看，业务流程清晰、应用场景独立、市场空间巨大的物流业无疑是人工智能落地的绝佳选择。然而，人工智能在物流领域的落地也并非一蹴而就，需要企业、政府、科研机构等多方共同努力。

一是企业需要加强对人工智能技术的研发投入，培养高素质的人工智能人才，不断提升自身的技术实力。二是政府应制定鼓励人工智能发展的政策，提供资金支持、人才培养、技术研发等方面的扶持。三是科研机构应加强对人工智能基础理论的研究，推动人工智能技术的创新发展。

物流业的降本增效需求与人工智能技术的快速发展，为双方合作提供了广阔的市场空间。通过将人工智能技术应用于物流领域，可以实现物流作业的智能化、自动化、精细化，从而推动整个物流行业向“智慧物流”方向发展。然而，人工智能在物流领域的应用也面临着诸多挑战，需要各方共同努力，推动人工智能在物流领域的健康发展。2011 年以来，随着大数据与物联网的融入，物流企业着手建立无人仓、智能物流中心，各类新理念、新业态不断涌现。而人工智能的加入，将是中国物流行业真正实现智能化，进化至具备状态感知、实时分析、自主决策、精准执行等多项能力的“智慧物流”极为关键的一环。

1. 人工智能+物流的概念

本书所称的“人工智能+物流”指的是基于人工智能技术（机器学习、深度学习、计算机视觉、自动驾驶等）的软硬件产品及服务（无人卡车、无人机/无人车、智能调度系统等）在物流活动各环节（运输、仓储、配送、客服等）中的实际落地应用。① “人工智能+物流” 是物流科技的新形态，本书对“人工智能+物流”的研究范围主要集中在物流活动中的运输、仓储、配送及客服四个环节，分析研究人工智能技术及其产品在物流中的应用情况与效果。

2. 人工智能+物流的发展现状

2020 年新冠疫情蔓延全球，全球经济承受了前所未有的严峻挑战，物流在推动经济发展、保障民生需求、抗击疫情等各方面提供有力支撑。“人工智能+”技术的应用更是将人工智能技术和物流企业相融合，降低人工成本，提升经营效率，推动物流产业的长期可持续发展。② “人工智能+物流”概念的兴起，为传统物流行业注入了新的活力。随着大数据、物联网、人工智能等技术的深度融合，物流产业正经历着一场深刻的变革。无人仓、智能物流中心等新业态模式的不断涌现，不仅提升了物流效率，降低了运营成本，而且为零售多业态融合发展提供了坚实的物流保障。从技术层面看，“人工智能+物流”是将机器学习、深度学习、计算机视觉等人工智能技术应用于物流全流程，实现智能化、自动化、精细化管理的过程。从产业层面看，“人工智能+物流”是传统物流产业与新兴技术深度融合的产物，旨在通过技术创新推动物流行业转型升级。从法律层面看，“人工智能+物流”涉及数据隐私保护、算法歧视、责任认定等一系列法律问题。

大数据技术的应用使物流企业能够对海量数据进行分析，实现对市场需求的精准预测，优化库存管理，提高配送效率。物联网技术的引入使物流环节中的各个节点实现互联互通，实现货物实时跟踪、状态监测，提升供应链透明度。人工智能技术的应用则使物流设备具备了自主学习、决策的能力，如无人仓中的 AGV 机器人能够自主规划路径、完成拣选任务。

3. 人工智能+物流的应用现状

截至目前，人工智能技术已为我国物流管理带来了一些变革，具体的

① 中国人工智能+物流发展研究报告 2020 年［C］//艾瑞咨询系列研究报告（2020 年第 7 期），2020：52.

② 张利．“人工智能+”物流全链架构及场景应用［J］．商业经济研究，2021（16）：104-107.

经典应用场景本书将从供应商管理、仓储管理、运输管理等方面进行具体的阐述。

供应商管理是物流管理的重要环节。人工智能技术可以通过大数据分析，对供应商进行多维度评估，实现供应商的智能选型和绩效评价。然而，在供应商选择过程中，人工智能算法可能存在偏见，导致对特定供应商的歧视。此外，供应商提供的数据中可能包含商业秘密或个人隐私信息，需要加强数据保护。

仓储管理是物流的核心环节。人工智能技术可以实现智能仓储布局、自动化入出库、智能盘点等功能，提高仓储效率。但同时，也涉及知识产权保护问题。例如，人工智能算法本身可能构成商业秘密，需要采取措施防止泄露。

运输管理是物流的动脉。人工智能技术可以优化运输路线、提高车辆利用率、实现实时跟踪。然而，无人驾驶等新兴技术也带来了道路交通安全、产品责任等法律问题。

（1）人工智能实现了物流流程自动化。在现代物流领域，人工智能技术的应用日益成为提升企业竞争力和运营效率的重要手段，尤其是在流程自动化方面，其潜力和价值越发凸显。物流企业面临着海量的供应链信息，这些信息涵盖了市场动态、客户需求、运输状态、库存管理等多个维度。因此，企业必须通过高效的数据采集、分析和处理能力，来更好地掌握市场变化，从而提升决策效率并优化资源配置。

人工智能技术在自然语言处理和语音识别领域的飞速发展，为物流企业实现人机交互、信息抓取及数据分析提供了强有力的支持。这些技术不仅能够实现对大数据的实时分析，还能够通过智能化的方式，帮助企业在物流沙盘模拟中进行多维度的决策支持。通过这一过程，企业能够在物流组织与运营的各个环节实现全面的协同，进而有效地优化资源配置，提高服务质量。

数字化物流管理的实现，得益于互联网技术的广泛应用。通过将货物运输、仓储、信息流动及各项流程进行数字化处理，物流管理变得愈加简便、快速、安全且高效。面对物流行业中的大量烦琐工作，人工智能技术的自动化处理能力显得尤为重要。物流企业可以将先进的人工智能技术与其自有的数据库相结合，对在途货物和设备资源进行精细化的监控和定位。这种结合不仅提升了货物追踪的准确性，还使企业能够在面对突发状况时，快速响应并进行合理调度。

在这一过程中，人工智能的预测分析能力也为物流企业带来了显著的优势。通过分析历史数据和实时信息，企业能够预判市场需求变化，制订更加科学的运输计划和库存管理策略。这种前瞻性的管理思维，不仅能够降低物流成本，还能提升客户满意度，增强企业的市场竞争力。

人工智能技术的应用还促使物流企业在服务质量上实现了质的飞跃。通过智能化系统，企业能够提供更加个性化的配送服务，满足不同客户的需求。例如，基于客户的历史订单数据，企业可以主动推荐合适的产品和服务，从而提升客户的购买体验。同时，智能化的客服系统能够实时解答客户的咨询，提供24小时不间断的服务，进一步增强客户的忠诚度。

人工智能在物流领域的应用，不仅是对传统流程的自动化改造，更是一次深刻的行业变革。通过对供应链信息的高效处理和智能化管理，物流企业能够在市场的快速变化中，保持灵活应对的能力，进而实现可持续发展。

（2）人工智能技术在物流决策分析中的影响。人工智能技术在物流系统决策优化方面展现出巨大的应用潜力，特别是在当今复杂而动态的供应链环境中，其重要性越发凸显。在供应链物流的运营过程中，企业面临着大量的跨区域调度任务，这些任务涉及车辆的调配、人员的安排及物料的合理规划与配置等多个方面。有效的资源管理是确保物流系统高效运行的核心，而人工智能技术恰恰能够为这一目标提供切实可行的解决方案。

通过对历史数据的深入分析与学习，人工智能技术能够实现供应链物流环节中数据分析、统计和计算等工作的自动化处理。这一过程不仅提高了数据处理的速度和准确性，还使企业能够快速识别出影响运营的各种变量，如市场需求波动、运输延误、库存水平变化等。通过智能算法，企业可以在复杂的环境中，及时获取有关市场动态的实时信息，从而做出更加科学的决策。

在需求预测方面，人工智能技术通过机器学习和深度学习模型，能够有效识别潜在需求模式。这种预测能力使企业能够提前制订运营计划，从而减少资源的浪费，并优化生产与运输的安排。具体而言，人工智能系统能够根据历史销售数据、季节性变化、市场趋势等因素，生成准确的需求预测，帮助企业在物料采购、库存管理及配送安排上做出更为合理的决策。这不仅降低了运营风险，还显著提高了物流效率和服务水平。

进一步地，人工智能技术的应用还能够在降低物流成本方面发挥重要作用。通过优化调度与路线选择，企业可以有效降低运输成本和时间。例如，智能调度系统能够综合考虑交通状况、天气变化、车辆位置等多种因素，制定出最优的运输路线，最大限度地减少运输过程中可能出现的延误和成本。此外，借助实时监控与数据反馈，企业能够快速调整计划，确保每一个环节的顺畅运作。

人工智能在物流决策优化中，不仅是对传统决策过程的技术性改造，更是对整个供应链管理理念的深刻变革。通过智能化的决策支持系统，企业能够实现从单一功能的优化向整体系统的协同转变。这种协同效应使各个环节之间能够形成更为紧密的联系，从而提升整个供应链的响应速度和适应能力。在市场需求迅速变化的背景下，只有具备高度灵活性和敏捷性的物流系统，才能有效应对外部环境的挑战。

人工智能技术在物流系统决策优化中具有广泛的应用前景。通过高效的数据分析与需求预测，企业能够在复杂多变的市场环境中，优化资源配置，提升运营效率，降低成本，并有效控制风险。然而，伴随着技术应用的深入，企业也必须认真对待相关的法律与伦理问题，以确保在追求效益的同时，遵循社会责任和法律规范的要求。未来，随着技术的不断进步和应用的深入，人工智能将在物流行业中发挥越来越重要的作用，推动整个行业向更加智能化和高效化的方向发展。

（3）人工智能让物流客户服务智能化。[①] 智慧物流的概念日益成为现代物流管理的核心，其通过应用人工智能技术、大数据技术等先进手段，对物流业务流程进行系统性优化，旨在实现物流业务的全流程可控和全程

---

① 吴忠胜．人工智能技术在智慧物流发展中的应用［J］．中国航务周刊，2023（24）：75-77.

可视化。这一过程不仅涉及物理物流的优化，更包括信息流的整合与提升，最终目标是有效提高物流服务的质量和效率，从而为客户提供更加优质的物流服务体验。在这一背景下，人工智能技术的引入，尤其是在自然语言处理（NLP）领域的应用，显得尤为重要。

通过自然语言处理技术，智慧物流系统能够有效理解客户需求，并自动回复咨询。这种技术的应用极大地提高了客户的满意度与处理效率。客户在面对物流问题时，常常希望能得到及时而精准的答复。传统的客服模式往往无法满足这种需求，导致客户体验不佳。而借助人工智能技术，企业能够实现 24 小时不间断的客户服务，及时响应客户的咨询与需求。这种服务不仅降低了人工成本，还提升了客户的满意度，使企业在市场竞争中占据有利位置。

人工智能技术还具备解决复杂客户服务和问题处理的能力。物流业务往往涉及多方协作，包括供应商、承运人、仓储管理方等，客户在这一过程中可能会遇到各种复杂情况。传统的客户服务往往难以快速有效地解决这些问题，而人工智能系统能够通过分析大量历史数据，识别出问题的根源，并提供相应的解决方案。这种能力不仅提高了问题处理的效率，还能够为企业提供更大的支持，帮助企业在复杂环境中进行快速决策。

在这一过程中，大数据技术的应用同样不可忽视。通过对物流数据的全面收集与分析，企业能够实现对物流流程的深度洞察。这一过程不仅允许企业实时监控物流状态，还能够通过数据分析预测未来的物流需求，进而制定相应的运营策略。例如，企业可以通过分析历史运输数据、天气变化、市场趋势等因素，优化运输路线和仓储管理，从而提高整体运营效率。这种数据驱动的决策模式，不仅降低了运营成本，还增强了企业的市场竞争力。

智慧物流的实现不仅是技术层面的创新，更是对传统物流管理模式的深刻变革。通过全流程的可控和可视化，企业能够在每一个环节中实现优化与改进，最终形成一个高效、灵活、智能的物流生态系统。这一系统不仅能够快速响应市场的变化，还能够满足客户日益多样化的需求，提升客户的综合满意度。

（二）人工智能技术给物流企业带来的数据风险

1. 个人数据风险

在物流领域，人工智能技术以其强大的数据处理和分析能力，为物流效率的提升提供了新的可能。然而，在享受人工智能带来的便利的同时，我们也必须正视其对个人数据安全和隐私带来的挑战。

个人数据作为人工智能的“燃料”，其在物流领域的应用场景广泛。从用户下单时的地址信息、支付方式，到物流配送过程中的实时定位数据，再到售后服务中的反馈信息，几乎每个环节都涉及个人数据的采集、存储和处理。这些数据被用于预测需求、优化配送路线、个性化推荐等，极大地提高了物流效率。然而，在数据驱动的背后，个人数据的安全和隐私问题不容忽视。人工智能的兴起更是将个人数据保护推向了新的高度。在物流领域，人工智能可以用于生成虚假的物流信息、模拟用户行为等。例如，通过生成虚假的配送轨迹，可以掩盖真实的物流情况，从而逃避监管。此外，人工智能还可以用于生成虚假的用户评论，影响消费者的购买决策。这些行为不仅侵犯了用户的隐私权，还破坏了市场竞争秩序。

面对人工智能在物流领域应用中存在的个人数据安全和隐私问题，我们亟须采取有效的措施进行应对。从法律层面看，需要进一步完善个人数据保护立法，明确人工智能在数据处理过程中的责任边界。同时，应加强对人工智能算法的监管，防止算法歧视和偏见。从技术层面看，可以采用差分隐私、联邦学习等技术手段，保护个人数据隐私。此外，物流企业也应加强内部的数据安全管理，建立健全的数据安全管理制度。

人工智能在物流领域的应用为我们带来了巨大的机遇，也带来了新的挑战。在享受人工智能带来的便利的同时，我们必须高度重视个人数据安全和隐私问题，采取切实有效的措施，确保人工智能技术的健康发展。

2. 算法运行层面风险来源①

人工智能技术的迅猛发展为供应链物流领域带来了革命性的变革，但

① 邹开亮，刘祖兵 . ChatGPT 的伦理风险与中国因应制度安排［J］. 海南大学学报（人文社会科学版），2023（4）：74-84.

同时也带来了诸多挑战，其中最为突出的是算法“黑箱”问题。算法“黑箱”是指算法的决策过程不透明，人们无法理解算法为何做出特定的决策。在供应链物流中，算法“黑箱”问题不仅影响了决策的透明度和可解释性，而且可能导致算法歧视，产生一系列法律和社会问题。这些算法的偏见基于它们构建的数据、开发过程及最终的使用。①

算法“黑箱”问题在供应链物流中的表现多种多样。例如，在智能仓储系统中，算法决定货物的存储位置和拣选路径，但我们无法了解算法的决策依据。如果算法存在偏见，可能会导致某些商品的拣选效率低下，影响客户满意度。在智能配送系统中，算法负责规划配送路线，但算法的决策过程不透明，可能导致配送效率低下，甚至出现配送错误。更严重的是，如果算法存在歧视，可能会对特定区域或人群的配送服务造成影响。

算法“黑箱”问题产生的原因是多方面的。训练数据中可能存在偏见。例如，如果训练数据主要来源于城市地区，那么算法可能会对农村地区的配送需求估计不足。算法模型的复杂性也是导致“黑箱”问题的重要原因。深度学习等复杂算法模型的参数众多，其内部运行机制难以理解。此外，模型可解释性研究的进展相对缓慢，也限制了我们对算法决策过程的理解。

算法“黑箱”问题对供应链物流的影响是深远的。在法律层面，算法“黑箱”问题可能导致企业承担产品责任。例如，如果算法错误导致货物损坏，企业可能面临赔偿责任。在商业层面，算法“黑箱”问题可能损害企业的声誉，降低消费者对企业的信任度。在社会层面，算法“黑箱”问题可能导致社会不公，加剧社会矛盾。

3. 人工智能生成内容层面的风险

在物流流程自动化过程中，人工智能模型的应用虽然提高了效率，但也存在潜在的风险。例如，如果训练数据存在偏见，模型可能会学习到错误的模式，导致预测结果出现偏差，从而影响决策的准确性。此外，模型的复杂性也增加了其不可解释性，使我们难以理解模型的决策过程，从而

① 冯子轩．人工智能与法律［M］．北京：法律出版社，2020：261.

增加了出错的风险。生成式人工智能在物流领域的应用更是面临着诸多挑战。以 ChatGPT 为例，虽然其在生成文本方面表现出色，但其生成的内容也可能存在不准确、不完整甚至虚假的情况。在物流领域，虚假信息的生成可能导致供应链中断、客户投诉等一系列问题。此外，生成式人工智能在生成内容的过程中，可能会涉及用户隐私数据的泄露。根据 OpenAI 公司的隐私政策，用户与 ChatGPT 的对话内容会被收集并用于模型的训练，这无疑侵犯了用户的隐私权。

（三）区块链技术与物流法

区块链技术作为一种颠覆性技术，正在深刻地改变着传统的物流行业。物流行业是一个高度分散、多方参与的复杂系统，涉及众多环节和利益相关方。传统物流模式下，信息孤岛、数据不透明、信任缺失等问题一直困扰着行业发展。而区块链技术的去中心化、透明度、不可篡改等特性恰好可以解决这些问题，为物流行业带来革命性的变革。

区块链技术在物流行业具有广泛的应用前景。在溯源方面，区块链可以记录商品从生产到消费的全过程，实现商品信息的透明化，有效防止假冒伪劣产品的流入。在支付结算方面，区块链可以实现跨境支付的快速、安全、低成本，从而促进全球贸易的发展。在供应链金融方面，区块链可以为中小企业提供更加便捷、高效的融资服务，缓解中小企业的融资难问题。此外，区块链技术还可以应用于物流合同管理、资产追踪、风险管理等多个领域。

基于区块链技术的物流业务场景主要分为以下几类：

（1）高价值市场：高价值商品如奢侈品、艺术品等对溯源和防伪有极高的要求。区块链技术可以建立一个不可篡改的记录，记录商品从生产到消费的全过程，确保商品的真实性和来源可追溯。

（2）资产所有权交易：票据类资产（如提单、仓单）的数字化是区块链技术的一大应用场景。通过将票据信息记录在区块链上，可以实现资产的快速转移、提高交易效率，并降低交易成本。

（3）共享场景：在共享经济的背景下，区块链技术可以为共享物流平台提供可靠的信任机制。通过将共享资源的信息记录在区块链上，可以实现资源的透明化管理和高效分配，比如行业黑名单信息共享。

(4) 合规审计：区块链技术可以为物流企业的合规审计提供技术支持。通过将物流过程中的所有数据记录在区块链上，可以实现数据的实时追溯和审计，提高审计效率和准确性。

但目前区块链技术在物流领域的应用尚不成熟，主要的阻碍有以下两点：一是制定统一的行业标准是前提，物流行业涉及众多环节和参与方，如果没有统一的标准，区块链技术在不同企业之间的互联互通将面临巨大的挑战。因此，需要制定一套面向物流快递行业的区块链应用框架和业务场景标准。这不仅包括技术标准，如数据格式、接口协议等，还应包括业务流程标准，如订单处理流程、支付结算流程等。二是建立一个开放的行业交流平台是促进区块链技术在物流行业应用的重要手段。通过这个平台，行业内的企业、科研机构、监管部门等可以进行技术交流、经验分享、合作共赢。平台可以提供多种功能，如技术论坛、案例库、行业资讯发布等，以满足不同用户的需求。

三、绿色物流与环境法

(一) 绿色物流概述

1. 绿色物流的概念

我国标准《物流术语》将“绿色物流”定义为，在物流过程中抑制物流对环境造成危害的同时，实现对物流环境的净化，使物流资源得到充分利用。绿色物流作为一种新型的物流模式，是传统物流向可持续发展转型的必然选择。物流行业作为沟通商品生产与消费的桥梁，是“生产—消费”不可省略的必经途径，包括物体的运输、仓储、包装、搬运装卸、流通加工、配送，以及相关物流信息七大环节。绿色物流的本质在于将绿色环保理念贯穿于物流活动的全过程，通过技术创新、管理优化等手段，实现物流效率与环境保护的协调发展。

2. 绿色物流的特点

绿色物流作为一种新型的物流模式，其优势相较于传统物流模式尤为显著，主要体现在“快、绿、时、多”四个方面。

(1)“快”体现了绿色物流在效率上的提升。传统物流往往受限于运输路线的规划、车辆的调度等因素，导致物流效率低下。而绿色物流通过智能化技术，如大数据分析、物联网等，实现对物流全过程的实时监控和优化，从而缩短运输时间、提高配送效率。例如，无人机配送的应用，大幅缩短了末端配送的时间，提高了配送的精准度。

（2）“绿”体现了绿色物流对环境的友好性。相较于传统物流大量使用的一次性包装材料、高污染燃料等，绿色物流强调循环经济，采用可降解材料、新能源车辆等，减少了对环境的污染。此外，绿色物流还注重物流过程中的节能减排，通过优化运输路线、提高车辆装载率等方式，降低能源消耗。

（3）“时”体现了绿色物流的时代性。绿色物流的发展顺应了全球可持续发展的潮流，符合“双碳”目标的要求。它不仅能满足消费者对绿色产品的需求，还能提升企业的社会形象，增强企业的竞争力。

（4）“多”体现了绿色物流的多主体参与性。绿色物流涉及的利益相关方众多，包括政府、企业、物流服务提供商、消费者等。各方共同参与，才能推动绿色物流健康发展。

（二）国内外绿色物流的相关政策、法律

1992 年的《里约宣言》和《21 世纪议程》为全球环境治理奠定了基础，其中对海洋环境保护的强调为国际海事组织（IMO）的后续行动提供了重要的指导思想。IMO 作为国际海事事务的最高主管机构，在过去几十年间制定了一系列旨在减少船舶污染的国际公约和法规。其中，《国际防止船舶造成污染公约》（MARPOL）是全球范围内控制船舶排放的主要法律文书。随着全球气候变化问题的日益严峻，IMO 进一步加强了对船舶碳排放的监管，先后制定了《船舶能源效率设计指数》（EEDI）和《减少船舶温室气体排放的初步战略》，旨在逐步降低国际航运业的碳排放强度。

欧盟作为全球气候治理的先行者，在船舶碳减排方面也采取了一系列积极的措施。欧盟碳边境调节机制（CBAM）的推出，标志着欧盟在应对气候变化方面迈出了重要一步。CBAM 的实施将对高碳产品进口征收碳关税，旨在鼓励企业减少碳排放，并保护欧盟碳市场。虽然 CBAM 主要针对工业产品，但其对航运业的影响不容忽视。日本颁布了《提高资源利用效率法》《新废弃物处理法》，欧洲各国颁布了

《包装废弃物令》。

我国政府高度重视物流业的绿色发展，在国际公约和相关制度规范的基础上，结合我国国情，制定了一系列法律法规和政策措施，为绿色减排提供了坚实的制度保障。《中华人民共和国环境保护法》《中华人民共和国海洋环境保护法》等法律为绿色减排提供了总体框架。此外，我国还出台了《防治船舶污染海洋环境管理条例》等专门针对航运业的法律法规。这些法律法规明确了政府、企业和社会公众在航运减排中的责任，为航运企业提供了明确的法律依据。

2020 年“全球限硫令”的实施是中国航运业绿色转型的重要里程碑。我国交通运输部海事局及时发布了相应的实施方案，对船舶燃料硫含量提出了严格要求。这一举措有效地降低了我国沿海海域的空气污染，为全球航运业的绿色发展树立了榜样。

我国交通运输部、商务部、生态环境部、工业和信息化部、海关、工商局、税务等部门出台了有关绿色物流的相关技术标准，如交通运输部出台非道路移动机械用小型点燃式发动机排气污染物排放限值与测量方法、汽油运输大气污染物排放标准、车用压燃式发动机和压燃式发动机汽车排气烟度排放限值及测量方法等，虽然各部门出台的标准种类繁多，但在一定程度上从某些点涉及了绿色物流相关标准。

（三）加强立法，坚持绿色原则

加强节能减排领域立法，将“ESG”理念深入企业经营，是实现绿色低碳发展的关键。ESG 理念强调企业在环境（Environmental）、社会（Social）和治理（Governance）方面的责任，要求企业在追求经济效益的同时，兼顾环境保护和社会责任。将 ESG 理念融入企业经营，可以促使企业将节能减排作为一项长期战略，并将其纳入企业决策的核心。通过制定相应的法律法规，强制要求企业披露 ESG 信息，建立健全 ESG 评价体系，可以有效推动企业提升环境绩效。

完善物流绿色发展法律标准，是实现绿色物流的重要保障。绿色物流涉及包装、运输、仓储等多个环节，需要制定相应的法律标准来规范企业的行为。例如，可以制定绿色包装标准，鼓励企业采用可回收、可降解的包装材料；制定绿色运输标准，鼓励企业采用新能源车辆、优化运输路线；制定绿色仓储标准，鼓励企业建设绿色仓储设施。此外，将智慧物流与绿色物流进行深度融合，可以提高物流效率，降低能源消耗，实现绿色物流的可持续发展。

坚持绿色原则对实现绿色低碳发展具有重要的推动作用。绿色原则强调预防为主、污染者付费、公众参与等，这些原则在物流行业具有重要的指导意义。通过实施绿色原则，可以促使物流企业转变发展方式，从传统的粗放型增长向集约型增长转变。同时，绿色原则也可以推动物流产业链的优化升级，促进产业结构的调整，实现经济效益与环境效益的双赢。

四、共享物流的法律问题

（一）共享物流的概念

共享物流是在共享经济的基础上发展起来的，通过共享物流资源，优化物流资源配置，从而实现降低物流成本和提升物流系统效率的商业模式。从法律角度看，共享物流可以被定义为：基于合同约定，将物流资源（包括车辆、仓储设施、信息系统等）的使用权暂时转移给他人，并通过平台等方式进行组织和管理的物流活动。

物流行业历来被视为资源密集型领域，其发展与服务水平的提升离不开坚实的资源基础。所述资源范围广泛，包括但不限于物流基础设施资源、信息资源、技术与装备资源及人力资源等，这些资源构成了物流成本的约80%。因此，物流行业本质上具备“共享”特性。如果能够将共享经济模式有效地引入并应用于物流领域，将对该行业产生深远影响，从而显著降低服务成本并提高运营效率。这一转变不仅有助于资源的合理配置，也为行业参与者创造了更为灵活的商业机会，促进了资源的最大化利用。通过共享模式的实施，物流行业能够在竞争日益激烈的市场环境中，实现可持续发展。

（二）共享物流的特点

在传统的物流体系中，物流资源的使用权一直受到高度重视，然而，随着共享经济的兴起，共享物流模式逐渐展现出其独特的优势。共享物流通过租赁、交换和循环使用等多样化的方式，将个体所拥有的闲置资源进行社会化利用。这一模式倡导了物流资源使用权的理念，强调以使用权取代传统的拥有权。在这一背景下，资源需求者可以通过共享物流平台，暂时性地从资源供应方获取所需的物流资源使用权，充分挖掘和利用闲置资源。这不仅减少了大量的重复投资，也为物流服务的多样化和价值创造提供了新的路径。

具体而言，共享物流通过优化资源配置，能够显著提高物流系统的整体效率。个体在不必完全拥有某项资源的情况下，可以灵活地借用或租赁所需的物流资源，从而在满足即时需求的同时，避免了因闲置资源所带来的经济损失。这一转变不仅为供需双方提供了便利，也在一定程度上推动了资源的高效流动和利用。

与此同时，充分利用互联网技术，搭建高效的信息平台成为共享物流发展的重要支撑。在当前信息技术高度发达的时代，传统的物流运营模式往往面临信息不对称和资源配置低效等问题，而共享物流则通过互联网信息平台将零散的物流资源进行整合，有效地建立了物资拥有者与需求者之间的联系。通过线上线下的融合，传统物流运营效率低下的现象得以有效改变，整个物流行业的信息透明度也随之提高。

构建一个完善的信息平台，使资源拥有者能够便捷地展示和出租其闲置的物流资源，而需求者则可以在这一平台上快速找到合适的资源以满足其需求。这种信息对称的建立，不仅提升了资源的利用率，也促成了物流行业各参与者之间的良性互动。共享物流平台的出现，使原本分散的资源集中于一个可操作的环境中，从而实现了资源的优化配置，降低了交易成本，并提高了整个物流链条的灵活性和响应速度。

除此之外，信息平台的搭建也为物流行业的创新提供了新的动力。借助大数据和智能算法，平台能够实时监测和分析物流资源的供需情况，不断优化资源的分配策略。这种基于数据驱动的决策方式，使物流企业能够更加精准地把握市场动态，及时调整运营策略，以适应快速变化的市场需求。同时，信息平台也为企业提供了丰富的市场信息，帮助其更好地进行市场预测和风险管理，提升了决策的科学性和有效性。图 5-1 为共享物流资源整合。

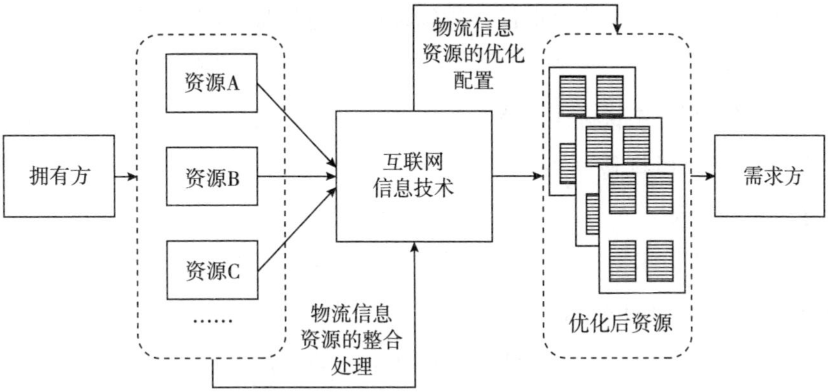

图 5-1　共享物流资源整合

（三）共享物流的法律问题

共享物流，作为一种创新的商业模式，通过整合社会闲置资源，如仓储、运输工具和人力资源等，极大地提升了物流效率，降低了物流成本。然而，由于其涉及多方主体，包括货主、承运人（个人或企业）、平台及可能的保险公司等，法律关系变得异常复杂。这种复杂性在实践中引发了一系列法律问题，尤其是在权责划分、数据安全与隐私保护、劳动关系认定等方面。本书将对这些问题进行深入探讨，以期为共享物流行业的健康发展提供法律指导。

1. 权责划分不明确

（1）合同关系的复杂性。共享物流平台通常涉及货主、承运人及平台三方主体，各方在交易中的角色和责任各不相同，导致法律关系复杂多样。根据不同的商业模式和平台运营方式，这些关系可能被认定为居间合同、运输合同或混合合同。

在合同法律框架下，平台提供的服务性质决定了其可能承担的法律责任。若平台主要提供信息撮合服务，促成货主和承运人之间的交易，则构成居间合同，此时平台的主要义务是提供真实、准确的信息，帮助货主找到合适的承运人，对交易结果不承担直接责任，但如信息虚假或误导导致损失，平台需承担相应赔偿责任。若平台直接参与到运输过程中，如提供车辆、司机等，则构成运输合同，平台作为承运人需对货物的安全、及时送达及保管、装卸等承担责任，货物损坏或丢失时亦需赔偿。实践中，平台服务常具综合性，既有信息撮合又有运输服务，此时可能构成混合合同，其法律性质需根据具体情况分析各方权利和义务来确定，平台若同时提供信息撮合和直接参与运输，则可能需同时承担居间人和承运人的责任。

例如，某共享物流平台提供同城配送服务，货主通过平台下单，平台将订单分配给注册的众包司机。司机完成配送后，平台将费用支付给司机，并从中抽取一定比例的佣金。在这个案例中，平台、货主和司机之间的法律关系较为复杂。平台既提供了信息撮合服务，帮助货主找到合适的司机，又直接参与了运输过程，对货物的安全和及时送达承担了一定的责任。因此，可以将其认定为混合合同。平台需要根据其在交易中的角色和提供的服务，承担相应的责任。

（2）货物损失与赔偿责任。若货物在共享运输过程中损坏或丢失，责任主体可能涉及实际承运人、平台，甚至保险公司。由于共享物流的参与者众多，责任划分变得异常复杂。

在实际物流运输中，实际承运人（如众包司机）应对货物的损坏或丢失承担直接责任，若因故意或过失导致货物受损或遗失，货主有权向其索赔。然而，由于众包司机的流动性大和监管难度大，货主往往难以直接追责。此时，平台是否需要承担责任则取决于其在交易中所扮演的角色及合同约定。若平台直接参与了运输过程，作为承运人需确保货物的安全与及时送达；若仅提供信息撮合服务，虽不直接对交易结果负责，但应协助货主寻找实际承运人索赔。此外，若平台在信息服务过程中存在过错，如提供虚假信息或未对承运人进行资质审核，亦需承担相应的赔偿责任。

例如，某货主通过共享物流平台托运一批货物，在运输过程中，由于众包司机的过失，导致货物损坏。货主要求平台赔偿损失，但平台认为其仅提供信息撮合服务，不应承担责任。在这个案例中，需要根据平台在交易中的角色和合同约定来判断其是否需要承担责任。若平台作为承运人直接参与了运输过程，则需要承担赔偿责任。若平台仅提供信息撮合服务，且合同中明确约定不承担货物损失责任，则可能不承担赔偿责任。但需要注意的是，若平台在提供信息服务过程中存在过错，仍然可能需要承担相应的赔偿责任。

（3）保险公司。若购买了保险，则保险公司应根据保险条款进行赔偿。但需要明确保险条款是否覆盖共享物流场景。由于共享物流的特殊性（如众包司机的流动性、运输过程中的不确定性等），传统物流保险条款可能无法完全覆盖共享物流场景下的风险。因此，在购买保险时，货主和平台需要仔细阅读保险条款，确保保险能够覆盖可能的风险。

2. 数据安全与隐私保护

（1）用户信息泄露风险。共享物流平台需要收集大量的用户数据，如地址、联系方式和货物信息等。若平台未履行《个人信息保护法》规定的告知同意义务或未采取必要的安全措施（如加密存储、访问控制等），可能面临行政处罚或民事赔偿。

合规要点应满足数据最小化收集、匿名化处理、访问控制与加密、跨境传输合规性。第一，数据最小化收集。平台应仅收集必要的用户信息，避免过度收集。对于非必要的个人信息，平台应事先征得用户同意并明确告知收集目的、使用方式和范围。第二，匿名化处理。对用户数据进行匿名化处理，以保护用户隐私。在数据处理过程中，应尽量避免直接识别用户身份的信息。第三，访问控制与加密。采取严格的访问控制措施，确保只有授权人员才能访问敏感数据。同时，采用加密技术对敏感数据进行存储和传输，防止数据被非法获取或篡改。第四，跨境传输合规性。若涉及国际物流，需要遵守相关法律法规（如《个人信息保护法》中关于跨境传输的规定），确保数据跨境传输的合规性。在跨境传输前，应进行充分的风险评估和合规审查。

例如，某共享物流平台发生数据泄露事件，导致大量用户信息被泄露。用户指控平台未尽到保护用户信息的义务，要求赔偿损失。在这个案例中，平台需要承担相应的法律责任。根据《个人信息保护法》，平台应当采取必要的安全措施保护用户信息安全。若因平台未尽到保护义务导致数据泄露，则应承担赔偿责任。此外，平台还可能面临行政处罚，如被责令改正、没收违法所得、罚款等。

（2）商业秘密保护。共享模式下，货主的货物信息可能被其他用户（如同城配送司机）获知。若平台未通过协议约束信息使用范围或未采取有效的技术手段保护商业秘密，可能引发商业秘密泄露纠纷。

合规要点集中在保密协议、技术规制、员工培训与监督上。第一，保密协议。平台应与司机、货主等签订保密协议，明确各方的信息使用范围和保密义务。保密协议中应详细列出需要保密的信息类型、保密期限及违约责任等内容。第二，技术规制。平台可以采取技术手段限制信息的访问和使用。例如，对敏感信息进行脱敏处理、设置访问权限和日志记录等。同时，定期对系统进行安全检查和漏洞扫描，确保系统的安全性和稳定性。第三，员工培训与监督。加强对员工的培训和监督，提高员工对商业秘密保护的意识。对于违反保密义务的员工，应依法追究其法律责任。

例如，某物流公司通过共享物流平台托运一批新产品，但由于平台未采取有效的保密措施，导致产品信息被竞争对手获知。竞争对手提前推出了类似产品，对该物流公司造成了损失。在这个案例中，平台可能需要承担相应的法律责任。若平台未尽到保密义务导致商业秘密泄露，则应承担赔偿责任。此外，平台还可能面临行政处罚或声誉损失等后果。因此，平台应加强对商业秘密的保护力度，确保用户信息的安全性和保密性。

3. *劳动关系认定争议*

（1）众包配送员的劳动权益。共享物流平台通常将配送员定位为“独立承包商”而非员工，以规避社保缴纳、工伤赔偿等责任。然而，这种定位可能引发劳动关系认定争议。根据《关于维护新就业形态劳动者劳动保障权益的指导意见》，若平台对配送员有严格的管理规则（如接单量、奖惩机制等），可能被认定为事实劳动关系，需要承担相应的义务。

例如，某共享物流平台对众包司机的管理非常严格，包括规定接单量、配送时间和统一着装等。一名司机在配送过程中发生交通事故，要求平台承担工伤赔偿责任。平台以司机是“独立承包商”为由拒绝赔偿。在这个案例中，法院可能会根据平台对司机的管理程度来判断双方是否存在事实劳动关系。若认定存在事实劳动关系，则平台需要承担工伤赔偿责任等《劳动法》规定的义务。

（2）灵活用工的合规性。部分平台通过劳务派遣或外包模式来降低用工风险。但是，需要符合《劳动合同法》和《劳务派遣暂行规定》，避免被认定为“假外包、真派遣”。灵活用工的合规要点集中在明确的劳务派遣关系和规范的用工行为。劳务派遣公司应具有合法的劳务派遣资质，并与派遣员工签订劳动合同。用工单位应按照法律规定使用劳务派遣人员，不得将劳务派遣作为主要用工方式。例如，某共享物流平台将部分配送业务外包给一家劳务派遣公司。但是，该平台对派遣员工的管理与正式员工基本相同，包括统一管理、统一考核等。在这个案例中，可能被认定为“假外包、真派遣”，平台需要承担相应的用工责任。

4. 资质与准入合规问题

（1）无证经营风险。从事物流业务须取得一系列必要的资质和许可证，以确保业务的合法性和安全性。例如，《道路运输经营许可证》是从事道路运输业务的基本资质之一，它规定了从事道路运输业务所应具备的条件和标准。然而，在共享物流平台中，由于平台接入的个体司机或车辆数量庞大，且部分司机或车辆可能并不具备相应的资质和许可证，这就给平台带来了无证经营的风险。

一旦平台接入无资质的个体司机或车辆，不仅可能因违反《道路运输条例》等相关法律法规而被处罚，还可能对平台的声誉和信誉造成损害。此外，无证经营的个体司机或车辆在运输过程中一旦发生事故或纠纷，平台也可能需要承担相应的法律责任。

为了避免无证经营风险，共享物流平台应加强对个体司机和车辆的资质审核，确保所有接入平台的司机和车辆都具备相应的资质和许可证。同时，平台还应建立完善的监督和管理机制，对违规接入的司机和车辆进行及时的处理和处罚。

（2）跨境物流的特殊要求。随着全球化的深入发展，跨境物流已成为共享物流平台的重要业务领域之一。然而，跨境物流涉及海关监管、进出口许可、税收等一系列复杂的问题，需要遵守一系列严格的法律法规和规章制度。

在海关监管方面，跨境物流需要遵守《海关法》等相关法律法规，确保货物的合法进出口和税收的准确缴纳。在进出口许可方面，跨境物流需要取得相应的进出口许可证或批准文件，以确保货物的合法性和安全性。在税收方面，跨境物流需要遵守税收法规，确保税收的准确计算和缴纳。

对于共享物流平台而言，要开展跨境物流业务，必须熟悉并遵守这些法律法规和规章制度。平台应建立完善的跨境物流管理制度和流程，加强对跨境物流业务的监督和管理。同时，平台还应积极与海关、税务等相关部门沟通协调，确保业务的顺利开展和合规运营。

5. 信息安全与数据保护问题

（1）用户信息泄露风险。共享物流平台涉及大量的用户信息，包括用户的姓名、地址、联系方式、货物信息等。这些信息一旦被泄露或滥用，将对用户的隐私和安全造成极大的威胁。

为了避免用户信息泄露风险，共享物流平台应加强对用户信息的保护和管理。平台应建立完善的信息安全管理制度和流程，确保用户信息的安全存储和传输。同时，平台还应加强对员工的信息安全培训和教育，提高员工的信息安全意识和技能水平。

（2）数据滥用与非法交易风险。共享物流平台在运营过程中会产生大量的数据，包括用户的运输需求、司机的行驶轨迹、货物的运输状态等。这些数据对于平台来说具有重要的商业价值，但也可能被滥用或进行非法交易。

为了避免数据滥用与非法交易风险，共享物流平台应加强对数据的保护和管理。平台应建立完善的数据管理制度和流程，明确数据在收集、存储、使用和共享等方面的规定。同时，平台还应加强对数据的访问控制和权限管理，确保只有经过授权的人员才能访问和使用数据。

6. 知识产权与商标侵权问题

（1）平台技术侵权。共享物流平台在运营过程中会使用大量的技术手段，包括导航系统、路径优化算法、数据分析工具等。这些技术手段可能涉及他人的软件著作权或专利权等知识产权。如果平台未经授权擅自使用这些技术手段，就可能构成知识产权侵权。

为了避免平台技术侵权风险，共享物流平台应加强对技术手段的知识产权审查和管理。平台在使用技术手段之前，应确保已经获得了相应的知识产权授权或许可。同时，平台还应积极与知识产权权利人进行沟通和协商，确保业务的合法开展。

（2）商标冒用风险。共享物流平台在运营过程中会使用自己的商标或品牌标识进行宣传推广。然而，部分个体司机可能会超出授权范围使用平台的商标或品牌标识进行独立接单等行为，这就可能构成商标侵权。

为了避免商标冒用风险，共享物流平台应加强对商标或品牌标识的管理和保护。平台应建立完善的商标管理制度和流程，明确商标的使用范围、授权方式等方面的规定。同时，平台还应加强对个体司机的监督和管理，确保个体司机在授权范围内使用商标或品牌标识。平台还应积极采用先进的技术手段，如数字水印、图像识别等，加强对商标或品牌标识的保护。对于发现的商标冒用行为，平台应及时进行处理和处罚，以维护自身的合法权益和品牌形象。

7. 反垄断与不正当竞争问题

（1）价格操纵与市场垄断。共享物流平台在运营过程中可能会通过算法统一定价或限制司机接单自由等方式来操纵市场价格或排挤竞争对手。这种行为可能违反《反垄断法》中关于“滥用市场支配地位”的规定，构成价格操纵或市场垄断行为。

为了避免价格操纵与市场垄断风险，共享物流平台应加强对定价策略和接单机制的管理和监督。平台应确保定价策略的公平性和合理性，避免通过算法进行价格操纵或歧视性定价。同时，平台还应确保司机接单机制的透明度和公正性，避免通过限制司机接单自由来排挤竞争对手。平台还应积极与监管部门进行沟通和协调，主动接受监管部门的监督和检查。对于发现的价格操纵或市场垄断行为，平台应及时进行整改和纠正，以维护市场的公平竞争和消费者的合法权益。

（2）数据垄断。随着大数据技术的不断发展，数据已成为共享物流平台的重要资源之一。然而，部分头部平台可能会利用数据优势排挤竞争对手，构成不正当竞争行为。例如，平台可能会通过数据分析来预测竞争对手的定价策略或运输路线等信息，从而制定更有竞争力的定价策略或优化运输路线来排挤竞争对手。

为了避免数据垄断风险，共享物流平台应加强对数据的管理和使用。平台应确保数据的收集、存储和使用符合相关法律法规和规章制度的要求。同时，平台还应积极采用先进的技术手段，如数据脱敏、数据匿名化等，加强对数据的保护和管理。平台还应加强对员工的数据安全意识培训和教育，提高员工的数据安全意识和技能水平。对于发现的数据滥用或非法交易行为，平台应及时进行处理和处罚，以维护市场的公平竞争和消费者的合法权益。

8. 税务与发票管理问题

（1）增值税链条断裂。在共享物流中，个体司机作为独立的经营者，往往难以开具增值税专用发票。这就导致货主企业在支付运费时无法获得合法的增值税抵扣凭证，进而使增值税链条断裂。这不仅增加了货主企业的税收负担，还可能诱发虚开发票等违法行为。

为了避免增值税链条断裂风险，共享物流平台应加强对个体司机的税务管理和监督。平台可以积极与税务部门沟通协调，探索建立个体司机代开增值税专用发票的机制。同时，平台还可以加强对个体司机的税务培训和宣传，提高个体司机的税务意识和合规水平。平台还可以考虑与第三方税务服务机构合作，为个体司机提供专业的税务咨询和代理服务。这不仅可以提高个体司机的税务合规水平，还可以降低平台的税务管理成本和风险。

（2）税收代扣代缴义务。根据《电子商务法》等相关法律法规的规定，共享物流平台与司机构成劳动关系或雇佣关系，平台在支付个体司机运费时，需要履行对个体司机的收入代扣代缴个人所得税的义务。然而，在实际操作中，由于个体司机数量庞大且分布广泛，平台的税收代扣代缴工作往往面临较大的困难和挑战。

为了避免税收代扣代缴义务风险，共享物流平台应加强对个体司机的税收管理和监督。平台可以建立完善的税收管理制度和流程，明确税收代扣代缴的具体要求和操作流程。同时，平台还应加强对个体司机的税收培训和宣传，提高个体司机的税收意识和合规水平。平台还可以考虑与税务部门建立合作机制，共同推进个体司机的税收管理和监督工作。通过加强与税务部门的沟通和协调，平台可以更好地了解税收政策和要求，从而更好地履行税收代扣代缴义务。

参考文献

［1］2023年物流企业营商环境调查报告［J］．中国物流与采购，2023（17）：24-26.

［2］曹敏慧，易秋远，李明洋，等．新质生产力赋能非遗保护与传承的价值意蕴与实践路径研究——以江西靖安黑陶制作技艺为考察中心［J］．商展经济，2024（23）：71-75.

［3］陈小云．“移动互联网+”共享经济时代零售企业商业模式研究——零售众包购物模式［J］．宝鸡文理学院学报（社会科学版），2016（6）：76-81.

［4］崔瑶．我国物流保险法律制度构建研究［D］．青岛：中国海洋大学，2013.

［5］董建伟．AI大模型加码物流增效降本［J］．中国物流与采购，2024（7）：14-15.

［6］冯子轩．人工智能与法律［M］．北京：法律出版社，2020.

［7］贺倩．人工智能技术的发展与应用［J］．电力信息与通信技术，2017（9）：32-37.

［8］胡美芬．物流相关法规与国际公约［M］．成都：四川人民出版社，2002.

［9］胡文娟．物流无人机管控系统的研究［J］．中国民航飞行学院学报，2023（6）：69-72.

［10］黄雅卓，姚凡凡．我国物流保险的营销策略研究［J］．中国商贸，2013（24）：25.

［11］黄志韬．人工智能技术对传统物流企业的影响［J］．数码设计，2021（1）：56-56.

［12］刘淑文．物流保险现状分析［J］．中国物流与采购，2016（22）：54-56.

［13］刘怡．我国物流责任保险的法律问题研究［D］．太原：山西大学，2011.

［14］孟永昌．我国物流相关保险的发展探析［J］．上海保险，2019（10）：62.

［15］孙宏英．由天津 8·12 爆炸事故探讨物流公司保险险种的选择［J］．交通企业管理，2016（10）：72-73.

［16］孙秋菊．物流实务操作与法律［M］．大连：东北财经大学出版社，2003.

［17］唐建荣，姜翠芸．协同视角下的现代物流业与保险业发展关系研究［J］．财经理论与实践，2017（2）：30-36.

［18］汪鹏南．海上保险合同法详论（第四版）［M］．大连：大连海事大学出版社，2017.

［19］王笙渐．数智融合背景下非遗元素融入高校艺术设计教学的路径探究［J］．科教文汇，2024（24）：139-142.

［20］王学深．我国物流保险存在的问题分析［J］．北方经贸，2013（7）：85.

［21］吴百福．国际货运风险与保险（第 1 版）［M］．北京：对外经济贸易大学出版社，2002.

［22］杨希玲．我国现代物流保险发展滞后的原因分析［J］．河南财政税务高等专科学校学报，2010（3）：24-26.

［23］张宝珠，李青．共享经济视角下“共享物流”模式的研究［J］．时代金融，2017（7）：192-195.

［24］张莉莉，姚海波，熊爽．现代物流学［M］．北京：北京理工大学出版社，2020.

［25］张晓芹，李焕荣．共享经济下中国物流业的升级路径探索［J］．广西财经学院学报，2016（2）：86-91.

［26］周春梅．PICC 天津分公司物流保险营销策略研究［D］．天津：河北工业大学，2012.

[27] Beinke T, Alla A, Freitag M. Resource Sharing in the Logistics of the Offshore Wind Farm Installation Process Based on a Simulation Study [J]. International Journal of e-Navigation and Maritime Economy, 2017 (7): 42-54.

附录　物流行业术语解释

中华人民共和国国家标准
物流术语
（GT/T 18354—2021）

1　范围

本文件界定了物流活动中的物流基础术语、物流作业服务术语、物流技术与设施设备术语、物流信息术语、物流管理术语、国际物流术语及其定义。

本文件适用于物流及其与物流相关领域的术语应用。

2　规范性引用文件

本文件没有规范性引用文件。

3　物流基础术语

3.1　物品 goods

货物

经济与社会活动中实体流动的物质资料。

3.2　物流 logistics

根据实际需要，将运输、储存、装卸、搬运、包装、流通加工、配送、信息处理等基本功能实施有机结合，使物品从供应地向接收地进行实体流动的过程。

3.3 配送 distribution

根据客户要求，对物品进行分类、拣选、集货、包装、组配等作业，并按时送达指定地点的物流活动。

3.4 物流管理 logistics management

为达到既定的目标，从物流全过程出发，对相关物流活动进行的计划、组织、协调与控制。

3.5 物流服务 logistics service

为满足顾客物流需求所实施的一系列物流活动过程及其产生的结果。

3.6 一体化物流服务 integrated logistics service

根据客户物流需求所提供的全过程、多功能的物流服务。

3.7 第三方物流 third party logistics

由独立于物流服务供需双方之外且以物流服务为主营业务的组织提供物流服务的模式。

3.8 供应链 supply chain

生产及流通过程中，围绕核心企业的核心产品或服务，由所涉及的原材料供应商、制造商、分销商、零售商直到最终用户等形成的网链结构。

[来源：GB/T 26337.2—2011，2.1，有修改]

3.9 供应链管理 supply chain management

从供应链整体目标出发，对供应链中采购、生产、销售各环节的商流、物流、信息流及资金流进行统一计划、组织、协调、控制的活动和过程。

[来源：GB/T 26337.2—2011，2.1，有修改]

3.10 供应链服务 supply chain service

面向客户上下游业务，应用现代管理和技术手段，对其商流、物流、信息流和资金流进行整合和优化，形成以共享、开放、协同等为特征，为客户创造价值的经济活动。

3.11 物流节点 logistics node

具有与所承担物流功能相配套的基础设施和所要求的物流运营能力相

适应的运营体系的物流场所和组织。

3.12　物流网络 logistics network

通过交通运输线路连接分布在一定区域的不同物流节点所形成的系统。

3.13　物流中心 logistics center

具有完善的物流设施及信息网络，可便捷地连接外部交通运输网络，物流功能健全，集聚辐射范围大，存储、吞吐能力强，为客户提供专业化公共物流服务的场所。

3.14　配送中心 distribution center；DC

具有完善的配送基础设施和信息网络，可便捷地连接对外交通运输网络，并向末端客户提供短距离、小批量、多批次配送服务的专业化配送场所。

3.15　区域配送中心 regional distribution center；RDC

具有完善的配送基础设施和信息网络，可便捷地连接对外交通运输网络，配送及中转功能齐全，集聚辐射范围大，存储、吞吐能力强，向下游配送中心提供专业化统一配送服务的场所。

3.16　物流园区 logistics park

由政府规划并由统一主体管理，为众多企业在此设立配送中心或区域配送中心等，提供专业化物流基础设施和公共服务的物流产业聚集区。

3.17　物流枢纽 logistics hub

具备较大规模配套的专业物流基础设施和完善的信息网络，通过多种运输方式便捷地连接外部交通运输网络，物流功能和服务体系完善并实现货物集散、存储、分拨、转运等多种功能，辐射较大范围物流网络的公共物流节点。

3.18　物流企业 logistics service provider

从事物流基本功能范围内的物流业务设计及系统运作，具有与自身业务相适应的信息管理系统，实行独立核算、独立承担民事责任的经济组织。

3.19　物流合同 logistics contract

物流企业与客户之间达成的物流相关服务协议。

3.20 包装模数 package module

包装容器长和宽的尺寸基数。

［来源：GB/T 4122.1—2008，2.36，有修改］

3.21 物流模数 logistics modulu

物流设施、设备或货物包装的尺寸基准。

3.22 物流技术 logistics technology

物流活动中所采用的自然科学与社会科学方面的理论、方法，以及设施、设备、装置与工艺的总称。

3.23 物流成本 logistics cost

物流活动中所消耗的物化劳动和活劳动的货币表现。

3.24 物流信息 logistics information

反映物流各种活动内容的知识、资料、图像、数据的总称。

3.25 物流联盟 logistics alliance

两个或两个以上的经济组织为实现特定的物流目标而形成的长期联合与合作的组织形式。

3.26 企业物流 enterprise logistics

生产和流通企业围绕其经营活动所发生的物流活动。

3.27 供应物流 supply logistics

为生产企业提供原材料、零部件或其他物料时所发生的物流活动。

3.28 生产物流 production logistics

生产企业内部进行的涉及原材料、在制品、半成品、产成品等的物流活动。

3.29 销售物流 distribution logistics

企业在销售商品过程中所发生的物流活动。

3.30 军事物流 military logistics

用于满足平时、战时及应急状态下军事行动物资需求的物流活动。

3.31 国际物流 International logistics

跨越不同国家（地区）之间的物流活动。

3.32 精益物流 lean logistics

消除物流过程中的无效和非增值作业，用尽量少的投入满足客户需求，并获得高效率、高效益的物流活动。

3.33 绿色物流 green logistics

通过充分利用物流资源、采用先进的物流技术，合理规划和实施运输、储存、装卸、搬运、包装、流通加工、配送、信息处理等物流活动，降低物流活动对环境影响的过程。

[来源：GB/T 37099—2018，3.1]

3.34 智慧物流 smart logistics

以物联网技术为基础，综合运用大数据、云计算、区块链及相关信息技术，通过全面感知、识别、跟踪物流作业状态，实现实时应对、智能优化决策的物流服务系统。

3.35 逆向物流 reverse logistics

反向物流

为恢复物品价值、循环利用或合理处置，对原材料、零部件、在制品及产成品从供应链下游节点向上游节点反向流动，或按特定的渠道或方式归集到指定地点所进行的物流活动。

3.36 废弃物物流 waste logistics

将经济活动或人民生活中失去原有使用价值的物品，根据实际需要进行收集、分类、加工、包装、搬运、储存等，并分送到专门处理场所的物流活动。

3.37 军事物流一体化 integration of military logistics and civil logistics

对军队物流与地方物流进行有效的动员和整合，实现军地物流的统一、融合和协调发展。

3.38 应急物流 emergency logistics

为应对突发事件提供应急生产物资、生活物资供应保障的物流活动。

4 物流作业服务术语

4.1 运输 transport

利用载运工具、设施设备及人力等运力资源，使货物在较大空间上产生位置移动的活动。

4.2 发货人 consignor

按运输合同将货物交付承运人运送的单位、个人或其受托人、代理人。

4.3 收货人 consignee

由托运人或发货人指定，依据相关凭证与承运人交接并收取货物的当事人或其代理人。

4.4 托运人 shipper

本人或者委托他人以本人名义与承运人订立货物运输合同，并向承运人支付相应费用的一方当事人。

4.5 承运人 carrier

本人或者委托他人以本人名义与托运人订立货物运输合同并承担运输责任的当事人。

4.6 无车承运人 non-truck operating carrier；NTOC

不拥有货运车辆，以承运人身份与托运人签订运输合同、承担承运人责任和义务，并委托实际承运人完成运输服务的道路货物运输经营者。

4.7 无船承运人 non-vessel operating carrier；NVOC

不拥有、不经营船舶，但以承运人的身份接受托运人委托，签发自己的提单或其他运输单证，向托运人收取运费并承担承运人责任，通过与有船承运人签订运输合同，完成海上货物运输经营活动的经营者。

4.8 门到门服务 door to door transport

承运人在托运人指定的地点收取货物，负责将货物运抵收货人指定地点的一种运输服务方式。

4.9 直达运输 through transport

货物由发运地到接收地，采用同一种运输方式，中途不需要中转的运输组织方式。

4.10 中转运输 transfer transport

货物由发运地到接收地，中途经过至少一次落地、换装、铁路解编或公路甩挂的运输组织方式。

4.11 甩挂运输 tractor-and-trailer swap transport

用牵引车拖带挂车至物流节点，将挂车甩下后，牵引另一挂车继续作业的运输组织方式。

4.12　驼背运输 piggyback transport

将装有货物的道路运输车辆固定在铁路车辆上，并由铁路实现的运输活动。

4.13　整车运输 full-truck-load transport

一批属于同一发（收）货人的货物且其重量、体积、形状或性质需要以一辆（或多辆）货车单独装运，并据此办理承托手续、组织运送和计费的货物运输。

4.14　零担运输 less-than-truck-load transport

一批货物的重量、体积、形状和性质不需要单独使用一辆货车装运，并据此办理承托手续、组织运送和计费的货物运输。

4.15　带板运输 palletized transport

将货物按照一定规则，合理码放到标准托盘上并整合为标准化物流单位，进而开展装卸、搬运、运输、配送等作业的一种运输活动。

4.16　滚装运输 rolling transport

货物通过自身车轮或其他滚动行驶系统驶上、驶下/离滚装船舶而实现的运输活动。

4.17　多式联运 multimodal transportation；intermodal transportation

货物由一种运载单元装载，通过两种或两种以上运输方式连续运输，并进行相关运输物流辅助作业的运输活动。

4.18　班列 scheduled railway express

按照固定车次、线路、班期、全程运输时刻开行的铁路快运货物列车。

4.19　快递服务 express service

在承诺的时限内快速完成的寄递服务。

4.20　集疏运 collection and distribution

以大型物流节点为中心，运用各种运输方式将货物集中或疏散的运输活动。

4.21　集拼 consolidation

将不同货主且流向相同的小批量货物集中起来、分类整理，并拼装至同一集装单元器具或同一载运工具的业务活动。

4.22 仓储 warehousing

利用仓库及相关设施设备进行物品的入库、储存、出库的活动。

4.23 储存 storing

贮藏、保护、管理物品。

4.24 保管 stock keeping

对物品进行储存，并对其进行保护和管理的活动。

4.25 物资储备 goods reserving

为应对突发公共事件和国家宏观调控的需要，对备用物资进行较长时间的储存和保管的活动。

4.26 堆码 stacking

将物品整齐、规则地摆放成货垛的作业。

4.27 码盘作业 palletizing

以托盘为承载物，将物品向托盘上堆放的作业。

4.28 货垛 goods stack

按一定要求将货物堆码所形成的货物单元。

4.29 盘点 stock checking

对储存物品进行清点和账物核对的活动。

4.30 分拣 sorting and picking

将物品按一定目的进行分类、拣选的相关作业。

4.31 换装 transshipment

将货物由一运输工具上卸下，再装到另一运输工具上的物流衔接作业。

4.32 越库作业 cross docking

直拨 direct distribution

物品在物流节点内不经过出入库等储存活动，直接从一个运输工具换载至其他运输工具的作业方式。

4.33 库存 inventory

储存作为今后按预定的目的使用而处于备用或非生产状态的物品。

注：广义的库存还包括处于制造加工状态和运输状态的物品。

4.34 库存周期 inventory cycle time

库存物品从入库到出库的平均时间。

4.35 存储单元 stock keeping unit；SKU

依据物品特点确定，便于对物品进行存放、保护、管理的相对独立的规格化单位。

4.36 仓单 warehouse receipt

仓储保管人在与存货人签订仓储保管合同的基础上，按照行业惯例，以表面审查、外观查验为一般原则，对存货人所交付的仓储物品进行验收之后出具的权利凭证。

4.37 存货质押融资监管 inventory financing supervision

需要融资的企业（即借方），将其拥有的存货作为质物，向资金提供企业（即贷方）出质，同时将质物委托给具有合法保管存货资格的物流企业（中介方）保管和占用，以获得贷方资金的业务活动。

4.38 共同配送 joint distribution

由多个企业或其他组织整合多个客户的货物需求后联合组织实施的配送方式。

4.39 多温共配 multi-temperature joint distribution

按照客户需求，在同一个车辆上对两种及以上不同温控需求的货物进行的共同配送方式。

4.40 即时配送 on-demand delivery

立即响应用户提出的即刻服务要求并且短时间内送达的配送方式。

4.41 准时制配送 just-in-time distribution

将所需的货物在客户所指定的时间以指定的数量送达指定地点的配送方式。

4.42 补货 replenishment

为保证物品存货数量而进行的补充相应库存的活动。

4.43 理货 tally

在货物储存、装卸过程中，对货物进行整理等相关作业的活动。

4.44 集货 goods collection

将分散的或小批量的货物集中起来，以便进行运输、配送的活动。

4.45 组配货 grouping allocation

根据客户、流向及品类，对货物进行组合、配货，以便合理安排装载的活动。

4.46 装卸 loading and unloading

在运输工具间或运输工具与存放场地（仓库）间，以人力或机械方式对物品进行载上载下或卸下卸出的作业过程。

4.47 搬运 handling

在同一场所内，以人力或机械方式对物品进行空间移动的作业过程。

4.48 加固 securing

为保证稳定性、完好性和安全性而将货物合理固定的作业。

4.49 配载 load matching planning

根据载运工具和待运物品的实际情况，确定应装运货物的品种、数量、体积及其在载运工具上的位置的活动。

4.50 包装 package；packaging

为在流通过程中保护产品、方便储运、促进销售，按一定技术方法而采用的容器、材料及辅助物等的总体名称。

注：也指为了达到上述目的而采用容器、材料和辅助物的过程中施加一定技术方法等的操作活动。

［来源：GB/T 4122.1—2008，2.1，有修改］

4.51 运输包装 transport packaging

以满足运输、仓储要求为主要目的的包装。

4.52 绿色包装 green packaging

满足包装功能要求的对人体健康和生态环境危害小、资源能源消耗少的包装。

4.53 物流包装回收 logistics packaging recycling

将物流活动过程中已使用的包装进行收集，以便处理并再次利用的过程。

4.54 流通加工 distribution processing

根据顾客的需要，在流通过程中对产品实施的简单加工作业活动的总称。

注：简单加工作业活动包括包装、分割、计量、分拣、刷标志、拴标签、组装、组配等。

4.55 物流增值服务 logistics value-added service

在完成物流基本功能的基础上，根据客户需求提供的各种延伸业务活动。

4.56 定制物流 customized logistics

根据用户的特定要求而为其专门设计的物流服务模式。

4.57 物流服务质量 logistics service quality

用精度、时间、费用、顾客满意度等来表示的物流服务的品质。

4.58 供应链金融 supply chain finance

以核心企业为依托，以企业信用或交易标的为担保，锁定资金用途及还款来源，对供应链各环节参与企业提供融资、结算、资金管理等服务的业务和业态。

4.59 运价 transport price

承、托运双方按运输服务的价值确定的交易价格。

4.60 订货提前期 order lead-time

客户从发出订货单到收到货物的时间间隔。

4.61 合同物流 contract logistics

物流经营者通过整合、管控资源，按照合同约定的时间、地点、价格等内容为物流需求方提供的物流服务模式。

5 物流技术与设施设备术语

5.1 物流设施 logistics facilities

用于物流活动所需的、不可移动的建筑物、构筑物及场所。

5.2 物流设备 logistics equipment

物流活动所需的装备及器具的总称。

5.3 集装运输 unitized transport

使用集装器具或利用捆扎方法，把裸装物品、散状物品、体积较小的成件物品，组合成为一定规格的集装单元进行运输的一种组织形式。

5.4 分拣输送系统 sorting and picking system

采用分拣设备、输送机等机械设备实现物品分类、输送和存取的系统。

5.5 单元装卸 unit loading and unloading

用托盘、容器或包装物将小件或散装物品集成一定质量或体积的组合件，利用机械对组合件进行装卸的作业方式。

5.6 托盘循环共用系统 pallet pooling system

在多个用户间实现托盘共享、交换、重复使用的综合性物流服务系统。

5.7 周转容器循环使用 returnable container circulating

周转容器在众多用户之间共享互换，完成预期的有限次数的重复使用。

5.8 集装化 unitization

用集装器具或采用捆扎方法，把物品组成标准规格的货物单元，以便进行装卸、搬运、储存、运输等物流活动的作业方式。

5.9 散改集 containerized transportation of bulk

将未包装的粉末、颗粒或块状的物质转为使用集装箱运输、暂存的物流作业方式。

5.10 循环取货 milk-run

同一货运车辆按照预先设定的路线和时间依次到两个及以上取货点处取货，然后直接送达到指定地点的一种物流运作模式。

5.11 冷链 cold-chain

根据物品特性，从生产到消费的过程中使物品始终处于保持其品质所需温度环境的物流技术与组织系统。

5.12 仓库 warehouse

用于储存、保管物品的建筑物和场所的总称。

5.13 库房 storehouse

在仓库中，用于储存、保管物品的封闭式建筑物。

5.14 自营仓库 private warehouse

由企业或各类组织自主经营和自行管理，为自身的物品提供储存和保管的仓库。

5.15 公共仓库 public warehouse

面向社会提供物品储存服务，并收取费用的仓库。

5.16　立体仓库 stereoscopic warehouse

采用高层货架，可借助机械化或自动化等手段立体储存物品的仓库。

5.17　交割仓库 delivery warehouse

经期货交易机构核准，并按照其规定的规则和流程，为交易双方提供期货商品储存和交付服务的场所。

5.18　货场 freight yard

用于储存和保管货物、办理货物运输，并具有货物进出通道和装卸条件的场所。

5.19　航空港 airport

位于航空运输线上，依托机场的建筑物和设施，开展货物装卸暂存、中转分拨等物流业务的基础设施（区域）。

5.20　码头 wharf

供船舶停靠，装卸货物等相关作业的水工建筑物及场所。

5.21　铁路专用线 private railway siding

在铁路运营网相衔接，为特定企业、单位或物流节点服务的铁路装卸线及其联结线。

5.22　交通枢纽 transportation hub

在一种或多种运输方式的干线交叉与衔接处，共同为办理物品中转、发送、到达所建设的多种运输设施的综合体。

5.23　内陆港 inland port

在内陆地区建设的，具有货物存储、中转与分拨集散等与港口相似的物流功能，可以提供通关、报检等港口服务的物流节点。

5.24　集装箱场站 yard-station

进行集装箱装卸、掏装箱、堆存保管、维护清洗等作业，办理集装箱运输、中转换装、货物交接及相关业务的场所。

5.25　港口 water port

位于江、河、湖、海或水库等沿岸，由一定范围的水域和陆域组成的且具有相应的设施设备和条件开展船舶进出、停靠，货物运输、物流等相关业务的区域。

5.26 集装箱船 container ship

用于载运集装箱的船舶。

5.27 厢式货车 cargo van

载货部位的结构为封闭厢体且与驾驶室各自独立的道路货运车辆。

5.28 牵引车 tractor

具有牵引装置，用于牵引挂车的商用车辆。

5.29 挂车 trailer

设计和制造上需由汽车或拖拉机牵引，才能在道路上正常使用的无动力道路车辆，包括牵引杆挂车、中置轴挂车和半挂车，用于：

——载运货物；

——特殊用途。

[来源：GB 7258—2017，3.3]

5.30 货架 rack

用立柱、隔板或横梁等结构件组成的储物设施。

5.31 分拣设备 sorting and picking equipment

用于完成物品分类、拣选等相关作业的设备。

5.32 叉车 fork lift truck

具有各种叉具及属具，能够对物品进行升降和移动以及装卸作业的搬运车辆。

5.33 物流机器人 robot for logistics

具有一定程度的自主能力，能代替人执行物流作业预期任务，可重复编程的自动控制操作机。

5.34 自动导引车 automatic guided vehicle；AGV

在车体上装备有电磁学或光学等导引装置、计算机装置、安全保护装置，能够沿设定的路径自动行驶，具有物品移载功能的搬运车辆。

5.35 起重机械 hoisting machinery

一种以间歇作业方式对物品进行起升、下降和水平移动的搬运机械。

5.36 升降台 lift table；LT

能垂直升降和水平移动物品或集装单元器具的专用设备。

5.37　输送机 conveyor

按照规定路线连续地或间歇地运送散装物品或成件物品的搬运机械。

5.38　调节板 dock leveler

用于调整站台与货车底板间的高度差，以便于装卸作业的一种设备。

5.39　集装器具 unitized implement

用于承载由物品组成的标准规格、便于储运的单元器具。

5.40　集装单元 unitized unit

用专门器具盛放或捆扎处理的，便于装卸、搬运、储存、运输的标准规格的单元货件物品。

5.41　集装箱 container

具有足够的强度，可长期反复使用的适于多种运输工具而且容积在 $1m^3$ 以上（含 $1m^3$）的集装单元器具。

5.42　集装箱标准箱 twenty-foot equivalent unit for container；TEU

以一个 20 英尺集装箱为标准的集装箱。

注：也为集装箱的统计换算单位。

5.43　集装袋 flexible freightbag

用柔性材料制成的袋式集装器具。

5.44　周转箱 returnable container

用于存放物品，可重复、循环使用的小型集装器具。

5.45　自备箱 shipper's own container

由托运人提供并负责运营管理、印有相应产权人标记的集装箱。

5.46　托盘 pallet

在运输、搬运和存储过程中，将物品规整为货物单元时，作为承载面并包括承载面上辅助结构件的装置。

5.47　称量装置 load weighing device

针对起重、运输、装卸、包装、配送以及生产过程中的物品实施重量检测的设备。

6 物流信息术语

6.1 条码 bar code

由一组规则排列的条、空组成的符号，可供机器识读，用以表示一定的信息，包括一维条码和二维条码。

[来源：GB/T 12905—2019，2.1]

6.2 一维条码 linear bar code；one-dimensional bar code

仅在一个维度方向上表示信息的条码符号。

[来源：GB/T 12905—2019，2.2]

6.3 二维条码 two-dimensional bar code；2D code

二维码 two-dimensional code

在二个维度方向上都表示信息的条码符号。

[来源：GB/T 12905—2019，2.3，有修改]

6.4 物品编码 article numbering；article number

按一定规则赋予物品易于机器和人识别、处理的代码，是给物品赋予编码的过程。

注1：通常，物品编码包括物品标识编码、物品分类编码和物品属性编码三种类型。

注2：作名词时，指给物品赋予的代码本身。

[来源：GB/T 37056—2018，2.7]

6.5 物品标识编码 article identification number

赋予物品的身份标识的编码，用以唯一标识某类、某种或某个物品。

[来源：GB/T 37056—2018，2.9]

6.6 物流标签 logistics label

记录包装单位相关信息的载体。

6.7 射频标签 radio frequency tag；RF tag

电子标签 electronic label

用于物体或物品标识、具有信息存储功能、能接收读写器的电磁场调制信号，并返回响应信号的数据载体。

[来源：GB/T 29261.3—2012，05.04.01，有修改]

6.8 电子运单 electronic waybill

物流过程中，将物品原始收发等信息按一定格式存储在计算机信息系统中的单据。

6.9 物流信息技术 logistics information technology

以计算机和现代通信技术为主要手段实现对物流各环节中信息的获取、处理、传递和利用等功能的技术总称。

6.10 自动识别技术 automatic identification technology

对字符、影像、条码、声音等记录数据的载体进行机器自动辨识并转化为数据的技术。

6.11 射频识别 radio frequency identification；RFID

在频谱的射频部分，利用电磁耦合或感应耦合，通过各种调式和编码方案，与射频标签交互通信唯一读取射频标签身份的技术。

[来源：GB/T 29261.3—2012，05.01.01]

6.12 电子数据交换 electronic data interchange；EDI

采用标准化的格式，利用计算机网络进行业务数据的传输和处理。

6.13 物流系统仿真 logistics system simulation

借助计算机仿真技术，对物流系统建模并进行实验，得到各种动态活动过程的模拟记录，进而研究物流系统性能的方法。

6.14 电子通关 electronic customs clearance

对符合特定条件的报关单证，海关采用处理电子单证数据的方法，利用计算机完成单证审核、征收税费、放行等海关作业的通关方式。

6.15 物流管理信息系统 logistics management information system

通过对物流相关信息的收集、存储、加工、处理以便实现物流的有效控制和管理，并提供决策支持的人机系统。

6.16 射频识别系统 radio frequency identification system

由射频标签、识读器、计算机网络和应用程序及数据库组成的自动识别和数据采集系统。

6.17 地理信息系统 geographical information system；GIS

在计算机技术支持下，对整个或部分地球表层（包括大气层）空间中的有关地理分布数据进行采集、储存、管理、运算、分析、显示和描述的系统。

6.18 全球定位系统 global positioning system

以人造卫星为基础、24h 提供高精度的全球范围的定位和导航信息的系统。

6.19 运输管理系统 transportation management system；TMS

在运输作业过程中，进行配载作业、调度分配、线路规划、行车管理等多项任务管理的系统。

6.20 智能运输系统 intelligent transport system；ITS

在较完善的交通基础设施上，将先进的科学技术（信息技术、计算机技术、数据通信技术、传感器技术、电子控制技术、自动控制理论、运筹学、人工智能等）有效地综合运用于交通运输、服务控制和车辆制造，加强车辆、道路、使用者三者之间的联系，从而形成的一种保障安全、提高效率、改善环境、节约能源的综合运输系统。

[来源：GB/T 37373—2019，3.1]

6.21 货物跟踪系统 goods tracking system

利用自动识别、全球定位系统、地理信息系统、通信等技术，获取货物动态信息的应用系统。

6.22 仓库管理系统 warehouse management system；WMS

对物品入库、出库、盘点及其他相关仓库作业，仓储设施与设备，库区库位等实施全面管理的计算机信息系统。

6.23 销售时点系统 point of sale；POS

利用自动识别设备，按照商品最小销售单位读取实时销售信息，以及采购、配送等环节发生的信息，并对这些信息进行加工、处理和共享的系统。

6.24 电子订货系统 electronic ordering system；EOS

不同组织间利用通信网络和终端设备进行订货作业与订货信息交换的系统。

6.25 自动存取系统 automatic storage and retrieval system；AS/RS

借助机械设施与计算机管理控制系统实现物料存入或取出的系统。

6.26 物流公共信息平台 public logistics information platform

应用信息技术，统筹和整合物流行业相关信息资源，并向社会主体提供物流信息、技术、设备等资源共享服务的系统。

7 物流管理术语

7.1 ABC 分类法 ABC classification

将库存物品按照设定的分类标准和要求分为特别重要的库存（A类）、一般重要的库存（B类）和不重要的库存（C类）三个等级，然后针对不同等级分别进行控制的管理方法。

7.2 安全库存 safety stock

用于应对不确定性因素而准备的缓冲库存。

7.3 定量订货制 fixed-quantity system；FQS

当库存量下降到预定的库存数量（订货点）时，立即按一定的订货批量进行订货的一种方式。

7.4 定期订货制 fixed-interval system；FIS

按预先确定的订货间隔期进行订货的一种方式。

7.5 经济订货批量 economic ordering quantity；EOQ

通过平衡采购进货成本和保管仓储成本核算，以实现总库存成本最低的最佳订货量。

7.6 连续补货计划 continuous replenishment program；CRP

利用及时准确的销售信息、生产时点信息确定已销售的商品或已消耗的库存数量，根据下游客户的库存信息和预先规定的库存补充程序确定发货补充数量和配送时间的计划方法。

7.7 物料需求计划 material requirements planning；MRP

利用一系列产品物料清单数据、库存数据和主生产计划计算物料需求的一套技术方法。

7.8 制造资源计划 manufacturing resource planning；MRP Ⅱ

在物料需求计划（MRP）的基础上，增加营销、财务和采购功能，对企业制造资源和生产经营各环节实行合理有效的计划、组织、协调与控制，达到既能连续均衡生产，又能最大限度地降低各种物品的库存量，进而提高企业经济效益的管理方法。

7.9 配送需求计划 distribution requirements planning；DRP

依据市场需求、库存、生产计划信息来配置物流配送资源的一套技术方法。

7.10 配送资源计划 distribution resource planning ；DRP Ⅱ

在配送需求计划（DRP）的基础上提高配送各环节的物流能力，达到系统优化运行目的的企业内物品配送计划管理方法。

7.11 企业资源计划 enterprise resource planning；ERP

在制造资源计划（MRP Ⅱ）的基础上，通过前馈的物流和反馈的信息流、资金流，把客户需求和企业内部的生产经营活动以及供应商的资源整合在一起，体现按用户需求进行经营管理的一种管理方法。

7.12 物流资源计划 logistics resource planning；LRP

以物流为手段，打破生产与流通界限，集成制造资源计划、能力资源计划、配送资源计划以及功能计划而形成的资源优化配置方法。

7.13 物流外包 logistics outsourcing

企业将其部分或全部物流的业务交由合作企业完成的物流运作模式。

7.14 延迟策略 postponement strategy

为了降低供应链的整体风险，有效地满足客户个性化的需求，将最后的生产环节或物流环节推迟到客户提供订单以后进行的一种经营策略。

7.15 物流流程重组 logistics process reengineering

从顾客需求出发，通过物流活动各要素的有机组合，对物流管理和作业流程进行优化设计。

7.16 物流资源整合 logistics resources integration

将分散的物流资源进行有机集成，实现系统协调与优化的动态过程。

7.17 共享库存 shared inventory

多方共用库存资源并统一调度的库存管理模式。

7.18 供应链集成 supply chain integration

将供应链中的商流、物流、信息流、资金流等要素通过信息共享、计划协同和流程集成，实现系统协调与优化的动态过程。

7.19　前置仓 preposition warehouse

在最终消费者比较集中的最近区域设置的配送仓库。

7.20　仓配一体 integration of warehousing and distribution

为客户提供一站式仓储与配送服务的运作模式。

7.21　有效客户反应 efficient customer response；ECR

以满足顾客要求和最大限度降低物流过程费用为原则，能及时做出准确反应，使提供的物品供应或服务流程最佳化的一种供应链管理策略。

7.22　快速反应 quick response，QR

供应链成员企业之间建立战略合作伙伴关系，利用电子数据交换（EDI）等信息技术进行信息交换与信息共享，用高频率小批量配送方式补货，以实现缩短交货周期，减少库存，提高顾客服务水平和企业竞争力为目的的一种供应链管理策略。

7.23　仓储管理 warehousing management

对仓储及相关作业进行的计划、组织、协调与控制。

7.24　存货控制 inventory control

使库存物品的种类、数量、时间、地点等合理化所进行的管理活动。

7.25　供应商管理库存 vendor managed inventory ；VMI

按照双方达成的协议，由供应链的上游企业根据下游企业的需求计划、销售信息和库存量，主动对下游企业的库存进行管理和控制的库存管理方式。

7.26　联合库存管理 joint managed inventory；JMI

供应链成员企业共同制定库存计划，并实施库存控制的供应链库存管理方式。

7.27　物流成本管理 logistics cost control

对物流活动发生的相关成本进行计划、组织、协调与控制。

7.28　物流战略管理 logistics strategy management

通过物流战略设计、战略实施、战略评价与控制等环节，调节物流资源、组织结构等最终实现物流系统宗旨和战略目标的一系列动态过程的总和。

7.29 物流质量管理 logistics quality management

对物流全过程的物品质量及服务质量进行的计划、组织、协调与控制。

7.30 物流总成本分析 total cost analysis

判别物流各环节中系统变量之间的关系，在特定的客户服务水平下使物流总成本最小化的物流管理方法。

7.31 物流作业成本法 logistics activity-based costing

以特定物流活动成本为核算对象，通过成本动因来确认和计算作业量，进而以作业量为基础分配间接费用的物流成本管理方法。

7.32 物流效益背反 logistics trade off

一种物流活动的高成本，会因另一种物流活动成本的降低或效益的提高而抵消的相互作用关系。

7.33 牛鞭效应 bullwhip effect

由供应链下游需求的小变动引发的供应链上游需求变动逐级放大的现象。

[来源：GB/T 26337.2—2011，2.7，有修改]

8 国际物流术语

8.1 跨境运输 cross-border transportation

一种跨越国境或边境的运输。

8.2 国际多式联运 international multimodal transportation；international intermodal transportation

按照多式联运合同，以至少两种不同的运输方式，由多式联运经营人将货物从一国境内的接管地点运至另一国境内指定交付地点的货物运输方式。

8.3 国际航空货物运输 international air cargo transport

货物的出发地、约定的经停地和目的地之一不在同一国境内的航空运输。

8.4 国际铁路联运 international through railway transport

使用一份统一的国际铁路联运票据，由跨国铁路承运人办理两国或两国以上铁路的全程运输，并承担运输责任的一种连贯运输方式。

8.5　中欧班列 China-Europe freight express

按照固定车次、线路、班期和全程运行时刻开行，运行于中国与欧洲以及“一带一路”沿线国家间的集装箱等铁路国际联运列车。

8.6　班轮运输 liner transport

在固定的航线上，以既定的港口顺序，按照事先公布的船期表航行的水上运输经营方式。

8.7　租船运输 shipping by chartering

船舶出租人把船舶租给承租人，根据租船合同的规定或承租人的安排来运输货物的运输方式。

8.8　大陆桥运输 land bridge transport

用横贯大陆的铁路或公路作为中间桥梁，将大陆两端的海洋运输连接起来的连贯运输方式。

8.9　转关运输 trans-customs transport

将出口货物在海关监管下，从一个海关运至另一个海关办理海关手续的行为。

8.10　国际中转集拼 international transit consolidation

境外货物经过国际航线运至本港，与国内转关至本港的出口货物，以及本地货源在海关特殊监管区域内根据不同目的港或不同客户，进行拆箱、分拣和包装，并重新装箱后再运送出境的物流服务。

8.11　报关 customs declaration

进出境运输工具的负责人、进出境货物的所有人、进出口货物的收发货人或其代理人向海关办理运输工具、货物、物品进出境手续的全过程。

8.12　保税货物 bonded goods

经海关批准未办理纳税手续进境，在境内储存、加工、装配后复运出境的货物。

8.13　海关监管货物 cargo under customs supervision

在海关监管区域内接受海关监管的货物。

注：包括已进境但未办结海关手续的进口货物，已向海关申报但还未出境出口货物，已进境但还未出境的过境、转运和通运货物，以及其他尚未办结海关手续的进出境货物。

8.14 通运货物 through goods

由境外启运，经船舶或航空器载运入境后，仍由原载运工具继续运往境外的货物。

8.15 转运货物 transshipment goods

由境外启运，到我国境内设关地点换装运输工具后，不通过我国境内陆路运输，再继续运往境外的货物。

8.16 过境货物 transit goods

由境外启运、通过境内的陆路运输继续运往境外的货物。

8.17 出口退税 drawback

国家实行的由国内税务机关退还出口商品国内税的措施。

8.18 启运港退税 tax refund at port of shipment

将企业由原先的离境向海关报关后由税务机关办理出口退税，提前为从启运港出发即可申请出口退税的政策。

8.19 海关估价 customs valuation

一国海关为征收关税，根据统一的价格准则，确定某一进口（出口）货物价格的过程。

8.20 等级费率 class rate

将全部货物划分为若干个等级，按照不同的航线分别为每一个等级制定一个基本运价的费率。

8.21 船务代理 shipping agency

船舶代理

接受船舶所有人（船公司）、船舶经营人、承租人的委托，在授权范围内代表委托人办理与在港船舶有关的业务、提供有关的服务或进行与在港船舶有关的其他法律行为的经济组织。

8.22 国际货运代理 international forwarder

接受进出口货物收货人或发货人的委托，以委托人或自己的名义，为委托人办理国际货物运输及相关业务的服务方式或经济组织。

8.23 航空货运代理 airfreight forwarder

由货主的委托代理人身份办理相关货物的航空运输手续的服务方式或经济组织。

8.24 提单 bill of lading；B/L

用以证明海上货物运输合同和货物已经由承运人接收或者装船，以及承运人保证据以交付货物的单证。

8.25 原产地证明 certificate of origin

出口国（地区）根据原产地规则和有关要求签发的，明确指出该证中所列货物原产于某一特定国家（地区）的书面文件。

8.26 进出口商品检验 import and export commodity inspection

商检机构和经国家商检部门认可的检验机构，对列入目录的进出口商品的质量、规格、卫生、安全、数量等进行检验、鉴定和监督管理的工作。

8.37 清关 clearance

结关

报关单位在海关办理完毕进出口货物通关所必须的所有手续，完全履行法律规定的与进出口有关的义务，包括海关申报、查验、征税、放行等手续，货物结束海关监管的过程。

8.28 滞报金 fee for delayed declaration

进口货物的收货人或其他代理人超过海关规定的申报期限，未向海关申报，由海关依法征收的一定数额的款项。

8.29 装运港船上交货 free on board；FOB

卖方在合同规定的装运期内，在指定装运港将货物交至买方指定的船上，并负担在装船前货物灭失或损坏造成的所有风险的交货方式和价格模式。

8.30 成本加运费 cost and freight；CFR

卖方负责租船订舱，在合同规定的装运期内将货物交至运往指定目的港的船上，货物灭失或损坏的风险在货物交到船上时转移的交货方式和价格模式。

8.31 成本加保险费加运费 cost，insurance and freight；CIF

卖方负责租船订舱，办理货运保险，在合同规定的装运期内在装运港将货物交至运往指定目的港的船上，货物灭失或损坏的风险在货物交到船上时转移的交货方式和价格模式。

8.32 进料加工 processing with imported materials

境内企业进口物料加工后再销往国外的一种贸易方式。

8.33 来料加工 processing with supplied materials

由境外单位提供原料，委托境内加工单位在保税状态下进行加工装配，成品由境外单位销往国外的一种贸易方式。

8.34 口岸 port

经政府批准设置的供人员、货物和交通工具直接出入国（关、边）境的港口、机场、车站、跨境通道等。

8.35 保税物流 bonded logistics

在海关特殊监管区域或者场所，企业从事仓储、配送、运输、流通加工、装卸搬运、物流信息、方案设计等业务时享受海关实行的“境内关外”管理制度的一种物流服务模式。

8.36 保税维修 bonded reparation

企业以保税方式将存在部件损坏、功能失效、质量缺陷等问题的货物或运输工具从境外运入境内进行检测、维修后复运出境。

8.37 保税仓库 boned warehouse

经海关核准设立的专门存放保税货物及其他未办结海关手续货物的仓库。

8.38 海外仓 overseas warehouse

国内企业在境外设立，面向所在国家或地区市场客户，就近提供进出口货物集并、仓储、分拣、包装和配送等服务的仓储设施。

8.39 保税工厂 bonded factory

经海关批准专门生产出口产品的保税加工装配企业。

8.40 A 型保税物流中心 bonded logistics center（A）

经海关批准，由中国境内企业法人经营、专门从事保税仓储物流业务的海关监管场所。

8.41 B 型保税物流中心 bonded logistics center（B）

经海关批准，由中国境内企业法人经营，多家企业进入并从事保税仓储物流业务的海关集中监管场所。

8.42　保税物流园区 bonded logistics park

经政府批准，在保税区规划面积或者毗邻保税区的特定港区内设立的、专门发展现代国际物流业的海关特殊监管区域。

8.43　保税港区 bonded port area

经政府批准，设立在国家对外开放的口岸港区和与之相连的特定区域内，具有口岸、物流、加工等功能的海关特殊监管区域。

注：具备仓储物流、对外贸易、国际采购、分销和配送、国际中转、检测和售后服务维修、商品展示、研发、加工、制造、港口作业等功能，享受保税区、出口加工区、保税物流园区相关的税收和外汇管理政策。

8.44　综合保税区 comprehensive free trade zone

经海关批准设立的具有保税港区功能的海关特殊监管区域。

注：该区域由海关参照有关规定进行管理，执行保税港区的税收和外汇政策，可以发展国际中转、配送、采购、转口贸易和出口加工等业务。

8.45　自由贸易试验区 pilot free trade zone

在主权国家或地区的关境内，设立的以贸易投资便利化和货物自由进出为主要目的特定区域。